Kalte Küche

vom belegten Brot
bis zum festlichen Buffet

Kalte Küche

vom belegten Brot bis zum festlichen Buffet

Das neue Kochbuch
mit über 250 Rezepten farbig abgebildet

Unipart-Verlag · Stuttgart

INHALT

Vorwort	6 —	7
Kleine Küchenhelfer	8 —	9
Die Wurst – der Deutschen liebstes Gemüse	10 —	13
Käse muß man einfach mögen	14 —	17
Das tägliche Brot	18 —	19
Vom Brotzeitteller bis zum Kalten Buffet	20 —	21
Garantiert richtig garniert	22 —	25
Feine Platten	26 —	41
Buffets für jeden Anlaß	42 —	49
Der Blickfang	50 —	51
Kleine Häppchen zum Verwöhnen	52 —	75
Snacks & Company	76 —	99
Brotzeit – Brotzeit – ist die schönste Zeit	100 —	121
Für festliche Stunden	122 —	145
Köstliche Gaumenkitzler	146 —	157
Hausmacher-Spezialitäten	158 —	177
Aus dem Wasser auf den Tisch	178 —	199
Das kulinarische Gemüsealphabet	200 —	221
Die Vorratsküche	222 —	243
Warme Gericht für's Buffet	244 —	271
Paradies für Naschkatzen	272 —	285
Register/Impressum	286 —	288

VORWORT

Viele Menschen verbinden den Begriff der Kalten Küche nur mit glanzvollen Buffets bei großen Empfängen in diplomatischen Botschaften oder mit opulenten Tafeln in Königs- und Fürstenhäusern. Wohl jeder kennt Bilder von solchen prächtigen Buffets, bei denen Speisen sich wie Kunstwerke türmen und die Tische sich unter der Last scheinbar biegen. Andererseits kennen wir alle die Szenen bei der Schlacht am Kalten Buffet, die Jagd nach den besten Stücken bei einem knappen Angebot. Das sind nur zwei Aspekte der Kalten Küche, und nicht einmal die wichtigsten. In diesem Buch haben wir uns vorgenommen, Ihnen die Kalte Küche mit all ihren anderen bunten Aspekten vorzuführen und vor allem schmackhaft zu machen. Da doch die wenigsten von uns in Botschaftshäusern oder an Fürstenhöfen leben, wollen wir Ihnen zeigen, wie man die Kalte Küche im gewöhnlichen Alltag einsetzen kann und wie man dadurch zugleich dem grauen Alltag einige Glanzlichter aufsetzt.

Vielleicht sollte man gleich zu Beginn einem häufigen Mißverständnis vorbeugen: Kalte Küche ist keine Schnelle Küche. Sie erfordert ebenso viel Aufwand, aber auch Kenntnisse, Geschick und Phantasie wie das Kochen allgemein. Doch das wird den Liebhaber der guten Küche nicht abschrecken. Der nimmt sich gerne die Zeit zum Kochen und Vorbereiten, spart lieber bei unwichtigen Dingen. Gerade beim Essen sollte man jede Hektik meiden.

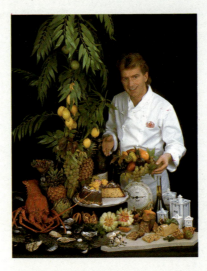

Auch eine kleine Brotzeit kann man nicht in sekundenschnelle auf den Tisch zaubern. Jedenfalls nicht, wenn man dem Essen die Sorgfalt und Aufmerksamkeit schenkt, die es verdient. Schließlich essen wir ja nicht nur, um möglichst schnell satt zu werden. Beim Essen und auch schon bei der Vorbereitung sollte man sich entspannen und in aller Ruhe vorgehen. Dann wird man auch für eine kleine Brotzeit die Zutaten sorgfältig auswählen, anrichten und zu einem Bild zusammen stellen, das auch dem Auge Freude bereitet.

Die Kalte Platte zu Brotzeit oder Abendessen markiert das eine Ende im Spektrum der Kalten Küche. Auf der anderen Seite steht das große Kalte Buffet zu festlichen Anlässen. Zwischen diesen Polen gibt es unzählige Anlässe, bei denen man die Kunst der Kalten Küche einsetzen kann.

Das reicht vom Sektfrühstück am Hochzeitstag bis zum bunten Kindergeburtstag, vom kleinen bis zum großen Familienfest, vom Brunch bis zum Empfang im Büro.

Bei allen Festen, von den kleinen bis zu den ganz großen, können Sie mit der Kalten Küche entscheidend zum Gelingen beitragen. Denn, ob sie nun als Hausfrau oder Hobbykoch in der Küche Regie führen, eines wollen Sie doch sicher nicht: In der Küche stehen, zwischen dampfenden Töpfen hin und her rennend, abschmeckend und den Braten wendend, während draußen in der Wohnung schon die Gäste erschienen sind. Um wieviel praktischer ist in solchen Momenten ein Kaltes Buffet! Das Wort praktisch hat für viele allerdings einen Beiklang von einfach, schmucklos und wenig raffiniert. Aber das muß ganz und gar nicht so sein. In diesem Buch werden Sie Beispiele über Beispiele dafür finden, wie köstlich, reizvoll und raffiniert ein Kaltes Buffet gestaltet sein kann. Damit die Brotzeit oder das Kalte Buffet ein wirklicher Erfolg wird, sind freilich Vorarbeiten nötig. Denn wenn das Kalte Buffet einmal angerichtet ist, soll ja niemand mehr in der Küche beschäftigt sein. Das fängt natürlich schon beim Einkauf an. Man kann es nicht oft genug wiederholen: Nur wenn Sie beim Einkauf auf die beste Qualität der Waren achten, wird Ihre Arbeit die optimalen Ergebnisse bringen. Wie immer müssen Sie sich schon beim Einkauf genau überlegen, welche Speisen und Getränke Sie Ihren Gästen präsentieren.

Denn gerade bei Platten und auf einem Buffet sollte alles aufeinander abgestimmt sein, sollte alles zueinander passen und sich ergänzen. Ein Buffet ist kein wildes Durcheinander von Dingen, die zufällig auf einer Tischplatte Platz finden, sondern vielmehr eine durchdachte und phantasievolle Komposition.

Betrachten Sie die Vorschläge, Tips und Rezepte in unserem Buch als Farben auf einer Palette. Studieren Sie alles in Ruhe und wählen Sie aus, mit welchen Farben Sie Ihr kleines Kunstwerk gestalten wollen.

Gutes Gelingen, viel Spaß beim Anrichten und guten Appetit wünscht Ihnen

Ihr Armin Roßmeier

Kleine Helfer – Großer Nutzen

Gerade in der Kalten Küche ist es wichtig mit modernem und arbeitserleichternden Geräten zu arbeiten. Erst dann macht es Spaß die einzelnen Zutaten herzurichten und zu formen. Der Erfolg der ganzen Arbeit hängt davon ab, ob die Einzelteile sauber und formschön vorbereitet sind, ob die Formen und Dekorationen exakt geschnitten und aufgelegt sind. Eine Kalte Platte wird erst dann schöne, wenn die Scheiben akurat geschnitten und entsprechend dekorativ aufgelegt wurden. Es ist deshalb selbstverständlich, daß eine gute Küche das notwendige Handwerkszeug haben muß.

Sie sollten deshalb einen Überblick über diese notwendigen Küchenhelfer erhalten. Gerade gute Messer sind in den meisten Haushalten fast nicht zu finden.

Meist werden nur die einfachen und billigen mit nach Hause genommen. Dabei zahlt sich der Kauf von guten und etwas teureren Messern aus. Der Schliff hält länger und mit etwas Pflege können Sie mit diesen Messern fast ein ganzes Leben lang auskommen. Gute Messer haben zwei Eigenschaften: Sie müssen elastisch sein und sie müssen den Schnitt halten. Die Elastizität ist gerade bei der Unfallverhütung sehr wichtig. Starre Messer springen bei seitlicher Belastung sofort von dem zu bearbeitetenden Produkt ab und verursachen so sehr schnell Schnittverletzungen. Lassen Sie sich darüber hinaus beraten, welcher Griff für Sie am besten geeignet ist und vor allem, wenn Sie Ihr eigenes Messer besitzen – geben Sie es niemand anderes zur Arbeit. Jeder Koch führt das Messer anders, die Schnittfläche wird dadurch anders belastet, das Messer verliert bei mehreren Personen die Schärfe komplett. Das gleiche gilt, wenn Sie Ihr Messer mit dem Stahl oder Schleifstein abziehen.

KLEINE KÜCHENHELFER

Grundsätzlich sollten Sie Ihre Messer vor dem Gebrauch mit dem Stahl abziehen. Hierfür wird das Messer ganz flach am Stahl entlang gezogen. Wird es zu schräg gehalten, wird es sofort stumpf. Mindestens einmal im Jahr sollten dann Ihre Messer vom Fachmann nachgeschliffen werden. Am besten ist es Ihre Messer in einem Messerblock aufzubewahren, da sie so nicht mit anderen Messern in Berührung kommen. Unsere nachfolgende Auflistung zeigt Ihnen welche Messer und andere kleine Küchenhelfer Sie in der Kalten Küche benötigen:

Kuhlenmesser (Brotmesser mit Wellenschliff ca. 18 cm)
Küchenmesser (ca. 10 cm)
Gemüsemesser (groß ca. 10 cm)
Gemüsemesser (klein ca. 8 cm)
Arbeitsmesser mit dünnem Stahl (ca. 16 cm)
Fleischmesser mit kräftigem Stahl (Schlagmesser ca. 20 cm)
Bundschneidemesser
Ausbeinmesser (ca. 10 cm)
(cm-Angabe = Klingenlänge)

Fleischgabel (ca. 13 cm)
Wetzstahl
Palette
Kartoffelausstecher
Apfelausstecher
Küchenschere
Julienneschneider
Sparschäler
Verschiedene Raspeln
Apfelteiler
Eischneider
Pfannenwender
Schöpfkellen
Schaumlöffel
Schneebesen
Dosenöffner
Flaschenöffner mit Korkenzieher
Teigschaber
Meßbecher
Zitruspresse

Spritzbeutel mit diversen Tüllen
Pinsel (verschiedene Größen)
Mörser mit Stößel
Feinsieb (Durchmesser 16 cm)
Grobsieb (Durchmesser 24 cm)
Spitzsieb
Buttermodel
Tortenteiler
Wiegemesser
Salatbesteck
Schüsseln (verschiedene Größen)

Für alle kleinen Küchenhelfer gilt das gleiche wie für die Messer. Nicht die Billigprodukte sind es, die in die Küche gehören sondern die qualitativ hochwertigen, zahlen sich auf die Dauer aus.

10 DIE WURST – DER DEUTSCHEN LIEBSTES GEMÜSE

DIE WURST – DER DEUTSCHEN LIEBSTES GEMÜSE 11

Wenn in Deutschland eine große, wichtige Entscheidung ansteht, dann sagt der Volksmund: „Es geht um die Wurst".
Mit Recht nimmt die Wurst nicht nur in den Redensarten einen so wichtigen Platz ein. Wie in jeder Übertreibung steckt auch hier ein Körnchen Wahrheit. Deutschland gilt in aller Welt geradezu als die Heimat der Wurst.
Wo sonst auf der Welt werden weit über 1000 verschiedene Wurstsorten hergestellt und angeboten?
Die Wurst gehört bei uns einfach dazu, gleich ob man im Biergarten sitzt oder im feinen Restaurant.

Natürlich spielt die Wurst auch in der Kalten Küche eine hervorragende Rolle. Deshalb erscheint es uns wichtig, wenigstens einige grundsätzliche und wissenswerte Dinge über die Wurst festzuhalten. Üblicherweise gliedert man das fast unüberschaubare Angebot in drei Familien.
Die größte davon ist die der Brühwürste. Diese werden aus rohem, zerkleinerten Muskelfleisch, Speck, Fettgewebe und Wasser hergestellt.
Eine weitere Familie bilden die Kochwürste. Darunter versteht man hitzebehandelte Würste, die aus vorgegartem Fleisch, Fettgewebe und Innereien hergestellt werden. In der Regel werden Kochwürste aus schlachtfrischem Schweinefleisch gefertigt, was den Würsten ihren speziellen Geschmack gibt. In der 3. großen Familie sind die Rohwürste zusammengefaßt.

Sie werden aus rohem Rind- und Schweinefleisch sowie kernigem Speck hergestellt. Diese meist ungeröteten Wurstwaren werden durch salzen, trocknen oder räuchern haltbar gemacht. Ohne Fett ist die ganze Wurst nicht denkbar. Sie könnte weder hergestellt werden, noch würde sie schmecken. Heutzutage runzeln viele Verbraucher kritisch die Stirn über den angeblich hohen Fettgehalt der Wurst. Aber deswegen gleich auf den Genuß von Wurst und Fleisch zu verzichten, das wäre sicherlich die falsche Konsequenz. Dabei ist alles ganz einfach: Wer in vernünftigen Maßen konsumiert, der kann nicht zu viel Fett zu sich nehmen. Wichtig ist daher, daß Sie als Verbraucher über die Beschaffenheit der Lebensmittel Bescheid wissen. Ihr Metzger wird Sie hier sicher gerne und gut beraten. Dann werden Sie als Gastgeber Ihren Gästen eine Kalte Platte servieren, die nach ernährungswissenschaftlichen Normen ausgewogen und dennoch schmackhaft ist.

GUT AUFGELEGT IST DER HALBE ERFOLG

Auf diesen beiden Seiten geben wir Ihnen einige Tips, wie Sie Wurst hübsch und effektvoll auflegen können.
Die wichtigste Regel hierbei ist: Legen Sie die Ware exakt aus. Achten Sie stets auf regelmäßige Abstände, sowohl zwischen den einzelnen Scheiben, als auch zwischen den verschiedenen Reihen. Legen Sie nur Wurst von der gleichen Art zusammen. Auch innerhalb einer „Wurst-Familie" gibt es genügend unterschiedliche Wurstsorten mit denen Sie Kontraste schaffen können, in dem Sie hellere und dunklere Scheiben abwechseln oder grobere und feinere mischen.
Achten Sie beim Kauf darauf, daß die Scheiben nicht zu dünn, aber auch nicht zu dick geschnitten sind. Mit hauchdünnen Scheibchen kann man viele Formen nicht legen, weil sie einfach in sich zusammenfallen würden.
Die richtige Stärke sollten Sie auf die jeweilige Wurstsorte abstimmen. Auch hier wird Ihnen Ihr Metzger bei der richtigen Entscheidung helfen.
Zu guter letzt sollten Sie darauf achten, daß die Wurst so ausgelegt ist, daß der Gast sich von jeder Stelle der Platte bedienen kann, ohne daß die ganze Konstruktion in sich zusammenfällt. Eine Kalte Platte ist schließlich kein Bauwerk, das man nur ehrfurchtsvoll bestaunen darf.

Die einfachste Art der Anordnung: Legen Sie ganze Scheiben übereinander, achten Sie darauf, daß die Abstände exakt gleich sind.

Ganze Scheiben erhalten mehr Volumen, wenn man sie etwa zu einem Drittel nach unten einklappt und dann übereinanderlegt.

Scheiben von rohem Schinken lassen sich auch quer rollen. Man rollt die Scheibe von einer Seite zur andern und achtet darauf, daß eine leicht konische Form entsteht.

Ganze Scheiben werden bis zur Mitte eingeschnitten. Daraus kann man Hütchen falten oder auch Trichter, in die man Füllungen geben kann.

GUT AUFGELEGT IST DER HALBE ERFOLG 13

Schöne Kontraste erreichen Sie, wenn verschiedene Wurstsorten abwechselnd aufeinander gelegt werden. Hier ist jede Scheibe zur Hälfte eingerollt.

Ganze Scheiben kann man zusammenschieben, so daß sich in der Mitte eine Wölbung ergibt. Der Raum zwischen den Wurstreihen läßt sich dann etwa mit Gemüse füllen, ohne daß die Garnitur direkt auf der Wurst liegt.

Ganze Scheiben, vor allem von Schinken, lassen sich sehr gut rollen. Die entstehenden Röhrchen kann man für sich anordnen, sie eignen sich aber auch für Füllungen.

Wie wäre es mit einer Rose aus trockenem Lachsschinken? Rollen Sie eine Scheibe einfach ein, dann wickeln Sie noch zwei weitere Scheiben darum herum und knicken den Rand der äußeren Scheibe leicht nach außen um, fertig!

Alle Arten von Rohschinken lassen sich zu perfekten Lückenfüllern zusammensetzen. Falten Sie jede Scheibe mehrmals und ordnen Sie die Scheiben kreisförmig an.

Auch mit halben Scheiben lassen sich phantasievolle Muster legen. Der Gegensatz von runder Form und scharf geschnittener Linie macht hier den Reiz aus. Die Spitzen sollen nach außen weisen.

14 KÄSE MUSS MAN EINFACH MÖGEN

KÄSE MUSS MAN EINFACH MÖGEN

Käse, Milch und Quark stellen seit langer Zeit eine natürliche Grundlage unserer Ernährung dar. Die Techniken zur Herstellung von Käse und Quark sind seit der Vorzeit bekannt. Heutzutage haben die Molkereien eine derart umfangreiche Palette von Geschmacks- und Aromanuancen erreicht, daß für jeden Gaumen immer wieder angenehme Überraschungen möglich sind. Das Angebot reicht vom einfachen Quark über den Ziegenkäse bis zum raffiniert gewürzten Edelpilzkäse.

Auf die gute Mischung kommt es an. Es ist nicht notwendig, nur besonders ausgefallene und exotisch gewürzte Käsesorten zu servieren. Das ist wie mit einem Bild in dem alle möglichen Farben enthalten sind: es wirkt zu bunt, und langweilt eher, als daß es anzieht. Kombinieren Sie lieber die einfachen allgemein beliebten Käsesorten mit einigen Exoten. Auf diese Weise kommen die seltenen Sorten viel besser zur Geltung.
Einige allgemeine Tips kann man nicht oft genug wiederholen.

Abgepackten Käseaufschnitt zu kaufen mag zwar praktisch sein, dem Geschmack allerdings ist es nicht förderlich. Viel besser ist es, Käse in Stücken zu kaufen und erst kurz vor dem Servieren zu schneiden.
Auf diese Weise entlocken Sie dem Käse ein noch feineres Aroma, und Sie verhindern auch, daß die einzelnen Scheiben vorzeitig austrocknen und dunkle Ränder bekommen.
Das Käsefach im Kühlschrank ist der beste Platz für die Aufbewahrung. Die einzelnen Sorten sollten in Käse- oder Frischhaltefolie luftdicht abgepackt werden.
Achten Sie auch darauf, daß die Käsesorten ca. eine Stunde vor Verzehr aus dem Kühlschrank genommen und vorbereitet werden, nur dann kann der Käse sein richtiges Aroma entfalten.

16   KÄSE-LEGETECHNIKEN

Käse bildet durch seine verschiedenen Formen und Farben immer einen guten Blickfang. Hier sehen Sie an einigen Beispielen, wie man Käse eindrucksvoll präsentieren kann.

Mit ein wenig Geschick lassen sich schöne Landschaften aufbauen, am besten in Verbindung mit frischem Obst und Gewürzblättern.

Achten Sie beim Käse-Arrangement darauf, daß sich die einzelnen Sorten nebeneinander auch „vertragen".

Der trockene Parmesan läßt sich nur schlecht in Scheiben schneiden. Dafür wirkt er als Block umso besser, wie ein Felsengebirge. Käsesorten wie der Emmentaler oder der Appenzeller lassen sich dagegen leicht schichten oder rollen, wie wir es bei der Wurst schon kennengelernt haben.

Denken Sie aber daran, daß die Scheiben nicht zu dünn geschnitten sind, denn sonst kleben sie schnell aneinander. Auch beim Käse gilt: die Scheiben sollen exakt gleichmäßig übereinander gelegt werden. Sie können Frischkäse in allen Geschmacksrichtungen verwenden. Sie können aber auch Mischungen aus Frisch- und Schmelzkäse herstellen, die Sie nach Lust und Laune süß und sauer, scharf und würzig, anmachen. Auch Butter und Quark eignen sich als Belag für Cräcker.

Anregungen dafür finden Sie in unserem Buch, die selbstverständlich Ihrer eigenen Phantasie keine Grenzen setzen sollen.

KÄSE-LEGETECHNIKEN 17

Zur Garnierung Ihrer „Käse-Ecke" eignen sich Gemüsestückchen, Obst, und Kräuterzweige.
Die so beliebten Cräcker sind nicht nur für Frischkäse allein reserviert. Sie können auch Stücke von jedem anderen Käse in Ihre Kreationen aufnehmen. Ein Stückchen Parmesan mit einer Mandarinenspalte und einer Weintraube darauf wird kein Gast verachten.
Wem Cräcker und Salzgebäck nicht so recht behagen, der wird vielleicht lieber auf die altbewährten Käsehappen zurückgreifen. Hierzu eignet sich jeder Käse, der sich einfach schneiden läßt, also besonders Emmentaler, Appenzeller, Edamer und Gouda. Aber natürlich sind auch Roquefort und Gorgonzola zu diesem Zweck brauchbar. Sie schneiden den Käse zu Würfeln, Dreiecken, Rauten, als Kreis oder als Mondsichel. Die Stücke dürfen nur nicht zu groß oder zu klein sein, damit sie harmonisch zu dem passen, was Sie daraufstecken.
Da kommen Oliven und Weintrauben in Frage, aber auch Erdbeeren und Mandarinen, Tomaten, Gürkchen, zusammengerollte Wurststückchen oder Walnüsse.
Wer sich mit den kleinen Happen nicht recht anfreunden kann und lieber größere Portionen bevorzugt, der wird sich in der Welt der belegten Brote zu Hause fühlen. Es müssen ja nicht gleich ganze Brotscheiben mit dickem Belag sein.

DAS TÄGLICHE BROT 19

Natürlich ist das Brot bei jedem Kalten Buffet notwendig. Es ist die Unterlage schlechthin für die anderen Lebensmittel. Die einfachste Kreation der Kalten Küche ist ein belegtes Brot. Angefangen vom Pausenbrot für Kinder oder der Brotzeit für den Handwerker. Das Brot ist immer dabei, als Unterlage für Wurst, Schinken, Käse, Fisch oder was auch immer Sie Ihren Gästen anbieten.
Der Formenreichtum der Brotprodukte ist nahezu unbegrenzt. Von der gewundenen Brezel zum schlanken französischen Baguette, über die einfache Kastenform bis zum wohlgerundeten Laib, vom

Hörnchen mit Zopfmustern bis zum Fladen- und Pizzabrot. Auch was die Farblichkeit angeht ist das Brot weit davon entfernt dem Auge einen eintönigen Anblick zu bieten. Vom weißen Teig der Baguettes bis zum schwarzen Pumpernickel reicht die Palette und bietet dazwischen eine Vielzahl angenehm warmer Brauntöne an. Und was wohl am wichtigsten ist: geschmacklich bieten die verschiedenen Brotsorten Unterschiede und Nuancen ohne Ende. Zum Beispiel das Weißbrot mit seinem milden, dezenten Geschmack, ein leicht säuerliches Roggenvollkornbrot, der stark würzige Frankenlaib oder Brötchen in allen Varianten: mit Rosinen, Mohn, Kümmel, Salz, Zwiebeln und und und…
Das Brot ist eben nicht nur auswechselbare Unterlage, sondern ein unverzichtbarer Bestandteil des Essens. Angesichts der vielen Eigenschaften und Erscheinungsformen des Brotes sollte es selbst-

verständlich sein, daß in der Kalten Küche ob zur Brotzeit, zu einer Kalten Platte oder einem Buffet ein gut sortierter Brotkorb gehört. Wenn Sie belegte Brote auf einer Kalten Platte anrichten, dann werden Sie in der Regel zuerst an Weißbrot oder Toastbrot denken. Aus diesen Brotsorten lassen sich leicht kleine, mundgerechte Scheiben schneiden, die Ihre Gäste auch im Stehen verzehren können. Zudem bringt Weißbrot den wenigsten Eigengeschmack mit, kann also ohne Gefahr von Geschmackskollisionen mit fast allem belegt werden. Für rustikale Buffets und Brotzeiten eignen sich würzige Sorten besser, wie Roggenmischbrot, Weizenmischbrot oder der Frankenlaib. Der Eigengeschmack dieser Brote harmoniert perfekt mit den würzigen Wurst-, Schinken- und Fleischsorten, aber auch mit Emmentaler oder Appenzeller. Belegte Brötchen sollten Sie nur in geringem Umfang einsetzen. Meist werden sie schnell ein wenig zäh; außerdem sind sie unhandlich und können einem Gast mehr Mühe beim Verzehr bereiten, als ihm lieb ist. Ein kleiner Tip: Ofenfrisches Brot ist eine Delikatesse, aber es ist meist schlecht zu schneiden. Wenn Sie also belegte Brote anrichten, sollte das Brot wenigstens einen Tag alt sein.

VOM BROTZEITTELLER BIS ZUM KALTEN BUFFET

Es gibt unzählige Anlässe für ein Fest oder eine Feier. Dementsprechend viele Möglichkeiten gibt es für die Kalte Küche. Der Beispiele gibt es viele. Fangen wir einfach morgens an. Das Frühstück gehört zu den wichtigsten Mahlzeiten. Wer sich mit einem hastigen Schluck Kaffee in den Tag stürzt, der schadet nicht nur seiner Gesundheit. Schon lange ist man von der Idee der drei Hauptmahlzeiten abgerückt. Deshalb hat der kleine Imbiß zwischendurch an Bedeutung gewonnen. Das kann ein saftiger Apfel sein, aber auch ein exklusiver Imbiß mit Sekt, Lachs und Kaviar. So ein Imbiß kann wie eine Oase im Arbeitstag sein, erfrischend und stärkend. Spätaufsteher und Verliebte beginnen den Tag vielleicht mit einem Honeymoon-Frühstück, während sich andere zu einer deftigen Brotzeit oder einem bayerisch traditionellen Weißwurstessen verabreden. Zum Richtfest könnten Sie eine rustikale Platte servieren, mit der nicht nur die Handwerker zufrieden sein werden. Erwarten Sie Geschäftsfreunde? Mit einer italienischen Tafel, mit Antipasti, Prosecco und Espresso können Sie dem Ereignis ruhig entgegensehen. Vielleicht steht nachmittags ein Kindergeburtstag an? Auch die Kleinsten danken es Ihnen, wenn sie mit kalten Überraschungen bei Laune gehalten werden. Mit dem Abend kommt dann die Zeit der Kalten Buffets. Ob das in kleinem Rahmen für Freunde und Bekannte stattfindet oder in großem Stil bei Familienfesten, ein Kaltes Buffet ist immer eine besonderer kulinarischer Höhepunkt. Diese Aufzählung ist selbstverständlich keineswegs, vollständig.

Eines haben alle diese Anlässe gemeinsam: Sie werden noch schöner, wenn sie mit einer guten Mahlzeit begangen werden. Und gut heißt hier nicht nur mengenmäßig und nährstoffreich, sondern auch optisch gelungen. Damit man beim Essen nicht nur satt wird, sondern sich entspannt, auf andere Gedanken kommt, und sich vielleicht wieder an der Schönheit der Dinge erfreut. Optisches Gelingen stellt sich natürlich nicht von allein ein. Dazu braucht man einige Kenntnisse, einiges Geschick, ein wenig Erfahrung und – vor allem viel Liebe bei all den Handgriffen die es braucht bevor eine Kalte Platte serviert werden kann. Denn gleich ob Sie nur einen Brotzeitteller anrichten oder ein festliches Kaltes Buffet planen: jede Nachlässigkeit bei der Auswahl, jede Gleichgültigkeit dem Material gegenüber, jede Schludrigkeit beim Anrichten wird sich auf das Gesamtbild auswirken und einen negativen Eindruck bei Ihren Gästen hinterlassen. Es gibt viele Fehler, die leicht vermeidbar sind. Wenn zum Beispiel alle Wurstscheiben über den Rand lappen, zeigt das nur, daß hier allzu hastig gearbeitet wurde. Wenn die verschiedensten Sorten kunterbunt und wirr nebeneinander liegen, dann ist jede Harmonie gestört. Der Appetit der Gäste wird sich ähnlich verhalten. Es kommt auch vor, daß Kalte Platten einfach überladen sind. Dann hat es der Gastgeber oder die Gastgeberin zwar gut gemeint, aber leider des Guten zu viel getan. Das gleiche gilt für den Fall, daß die Dekorationen das aufgelegte Material überdecken, wenn nicht gar ersticken. Was für die einzelne Kalte Platte gilt, das gilt auch bei einem kompletten Buffet.

Die einzelnen Dinge sollten zueinander passen, sich ergänzen oder als Gegensätze miteinander harmonieren. Wichtig ist dabei ein Blickfang. Das gilt wiederum für das gesamte Buffet wie auch für die einzelnen Platten. Bei einer einzelnen Platte wählen Sie ein besonders markantes Detail aus, etwa eine gefüllte Honigmelone und dann ordnen Sie das weitere Material um diesen Blickpunkt herum. Für das große Buffet kann zum Beispiel schon ein prächtiger Blumenstrauß diese Funktion erfüllen. Denken Sie übrigens daran, daß nicht jedes Material auf jeder bliebigen Platte ausgelegt werden sollte. So wirken etwa rustikale Bretter in einem festlichen Buffet deplaziert. Während eine bayerische Aufschnittplatte auf einem Silbertablett eher unpassend erscheint. Die Auswahl an Platten ist ja groß, da sollte es leicht sein, die passende für den jeweiligen Zweck auszuwählen. Platten gibt es zum Beispiel aus Holz, Silber, Porzellan und Schieferstein. Selbstverständlich ist nicht nur die Dekoration und Anordnung der Speisen wichtig. Der ganze Tisch gehört zum Essen dazu. Vom Besteck über das Geschirr, von den Gläsern über die Tischdecken und Servietten. Jeder einzelne Gegenstand ist es wert, sorgfältig ausgewählt zu werden. Aber denken Sie daran, daß Masse, Klasse nicht ersetzen kann. Ansonsten folgen Sie einfach Ihrer Phantasie und ihrem Geschmack. Sie werden sehen, welche Freude es machen kann, ein Buffet sorgfältig zu gestalten, und schließlich durch die Zufriedenheit der Gäste eine echte Bestätigung zu finden.

22 GARANTIERT RICHTIG GARNIERT

Es kommt bei einer Brotzeitplatte wie beim Kalten Buffet nicht nur auf Geschmack und Qualität der angebotenen Waren an, darauf haben wir schon hingewiesen. Gerade die Kalten Platten sollen den Gast mit optischen Reizen verwöhnen und ihm Appetit machen. Da außerdem künstliche Dekorationen wo immer möglich weggelassen werden sollten, spielt die Zubereitung der einzelnen Bestandteile eine entscheidende Rolle.

Radieschen können Sie aber auch einschneiden und in Wasser legen. Nach einiger Zeit wölbt sich die Schale auf, und es entsteht eine sternartige Blüte, die auf einem Radieschenblatt besonders gut zur Geltung kommt. Rote und grüne Paprikas lassen sich ganz leicht in dünne Ringe schneiden. Das gleiche gilt für Zwiebeln. Die Zwiebelringe können Sie dann noch in Paprikapulver wälzen oder mit feingehackten Kräutern bestreuen.

Ein weiterer Vorschlag: Schneiden Sie eine Tomate achtmal von oben bis zur Mitte ein. Drücken Sie die Tomate leicht auseinander und stecken Sie Gurkenrädchen in die Schlitze. Frische Gurken wirken schon für sich allein verlockend und fruchtig. Sie eignen sich aber auch gut zum Ausstechen. Die ausgestochenen Teile können sie zusammen mit Tomatenscheiben und Olivenringen zu einem Gemüsehappen arrangieren.

Man muß nicht unbedingt ein Meisterkoch sein, um eine Kalte Platte kunstvoll garnieren zu können. Wenn man sich einige Handgriffe aneignet und der eigenen Phantasie ein wenig freien Lauf läßt, dann kann das auch in der heimischen Küche mit zufriedenstellendem Erfolg gelingen.
Ein spiralförmig aufgeschnittener Rettich ist stets ein appetitlicher Anblick. Radieschen in feine Scheibchen schneiden und kreisförmig schichten. Das Rot und Weiß wirkt immer erfrischend.

Auch Tomaten sind mit einigen Tricks schnell und effektvoll aufbereitet. Am einfachsten ist es, wenn sie sauber geschnittene Scheiben aufeinander schichten. Wenn Sie dabei Scheiben von Eiern abwechselnd dazwischen legen, haben Sie einen schönen Farbkontrast erzielt. Ganze Tomaten können Sie von allen Seiten zickzackförmig bis zur Hälfte einschneiden. Trennen Sie die beiden Tomatenhälften und garnieren Sie diese mit Kräuterzweigen oder gehacktem Schnittlauch.

Eingelegte Gurken schneidet man mehrmals längs ein und fächert sie dann auf. Karotten lassen sich wie ein Rettich spiralförmig aufschneiden. Sie eignen sich aber auch wie die Gurken zum Ausstechen. Zitronen gehören schon wegen ihrer einzigartigen leuchtenden Farbe zu den beliebtesten Garnituren, ganz gleich, ob Sie sie nun einfach in Scheiben schneiden und aufeinander schichten oder ob Sie einzelne Scheiben bis zur Mitte einschneiden und zu einer kleinen Spirale drehen.

GARANTIERT RICHTIG GARNIERT

Hartgekochte Eier gehören auch fast immer auf kalte Platten. Schneiden Sie die Eier in Scheiben, Viertel, Achtel oder Hälften. Letztere können beispielsweise mit Frischkäsecreme besprizt oder mit Kaviar belegt werden. Auch Olivenscheiben oder Sardellenringe passen gut auf halbierte Eier. Orangen können Sie wie Zitronen vorbereiten. Hübsch sieht es auch aus, wenn Sie die Orangenschale gleichmäßig einschneiden und

Ansonsten bietet es sich an, die Ananas in Scheiben zu zerlegen. Kiwis sind in den letzten Jahren eine sehr beliebte Frucht geworden. Ob in Scheiben geschichtet, oder zickzackförmig eingeschnitten und halbiert, stets kommen diese süßen Früchte gut an. Eine andere Frucht, die allein schon wegen ihrer exotischen Form ein Augenschmaus ist, ist die Sternfrucht oder Karambola. Auf den vorhergehenden Seiten haben Sie gesehen, wie man

aufteilen. Lassen Sie sich einfach von Ihrem Geschmack auf neue Wege führen. Halbierte, geviertelte oder noch weiter zerkleinerte Ananasscheiben lassen sich zu vielen Garnituren verwenden. Zum Beispiel indem Sie Oliven, Mandarinen oder Käsestückchen auf ein Stück Ananas spießen, oder indem Sie Ananasringe mit einem Sahnehäubchen und Schokostreuseln versehen. Aus einer ganzen Ananas kann mit einigen Hand-

dann die Schalenachtel nach außen biegen. Äpfel schneiden Sie am besten mit dem Apfelteiler in gleichmäßige Scheiben.
Auch Äpfel können Sie mit einem scharfen Messer zickzackförmig bis zur Mitte einschneiden und die beiden Teile trennen. Eine Ananas ist stets ein optischer Anziehungspunkt. Sie können die ganze Frucht längs in Achtel oder Viertel aufteilen. So entstehen kleine Schiffchen, die mit anderen Früchten bemannt werden können, etwa mit Kirschen oder Mandarinenspalten.

Gemüse und Obst zur Garnierung vorbereiten kann. Damit sind die Möglichkeiten des Verzierens aber noch lange nicht erschöpft. Man kann nicht nur die einzelne Frucht vorteilhaft präsentieren, sondern auch mit mehreren Früchten oder Gemüsearten ein reizvolles Arrangement schaffen. Sie können Inseln aus Obst auf eine Käseplatte zaubern. Sie können Girlanden aus Karottenspiralen, Oliven und Eiern flechten, Sie können eine kalte Platte mit Linien aus Radieschen oder Mandarinenspalten in Felder

griffen eine wahrhafte Überraschungsfrucht werden. Schneiden Sie dazu den Kopf der Frucht ab, höhlen Sie die Frucht aus und füllen Sie sie mit einem bunten Allerlei aus verschiedenene Obstsorten. Weintrauben lassen sich vorzüglich für Spießchen verwenden. Melonen können Sie als Behälter für ein Tuttifrutti aushöhlen. Halbieren Sie dazu die Melone und höhlen Sie beide Hälften aus. Den Rand können Sie nach Lust und Laune mit Zacken oder Wellen versehen.

GARANTIERT RICHTIG GARNIERT

Als Füllung nehmen sie das gewürfelte Fruchtfleisch der Melone, Oliven, Weintrauben, Käsewürfel, entkernte Kirschen oder auch Beerenfrüchte. Bananen sind wohl das meistgeliebte Obst in Deutschland. Halbieren sie eine geschälte Banane der Länge nach. Dann können Sie sie nach Wunsch belegen. Zum Beispiel mit einzelnen Sahnehäubchen und Schokoraspeln. Eine andere Möglichkeit ist, die Banane in Scheiben zu schneiden und diese als Grundlage für einen Obsthappen zu machen. Was Sie darauf spießen, bleibt Ihrer Phantasie überlassen.

Muster und Arrangements lassen sich natürlich ebensogut mit Gemüse herstellen. Zum Beispiel mit eingelegten Maiskolben. Sie lassen die Frucht gut abtropfen und legen ein schönes Sternenmuster auf ihre Kalte Platte.
Oliven, ob schwarz oder grün, eignen sich gut für geometrische Muster. Oliven können Sie auch in dünne Scheiben schneiden. Diese können Sie zu Spießchen verwenden oder in Muster einbauen. Olivenscheibchen passen auch gut auf Eihälften. Wie überhaupt Eier sich immer vorteilhaft in Garnituren machen.

Ob Sie eine Eihälfte nun mit einer gerollten Schinkenscheibe, einem Sardellenfilet oder einen Klacks Edelpilzcreme daraufgeben, es sieht immer lecker aus und ist stets ein mundgerechter Happen.
Oft gesehen ist der kleine Fliegenpilz, der nur in diesem speziellen Fall so bekömmlich ist: Schneiden sie die Kuppe eines hartgekochten Eies ab, setzen Sie dem ganzen eine Tomatenkappe auf und sprenkeln Sie diese mit Mayonnaise. Tomatenscheiben mit einem Stück Mozzarella und einem Basilikumblatt darauf sind ein italienischer Gruß, der immer ankommt.

GARANTIERT RICHTIG GARNIERT 25

Apropos Tomaten: Es müssen nicht immer die großen sein. Auch mit den schmackhaften, kleinen Kirsch- oder Cocktailtomaten lassen sich zauberhafte Arrangements treffen. Paprikas kann man nicht nur in Ringen aufschneiden und in wechselnden Farben übereinanderschichten. Sie können die Ringe auch mit Oliven und Pilzen ausfüllen. Oder wie wäre es mit einer gefüllten Paprika? Dazu halbieren Sie eine Paprikaschote und füllen Sie mit anderem Gemüse. Der letzte Hinweis in diesem Kapitel gilt den Spritzgarnituren. Dabei wird Mayonnaise, gerührte Butter, Senf, Frischkäse oder Sahne mit einem Spritzbeutel aufgetragen. Mit den verschiedenen Tüllen können Sie fast alle möglichen Muster und Ornamente spritzen.

Zu diesem Thema werden Sie sicherlich noch weitere Einfälle beisteuern können. Wenn Sie mit Liebe und Sorgfalt ans Verzieren und Garnieren gehen, dann haben Sie schon fast gewonnen. Sie sollten das Ganze als ein Spiel mit Formen und Farben betrachten, bei dem es fast keine Regeln gibt. Nur eines muß beachtet werden: Garnierungen und Verzierungen sollten niemals Selbstzweck sein.

Immer sollten die optischen Anreize nur dazu verlocken, die angebotene Ware zu probieren.
Eine Kalte Platte ist eben wie ein gut bestückter Selbstbedienungsladen: die attraktiven Dinge werden bevorzugt, was dagegen ohne äußeren Reiz ist bleibt oft liegen, mag es auch noch so gut schmecken. Dabei müssen Sie sich vor dem anderen Extrem hüten: Garnituren dürfen die Waren nicht überlagern und überwuchern. Es darf nie so weit kommen, daß die Gäste nur zögernd zugreifen, weil eine Garnitur allzu kunstvoll und zerbrechlich erscheint.

FEINE PLATTEN

Einfache Aufschnittplatte

SIE BENÖTIGEN FÜR 4 PERSONEN

400-500 g gemischten Aufschnitt

FÜR DIE GARNITUR

einige Salatblätter
1 Orange
1 Kiwi
einige Salatgurkenscheiben
einige Cocktailtomaten

1. Eine runde dekorative Platte bereitstellen.
2. Die gleichmäßig in Scheiben geschnittenen Wurstsorten zur Hälfte übereinanderklappen oder zu lockeren Röllchen zusammendrehen.

4. Die Salatblätter verlesen, abwaschen, gut abtropfen lassen und in der Mitte der Aufschnittplatte die Salatblätter sortenweise dekorativ anrichten.

6. Die Gurkenscheiben bis zur Mitte hin einschneiden und zusammendrehen. Je zwei Scheiben zusammensetzen.
7. Die Cocktailtomaten halbieren und die Platte ausgarnieren.

3. Sortenweise die zusammengeklappten Wurstscheiben etwa zwei Zentimeter vom Rand der Platte gleichmäßig auflegen.

5. Die halbierte Orange darauflegen. Die geschälte Kiwi in der Mitte zickzackförmig einschneiden, auseinanderdrehen, so daß zwei Sterne entstehen.

FEINE PLATTEN

28 FEINE PLATTEN

FEINE PLATTEN 29

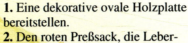

1. Eine dekorative ovale Holzplatte bereitstellen.
2. Den roten Preßsack, die Leberwurst und die Rotwurst in 1/2 Zentimeter dicke Scheiben schneiden.

5. Die Hälfte der Leberwurst zwischen roten Preßsack und Leberkäse und die andere Hälfte im Anschluß an den Leberkäse legen.

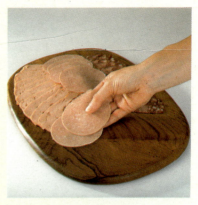

3. Den Leberkäse in dünnere Scheiben schneiden und an einer Seite der Platte schichtweise übereinander, entlang der Plattenkante, anrichten.

6. Die Salatgurke mit einem Bundmesser in Scheiben schneiden und auf dem roten Preßsack anrichten. Darauf dann dekorativ die Thüringer Rotwurst anrichten.

Deftiges Vesperbrett

SIE BENÖTIGEN FÜR 4-6 PERSONEN

200 g roten Preßsack
200 g gekräuterte Leberwurst
200 g Thüringer Rotwurst
200 g Leber- oder Fleischkäse
1 kleine Salatgurke
Salatblätter, Sellerieblätter
Essiggemüse, Cocktailtomaten

4. Auf der entgegengesetzten Seite den roten Preßsack anrichten.

7. Mit Salatblätter, Sellerieblätter, Essiggemüse und Cocktailtomaten ausgarnieren.

FEINE PLATTEN

Gemischte Bratenplatte

SIE BENÖTIGEN FÜR 8-10 PERSONEN

1 kg Kalbsbraten
1 kg gefüllten Schweinerollbraten
1 kg gefüllte Kalbsbrust

FÜR DIE GARNITUR

Salatblätter, Sellerieblätter
Weintrauben
gefüllte Tomatenkörbchen
Karottensterne
Radieschenblüten

1. Eine rechteckige dekorative Platte bereitstellen.
2. Den Kalbsbraten zur Hälfte in dünne Scheiben schneiden.
3. Den Rollbraten und die gefüllte Kalbsbrust ebenfalls zur Hälfte in gut ein Zentimeter dicke Scheiben schneiden.
4. Das Rollbraten- und das Kalbsbrustbratenstück auf eine Seite der Platte legen und leicht schräg die Bratenscheiben davor anrichten. Die Platte nur bis zur Hälfte auslegen.

5. Das Kalbsbratenstück auf die untere Plattenhälfte legen. Die Kalbsbratenscheiben zusammenklappen und dekorativ vor dem Braten anrichten.

6. Die Zwischenräume mit Salat- und Sellerieblättern auslegen.

7. Die Platte mit Weintrauben, Tomatenkörbchen, Karottensternen und Radieschenblüten ausgarnieren.

32 FEINE PLATTEN

FEINE PLATTEN 33

Schinkenplatte

SIE BENÖTIGEN FÜR 4 PERSONEN

75 g rohen Knochenschinken
75 g Lachsschinken
75 g Westfälischen Schinken
75 g gekochten Schinken
einige Salatblätter
1 Stück Salatgurke, 1 Tomate
1/2 Bund Petersilie
100 g blaue Weintrauben
einige Melonenschnitze

1. Eine runde dekorative Platte bereitstellen.
2. Den in Scheiben geschnittenen Knochenschinken zwei Zentimeter vom Rand der Platte schichtweise übereinander auflegen.
3. Den Lachsschinken zusammenklappen und auf der gegenüber liegenden Seite der Platte ähnlich dem Knochenschinken auflegen.
4. Den Westfälischen Schinken locker zusammenlegen und im Anschluß an den Lachsschinken zweilagig übereinander und zwei Zentimeter vom Rand der Platte gleichmäßig auflegen.

5. Den gekochten Schinken zusammenklappen oder Röllchen drehen und den Raum zwischen Lachsschinken und Knochenschinken auslegen.

6. Die Salatblätter dekorativ unter die Schinkensorten legen.

7. Das Gurkenstück in der Mitte zickzackförmig einschneiden und zu zwei Sternen auseinanderdrehen.

8. Die Tomaten etwa ein Zentimeter dick im Kreis von der Tomaten abschneiden. Die Tomatenhaut zu einer Rose zusammendrehen.
9. Gurken, Tomatenrose, Petersilie und Weintrauben als Trennung zwischen den verschiedenen Schinkensorten dekorativ auflegen.

FEINE PLATTEN

Erlesene Roastbeefplatte

SIE BENÖTIGEN FÜR 4-6 PERSONEN

2 kg rosa gebratenes Roastbeef
Salatblätter, Meerrettich-Sahne
Kiwischeiben
halbierte Erdbeeren und
Weintrauben, Kräuterzweige

1. Eine dekorative ovale Silberplatte bereitstellen.
2. Eine entsprechend ovale Schüssel mit der offenen Seite nach unten auf die Platte legen.
3. Mit den Salatblättern die restlichen Freiräume auslegen.

4. Den Boden der Schüssel mit Roastbeefscheiben belegen.

5. Den Schüsselrand von oben nach unten mit wellenartig angeordneten Roastbeefscheiben gleichmäßig belegen.

6. Die Schnittstellen an der Oberseite mit Rosetten aus Meerrettich-Sahne bespritzen und mit Kiwischeiben abdecken.

7. Mit Weintrauben, Erdbeeren und Kräuterzweigen ausgarnieren.

FEINE PLATTEN 35

Festliche Platte mit Cocktails

SIE BENÖTIGEN FÜR 4-6 PERSONEN

250 g gefüllten Schinkenbraten
250 g gefüllte Kalbsbrust
8 Schweinemedaillons belegt mit Früchten
8 mit Frischkäse gefüllte Pfirsichhälften ausgarniert mit Cocktailkirschen
1 Schälchen Gemüse-Wurst-Cocktail
1 Schälchen pikanten Pusztasalat

FÜR DIE GARNITUR

Salatblätter
1 kleine Zierananas
1 Stück Lauch (möglichst den weißen Teil)

1. Eine ovale dekorative Platte bereitstellen.
2. Die Platte mit Salatblättern auslegen.
3. Den Kopf der Platte mit einer halben Zierananas und dem zu einer Blume geschnittenen Lauch belegen.
4. Die kalten Braten in dünne Scheiben schneiden und die Scheiben übereinanderklappen.

5. Die Bratenscheiben jeweils am Rand der Platte anrichten.

6. Den Zwischenraum mit den ausgarnierten Schweinemedaillons und Pfirsichhälften auslegen.
7. Die Platte ausgarnieren, anrichten und mit in den Cocktailgläsern angerichteten Salaten umstellen.

38　FEINE PLATTEN

FEINE PLATTEN 39

Fischplatte

SIE BENÖTIGEN FÜR 4 PERSONEN

200 g geräucherten Lachs
200 g Graved Lachs
200 g Schillerlocken
200 g geräucherten Aal
Salatblätter, Zitronen
Oliven, Sahne-Meerrettich
schwarzen und roten Kaviar
gekräuterte Zwiebelringe

1. Eine quadratische, dekorative Platte bereitstellen.
2. Die Salatblätter in einer Ecke anrichten und mit einem Zitronenstern belegen.

4. Die Graved Lachsscheiben auf der anderen Seite anrichten.

5. Den Zwischenraum mit den Stücken von Schillerlocken und Aal füllen.
6. In gleicher Richtung einige Zitronenscheiben schichtweise übereinanderlegen und mit Olivenscheiben ausgarnieren.

3. Die geräucherten Lachsscheiben zusammenfalten und von dem Salat ausgehend zur gegenüber liegenden Seite dekorativ anrichten.

7. Den Lachs mit Sahne-Meerrettich-Rosetten verzieren und die Sahne mit Kaviar belegen.
8. Mit Oliven und gekräuterten Zwiebelringen die Platte ausgarnieren.

Einfache Käseplatte

SIE BENÖTIGEN FÜR 4 PERSONEN

1 Sorte Hartkäse ca. 100-200 g (Chester, Emmentaler, Greyèrzer oder Bergkäse)
1 Sorte halbfesten Schnittkäse ca. 100 g (z.B. Edelpilzkäse, Bel Paese, Esrom, Port Salut, Weißlacker oder Gorgonzola)
2-3 Sorten Schnittkäse ca. 200 g (Gouda, Tilsiter, Edamer oder Trapistenkäse)
2 Sorten Weichkäse ca. 200 g (Camembert, Brie, Münster, Weinkäse oder Harzer)

FÜR DIE GARNITUR

Salatblätter
Melonenschnitze
Kiwisterne
Weintrauben
Walnußhälften
Tomatenrose

1. Eine runde dekorative Porzellan- oder Holzplatte bereitstellen.
2. Den Hartkäse im ganzen Stück auf einer Seite der Platte als Anhaltspunkt für die anderen Käsesorten anrichten.

3. Links und rechts vom Hartkäsestück entlang des Plattenrandes die in Scheiben geschnittenen Schnittkäsesorten dekorativ anrichten.

Tip: Achten Sie darauf, daß die Käsescheiben genau und akurat gleichmäßig übereinander liegen.

4. Die Zwischenräume in der Mitte der Platte mit einigen Salatblättern auslegen und darauf die Weichkäsesorten anrichten.

5. Mit Melonenschnitzen, Kiwisternen, Walnußhälften und Tomatenrose die Käseplatte ausgarnieren.

DAS GESUNDE BUFFET 43

Es ist im Trend der Zeit, daß auch Buffets nicht zu Kalorienbomben werden. Leichte und bekömmliche Angebote auf einem solchen Schlemmerbuffet sind deshalb ein „Muß". Wir haben Ihnen für diese Art von Buffets einige Beispiele ausgewählt die Sie selbstverständlich nach Ihrem Muster verändern oder ergänzen können. Empfehlenswert für diese leichten Buffets sind immer Rezepte mit Gemüse. Zum Beispiel mit Quark oder Frischkäse, gefüllte Paprikaschoten oder Tomaten, mit Salat, Gemüse und Kräutern belegte Häppchen, milchsauer eingelegtes Gemüse und Frischkostsalate. Der Bereich Wurst und Fleisch kann abgedeckt werden durch verschiedene Sülzen, mageren, rohen oder gekochten Schinken, Geflügel- und Truthahnwurst und natürlich als Blickfang ein rosa gebratenes Roastbeef. Eine Medaillonplatte kann durchaus hier auch vom Schweinefilet hergestellt werden, da dieses Filet ebensowenig oder soviel Kalorien wie Rinder- oder Kalbsfilet hat. Es kommt eigentlich darauf an mit was es belegt und garniert wird. Wer hier zum Beispiel eine Kalbs- oder Geflügelfarce aufspritzt anstelle von Frischkäse oder Quark, der bietet seinen Gästen ganz einfach eine Kalorienbombe. Als Dessert gibt es bei unserem Schlemmerbuffet auch keine üppigen Cremes, sondern frische Früchte der Saison, die als Blickfang aufgebaut auch den nötigen Rahmen für dieses gesunde Schlemmerbuffet geben. Beim Schlemmerbuffet darf selbstverständlich das Brot nicht fehlen. Hier sollten Sie auf das große Angebot der Vollkornprodukte zurückgreifen.

44 DAS DEFTIGE BIERBUFFET

Bei dieser Art von Buffet lacht das Herz von den Freunden der deftigen Küche. Sehr gut eignet sich deshalb dieses Buffet für alle zünftigen Abende, die als Höhepunkte im jährlichen Vereinsleben stattfinden. Ob Skat- oder Kegelfreunde und andere Gruppen bei denen diese Art des Genießens im Vordergrund steht, alle werden auf ihre Kosten kommen, und was weit wichtiger ist, alles ist schnell und einfach vorzubereiten. Gerade bei solchen oppulenten Buffets sollten Sie zuhause eine gewiße Arbeitsteilung vornehmen. Wobei sich ein Partner um die Braten, ein anderer um die Wurstplatten, ein dritter um die Salate und ein vierter sich um Käse und andere kleine Spezialitäten kümmern kann. Wir haben als warme Beigaben zu unserem Buffet feurige Spareribs, kleine gebratene Surhäxchen und Fleischspieße ausgewählt. Wer noch mehr warme Köstlichkeiten servieren will, der kann die angerichteten kalten und gefüllten Braten als warme Gerichte mit Soßen servieren. Rezepte finden Sie in unserem Buch in den entsprechenden Kapiteln. Zum warmen Buffet sollten Sie als warme Beilage ganz einfach Semmelknödel oder Kartoffelklöße und hausgemachte Spätzle servieren. Als Salat eignet sich zu unserem deftigen Buffet ein Kartoffel- und Krautsalat. Eine Saure Wurst oder ein Käsesalat sind aber auch nicht zu verachten. Als Blickfang wird bei diesem Buffet Brot und deftige Wurst, im Bayerischen genannt als Handwurst, verwendet. Verschiedene Preßsackarten und Räucherschinken runden diese Art von Buffet ab.

DAS SCHNELLE BUFFET

Einfach und schnell sind hier nicht unbedingt bezogen auf die Vorbereitung, denn die ist abhängig von der Auswahl der Produkte die auf das Buffet kommen sollen. Hier wird mehr Wert darauf gelegt ein Buffet herzustellen, das den Anforderungen unserer schnellen und hektischen Zeit Rechnung trägt. Hier werden in erster Linie Produkte gezeigt, die man ganz einfach in die Hand nehmen oder nur mit einer Gabel essen kann. Zwanglos und leger wird die Atmosphäre, wenn Sie wie wir, deftige Gerichte ausgewählt haben. Wählt man edle Brotbeläge, Wurst, Käse und Füllgerichte aus, so kann man das Ganze auch zu einem feinen Buffet umwandeln. Achten sollten Sie aber immer darauf, daß der Grundgedanke, das Ganze auch im Stehen essen zu können, nicht verändert wird. Sonst gibt es sehr schnell Platzprobleme und so mancher Gast wird anschließend eine Reinigung aufsuchen müssen. Falls Sie große Braten- oder Fleischstücke servieren, sollten diese auf jeden Fall portionsgerecht geschnitten sein und vorgelegt werden. Damit alles auch wirklich schnell serviert werden kann, ist es empfehlenswert schon einige Getränke, ob frisch gezapftes Bier, Wein oder anti-alkoholische Getränke auf dem Buffet zu integrieren. Erfahrungsgemäß werden solche Buffets bei denen es schnell gehen muß gestürmt und je mehr vorbereitet wird, um so unproblematischer wird es für die Küche. Deshalb ist es auch empfehlenswert bei den schnellen Buffets schon vorneweg eine vorbereitete Suppe oder eine Vorspeise zu reichen.

DAS KINDERBUFFET

Grundsätzlich gilt bei der Auswahl der Gerichte für ein Kinderbufett, sie müssen handlich und nach dem Geschmack der Kinder sein. Verspielte Kleinigkeiten mit einem Süßsauer-Effekt kommen bei Kindern immer an. Versteckte Würstchen oder im Brotteig gebackene Wienerle, hausgemachte Hamburger oder mit Ausstechern geformte Wursthäppchen tragen zum Gelingen eines Kinderbuffets genauso bei, wie auf Spießchen gesteckte Käse-, Wurst- oder Fruchthappen. Salate mit Kartoffeln, Nudeln oder Reis, verfeinert mit Früchten sowie Frischkost sind typische Produkte die auf ein Kinderbuffet gehören. Als Füll- und Sättigungsgerichte sollten Sie an Geflügelzubereitungen denken. Hähnchenschenkel oder -keulen, Brustfilets oder Steaks mit feinen Gewürzen und Soßen zubereitet, mögen Kinder sehr gerne. Bei der Brotauswahl sollten Sie darauf achten, daß es nicht zu hart und knusprig ist, denn dann essen die Kinder es nicht gerne. Versuchen Sie bei der Auswahl des Geschirrs möglichst viele lustige Spielsachen zu integrieren. Eisenbahnwaggons oder andere größere Wagen können mit Alu- oder Frischhaltefolie ausgekleidet werden und so als Schüsseln Verwendung finden. Spieße aller Art kann man auf Melonen oder große Orangen stecken. Hierbei sollten Sie aber auf jeden Fall eine gerade Fläche abschneiden, damit die Frucht auch einen festen Stand erhält. Als Dessert sollte beim Kinderbuffet auf zuckerhaltige Speisen verzichtet werden. Servieren Sie frische Früchte oder einen Fruchtsalat, zu denen dann als I-Tüpfelchen noch ein Eis gereicht werden kann.

Der Blickfang

Bei jedem Buffet beginnt man zuerst mit den sogenannten Blickfängen. Entsprechend dem vorhandenen Platz, fallen diese Kunstwerke größer oder kleiner aus – sollten aber immer den Schwerpunkt eines Buffets darstellen. Blickfänge können aus Früchten und Gemüsen, Blumenarrangements sowie aus dekorativen Elementen wie Pferdekumets, Schubkarren, Span- oder Bastkörben sowie anderem hergestellt werden. In den Profiküchen werden aus Butter Figuren hergestellt. Hierfür werden aus Butter, besser aus Ziehmargarine, Figuren modelliert oder aus Eisblöcken Figuren gehauen.

Ein Tip, wer's einfacher und schneller haben will: Überziehen Sie Holzfiguren oder andere schöne Dekorationselemente mit einer dünnen Fettschicht. Sie werden sehen, Sie bekommen ein Kunstwerk um das Sie jeder beneiden wird. Um die Figuren nicht zu beschädigen kann man sie mit dünner, haftender Frischhaltefolie überziehen.

Der Aufbau

Von den Blickfängen ausgehend werden nun die einzelnen Gerichte in der Reihenfolge des Verzehrs angeordnet. Cocktails, kleine Vorspeisen und Happen sind das erste Glied in der Reihe. Es folgen die auf Platten angerichteten Hauptgerichte mit entsprechend großen Zwischenräumen. Diese Lücken werden mit den Füll- und Beilagengerichten gefüllt. Zu jedem Fleisch die richtige Soße. Achten Sie darauf, daß der Preiselbeer-Meerrettich bei den geräucherten Forellenfilets und die Sauce Cumberland eben bei den Wildmedaillons steht. Beilagensalate gehören im Anschluß an die Platten. Hier werden auch die Dressings aufgebaut. Stellen Sie zusätzlich einige Salatteller dazu, denn die wenigsten Gäste möchten den Salat auf den Tellern, wo die Hauptgerichte liegen – und wer nimmt beim Buffet schon gleich zwei Teller in die Hand? Wenn genügend Platz vorhanden ist, sollten Sie nicht mehr als zwei Reihen Gerichte übereinander anordnen. Maximal drei Reihen dürfen es, aber auch bei noch so wenig Platz, sein. Der Gast soll ohne Probleme die Produkte seiner Wahl erreichen und ohne viel Kleckern das Ausgewählte nehmen können. Im Anschluß an die Salat folgen dann der Käse in seiner Vielfalt und anschließend das Brot.

Desserts, außer die dekorierten Früchte gehören nicht auf ein Buffet. Entweder die Desserts erhalten einen Extratisch oder Sie werden erst nach dem Abräumen zusammen mit dem Käse auf dem bestehenden Buffet angerichtet.

Aus Unkenntnis wurde schon oft eine Bayerisch Creme auf ein Medaillon gegeben – und das muß nicht sein.

Das Geschirr und das Besteck

Es ist immer ärgerlich, wenn die Teller ausgehen. Deshalb berechnen Sie pro Person immer 3-4 Teller, um den Gästen die Möglichkeit zu geben, öfter zu nehmen und die Speisen nicht auf einem Teller vermischen zu müssen. Teller gehören immer an den Anfang eines Buffets, also dorthin, wo die Cocktails und Vorspeisen aufgebaut sind. Erst am Ende des Buffets werden dann Messer und Gabeln sowie Servietten bereitgestellt.

Für den ersten Gang zum Buffet ist es empfehlenswert die Tische mit einer Garnitur Besteck und Servietten einzudecken. So wird auch ein Teil des ersten Ansturms auf das Buffet bewältigt. Noch ein Tip mit dem man so einen „Run" aufs Kalte Buffet bremsen kann. Servieren Sie vorher eine Suppe oder eine kleine, schon vorbereitete Vorspeise. Jede Platte und jede Schüssel sollte beim Buffet mit Vorlegebesteck möglichst zweifach ausgestattet sein, damit die Gäste einfach und schnell die Produkte aufnehmen können. Für den Salat ist es empfehlenswert Salatzangen einzusetzen, da die Gäste mit einer Hand so besser auf ihre Teller bekommen.

DER BLICKFANG 51

Die Menge

Nichts ist schlimmer für einen Haushalt, wenn ein Buffet aufgebaut wurde, die Party vorbei ist, und jede Menge übrig bleibt. Es ist deshalb wichtig schon bei der Planung die richtige Auswahl der Gerichte zu treffen und die Mengen anhand einer Einkaufsliste hochzurechnen.

Da ein Buffet immer zum Schlemmen und zu mehr Essen anregt, sollten Sie das Gesamtgewicht der verzehrfertigen Zutaten und Gerichte bei ca. 500-750 Gramm pro Person bemessen.

Unsere Rezepte im Rezeptteil sind alle als Hauptmahlzeit, also als eigenständige Gerichte für 4 Personen aufgelistet. Solche Gerichte müssen daher, je nach Größe eines Buffetangebotes und Anzahl der Gäste, entsprechend verringert oder vergrößert werden. Am besten ist ein Schnittwert für eine Person zu ermitteln. So wird bei kleinen Vorspeisen, Canapès, gefüllten Eiern oder Gemüsegerichte, bei Medaillons oder Fischfertigprodukten immer davon ausgegangen, daß pro Person 1-2 Stück berechnet werden.

Hauptgerichte die für 4 Personen angegeben sind reichen für etwa 10-12 Personen bei entsprechendem Angebot auf dem Buffet. Bei den Rohkostsalaten und Beilagen rechnet man etwa 100-150 Gramm. Bei Käse-, Wurst- oder anderem Aufschnitt etwa 75-100 Gramm und beim Brot etwa 2-3 Stück immer pro Person und in Verbindung mit den anderen Gerichten berechnet.

Hier einige Beispiele: Eine Aufschnittplatte sollte für 10 Personen mit 1-1,2 Kilogramm belegt sein. Eine Bratenplatte mit etwa 1-1,2 Kilogramm. Eine Käseplatte mit etwa 750-1000 Gramm. Eine Schüssel Feinkostsalat sollte mit etwa 1-1,5 Kilogramm gefüllt sein. Ein Glas Essiggemüse mit 750-1000 Gramm. Eine Schale Dressing mit 500-750 Gramm.
Ein Faktor, den wir nicht bemessen können, sind Ihre Gäste. Doch die kennen Sie ja und wissen, was und wieviel jeder einzelne ißt.

Kleine Häppchen zum Verwöhnen
geschmiert, gebuttert und belegt

Mozzarellabrot

SIE BENÖTIGEN FÜR 4 PERSONEN

4 Scheiben Weißbrot
Butter oder Margarine
1-2 El Olivenöl
1 Knoblauchzehe
1 Zwiebel
1 Schuß Weißwein
1 Schuß Sahne
1/2 TL Oregano
1/2 TL Basilikum
Salz
Pfeffer aus der Mühle
1 Prise Muskat
6-8 Eiertomaten
100 g Mozzarella-Käse
Kräuterzweige zum Garnieren

1. Die Weißbrotscheiben dünn mit Butter oder Margarine bestreichen.
2. Das Olivenöl in einer Pfanne erhitzen und die feingehackte Knoblauchzehe darin anschwitzen.
3. Die Zwiebeln schälen, fein hacken, zum Knoblauch geben und kurz mitschwitzen.
4. Mit Weißwein ablöschen und mit der Sahne auffüllen. Das Ganze mit den gehackten Kräutern vermischen. Mit Salz, Pfeffer und Muskat abschmecken.
5. Die Soße kurz einreduzieren lassen. Die Eiertomaten waschen und in Scheiben schneiden.
6. Den Mozzarella ebenfalls in Scheiben schneiden, mit den Eiertomaten schichtweise auf das Weißbrot legen.
7. Die Zwiebelsoße gleichmäßig darauf verteilen. Das Mozzarellabrot anrichten, mit Kräuterzweigen ausgarnieren und servieren.

Überbackenes Zwiebelbrot

SIE BENÖTIGEN FÜR 4 PERSONEN

4 große Scheiben Bauernbrot
Butter oder Margarine
100 g gekochten Schinken
1-2 EL Butter oder Margarine
1 Knoblauchzehe
2 große Gemüsezwiebeln
2 Karotten
1 Schuß Weißwein
Salz, Pfeffer aus der Mühle
1 Prise Muskatpulver
1 Prise Kümmelpulver
4 Eier, 1 Schuß Sahne
100 g geriebenen Emmentalerkäse
1/2 Bund Petersilie
1/2 Bund Schnittlauch

1. Die Bauernbrotscheiben dünn mit Butter oder Margarine bestreichen und mit dem in dünne Scheiben geschnittenen, gekochten Schinken belegen.
2. Die Butter in einer Pfanne erhitzen und die feingehackte Knoblauchzehe darin anschwitzen.
3. Die Gemüsezwiebeln schälen, fein hacken, die Karotten schälen und raspeln. Beides zum Knoblauch geben und kurz dünsten.
4. Mit Weißwein ablöschen. Mit Salz, Pfeffer, Muskat und Kümmel kräftig würzen und so lange garen, bis die Flüssigkeit einreduziert ist.
5. Die Eier mit einem Schuß Sahne und mit der Hälfte des Emmentalers verrühren. Die Pfanne vom Feuer nehmen und die Masse einrühren.
6. Nochmals kräftig abschmecken und die gehackten Kräuter untermischen.
7. Die erkaltete Gemüsemischung auf den Bauernbrotscheiben verteilen. Mit dem restlichen Käse bestreuen und unter dem Grill goldgelb überbacken.

Krabbenbrot

SIE BENÖTIGEN FÜR 4 PERSONEN

8 Scheiben Pumpernickel
2-3 EL Butter oder Margarine
1 Zwiebel, 2 Frühlingszwiebeln
100 g Krabben oder Crevetten
Saft von 1/2 Zitrone
einige Tropfen Worcestersoße
Salz, Pfeffer aus der Mühle
1 Prise Cayennepfeffer
2 Tomaten
4 Eier, 1 Schuß Sahne
1/2 Bund Dill
Kräuterzweige zum Garnieren

1. Die Pumpernickelscheiben dünn mit Butter oder Margarine bestreichen.
2. Die restliche Butter erhitzen und die feingehackte Zwiebel darin glasig schwitzen.
3. Die Frühlingszwiebeln putzen, in feine Streifen schneiden, zu den Zwiebeln geben und kurz mitschwitzen.
4. Die Krabben abwaschen, gut abtropfen lassen. Mit Zitronensaft und Worcestersoße beträufeln, zu den Zwiebeln geben und kurz garen.
5. Das Ganze mit Salz, Pfeffer und Cayennepfeffer kräftig abschmecken. Die enthäuteten, entkernten und gewürfelten Tomaten unterrühren.
6. Die Eier mit einem Schuß Sahne verschlagen. Den verlesenen, gewaschenen und feingehackten Dill unterziehen. Mit Salz und Pfeffer abrunden. Zum Gemüse geben und unter ständigem Rühren stocken lassen.
7. Die Pumpernickelscheiben mit der Ei-Krabben-Mischung belegen, kurz unter dem Grill überbacken, anrichten. Mit Kräuterzweigen ausgarnieren und warm oder kalt servieren.

KLEINE HÄPPCHEN ZUM VERWÖHNEN 55

56 KLEINE HÄPPCHEN ZUM VERWÖHNEN

Renkencanapès

SIE BENÖTIGEN FÜR 4 PERSONEN

8-12 Scheiben Vollkorntoast
Butter oder Margarine
einige Salatblätter
250 g geräucherte Renkenfilets
100 g Doppelrahm-Frischkäse
1 Schuß Weißwein
Saft von 1/2 Zitrone
einige Tropfen Worcestersoße
1-2 EL Sahne-Meerrettich
Salz, Pfeffer aus der Mühle
1 Prise Cayennepfeffer
Kiwis, Kakis

1. Die Vollkorntoasts mit einem runden Ausstecher ausstechen und dünn mit Butter bestreichen.
2. Die Canapès mit den verlesenen, gewaschenen und gut abgetropften Salatblättern belegen.
3. Die Renkenfilets in Scheiben schneiden und auf den Salatblättern anrichten.
4. Den Doppelrahm-Frischkäse mit dem Weißwein und dem Zitronensaft zu einer streichfähigen Masse verrühren.
5. Mit Worcestersoße, Sahne-Meerrettich, Salz, Pfeffer und Cayennepfeffer abschmecken.
6. Die Masse in einen Spritzbeutel füllen und auf das Renkenfilet aufspritzen.
7. Die Kiwis und Kakis entsprechend vorbereiten, kleinschneiden und die Canapès damit ausgarnieren, anrichten und zum weiteren Verzehr bereitstellen.

Filetcanapès

SIE BENÖTIGEN FÜR 4 PERSONEN

8-12 Scheiben Vollkornbrot
Butter oder Margarine
einige Salatblätter
8-12 Rindermedaillons á 50 g
100 g Trüffelleberpastete
1 Schuß Sahne
einige Tropfen Weinbrand
Salz, Pfeffer aus der Mühle
1 Prise Cayennepfeffer
Kräuterzweige, Preiselbeeren

1. Die Vollkornbrote mit einem runden Ausstecher zu Canapès ausstechen und mit Butter oder Margarine bestreichen.
2. Die Salatblätter verlesen, auf die Canapès legen.
3. Die Rindermedaillons würzen und in einer Pfanne fettfrei medium oder durch braten. Herausnehmen und dekorativ auf die Salatblätter legen.
4. Die Trüffelleberpastete mit der Sahne zu einer streichfähigen Masse verrühren. Mit Weinbrand aromatisieren, mit Salz, Pfeffer und Cayennepfeffer abschmecken.
5. Die Masse in einen Spritzbeutel geben und kleine Rosetten auf die Rindermedaillons spritzen.
6. Die Filetcanapès mit Kräuterzweigen und Preiselbeeren ausgarnieren, anrichten und servieren.

KLEINE HÄPPCHEN ZUM VERWÖHNEN

Hähnchencanapès

SIE BENÖTIGEN FÜR 4 PERSONEN

2 küchenfertige Hähnchenbrustfilets
Salz, Pfeffer aus der Mühle
1 Prise Cayennepfeffer
1 TL Kräuter der Provence
Butter oder Margarine
4 cl Weinbrand

AUSSERDEM

8-12 Scheiben Weißbrot
2-3 Tomaten
1/2 Bund Basilikum
100 g Edelpilzkäse
1 Schuß Sahne, 1 Prise Zucker
einige Tropfen Zitronensaft
Kräuterzweige zum Garnieren

1. Die Hähnchenbrustfilets mit Salz, Pfeffer und Cayennepfeffer sowie den Kräutern der Provence würzen und mit etwas Butter braten.
2. Die Hähnchenfilets mit Weinbrand flambieren, herausnehmen, in Alufolie wickeln und erkalten lassen.
3. Die Weißbrotscheiben mit einem runden Ausstecher zu Canapès ausstechen und dünn mit Butter bestreichen.
4. Die Tomaten in Scheiben schneiden, auf die Canapès legen.
5. Mit Salz und Pfeffer würzen und mit dem gehackten Basilikum bestreuen.
6. Die Hähnchenbrustfilets in Scheiben schneiden und auf die Tomaten legen.
7. Den Edelpilzkäse mit der Sahne zu einer streichfähigen Masse verrühren. Mit Salz, Pfeffer, Zucker und Zitronensaft abschmecken. In einen Spritzbeutel füllen und auf das Hähnchenfleisch auftragen.
8. Die Hähnchencanapès mit Kräuterzweigen ausgarnieren, anrichten und servieren.

Lachscanapès

SIE BENÖTIGEN FÜR 4 PERSONEN

8-12 Lachsfilets á 50 g
Zitronensaft, Worcestersoße
Salz, Pfeffer aus der Mühle
Mehl zum Wenden
Butter oder Margarine
8-12 Scheiben Weißbrot
1/2 Becher Sahne
1/2 Päckchen Sahnesteif
2-3 EL Sahne-Meerrettich
1-2 EL Preiselbeerkompott
einige Kiwischeiben oder -ecken
Dillzweige zum Garnieren

1. Die Lachsfilets abwaschen, trockentupfen, mit Zitronensaft und Worcestersoße beträufeln. Mit Salz und Pfeffer würzen und im Kühlschrank mindestens 10-15 Minuten ziehen lassen.
2. Die Filets im Mehl wenden. Die Butter in einer Pfanne erhitzen und die Filets darin braten. Herausnehmen und erkalten lassen.
3. Die Weißbrotscheiben mit einem runden Ausstecher zu Canapès ausstechen und dünn mit Butter oder Margarine bestreichen.
4. Die Lachsfilets dekorativ auf die Canapès legen.
5. Die Sahne mit dem Sahnesteif schlagen. Den Sahne-Meerrettich und das Preiselbeerkompott unterziehen. Mit Salz, Pfeffer, Zitronensaft und Worcestersoße abschmecken.
6. Die Masse in einen Spritzbeutel füllen und dekorativ Röschen auf die Lachsfilets auftragen.
7. Mit Kiwischeiben oder -ecken und Dillzweigen ausgarnieren, anrichten und zum weiteren Verzehr bereitstellen.

Canapès mit Matjestatar

SIE BENÖTIGEN FÜR 4 PERSONEN

8-12 Scheiben Toastbrot
Butter oder Margarine
1/2 Salatgurke
Salz, Pfeffer aus der Mühle
4 Matjesfilets, 1 Apfel
1/2 Bund Dill
Saft von 1 Zitrone
1/2 Becher Kräuter Crème fraîche
Kräuterzweige und Keta-Kaviar

1. Aus den Toastscheiben mit einem runden Ausstecher Canapès ausstechen und dünn mit Butter oder Margarine bestreichen.
2. Die Salatgurke in Scheiben schneiden und die Scheiben auf die Canapès legen.
3. Mit Salz und Pfeffer würzen. Die Matjesfilets abwaschen, trockentupfen und würfeln.
4. Den Apfel schälen, entkernen, fein würfeln und mit Zitronensaft beträufeln.
5. Die Matjes- und Apfelwürfel mit dem feingehackten Dill vermischen.
6. Das Matjestatar mit Salz und Pfeffer abschmecken und auf die Gurken schichten.
7. Mit einem Klacks Kräuter Crème fraîche überziehen. Mit Kräuterzweigen und Keta-Kaviar ausgarnieren, anrichten und servieren.

Canapès mit Filettatar

SIE BENÖTIGEN FÜR 4 PERSONEN

400 g Tatar
2 Eigelb
1 Zwiebel, 1 Essiggurke
3-4 Sardellenfilets
3-4 El Kapern
Salz, Pfeffer aus der Mühle
1/2 TL Paprikapulver
1 Prise Cayennepfeffer
einige Tropfen Weinbrand
8-12 Vollkornbrotscheiben
Salatblätter
Zwiebelringe
Kräuterzweige zum Garnieren

1. Das Tatar in eine Schüssel geben und das Eigelb kräftig darunterrühren.
2. Die Zwiebel schälen, fein reiben. Die Essiggurke fein hacken.
3. Die Sardellenfilets und die Kapern hacken. Mit den restlichen Zutaten unter das Tatar rühren.
4. Das Tatar mit Salz, Pfeffer, Paprika, Cayennepfeffer und Weinbrand kräftig abschmecken.
5. Aus den Vollkornbrotscheiben mit einem runden Ausstecher Canapès ausstechen und mit Salatblättern belegen.
6. Das Tatar dekorativ auf den Canapès anrichten. Mit Zwiebelringen und Kräuterzweigen ausgarnieren, anrichten und servieren.

Canapès mit Geflügelleber

SIE BENÖTIGEN FÜR 4 PERSONEN

300 g Geflügelleberparfait
100 g Butter
Salz, Pfeffer aus der Mühle
1 Prise Cayennepfeffer
einige Tropfen Zitronensaft
einige Tropfen Weinbrand
8-12 Weißbrotscheiben
einige Salatblätter
Pistazienkerne
Kräuterzweige zum Garnieren

1. Das Geflügelleberparfait in eine Schüssel geben und mit einer Gabel zerdrücken.
2. Die Butter dazugeben und mit dem Schneebesen schaumig schlagen.
3. Die Creme mit Salz, Pfeffer, Cayennepfeffer, Zitronensaft und Weinbrand aromatisieren.
4. Aus den Weißbrotscheiben mit einem runden Ausstecher Canapès ausstechen.
5. Die Canapès mit den Salatblättern belegen.
6. Die Geflügellebercreme in einen Spritzbeutel geben und dekorativ Rosetten aufspritzen.
7. Mit Pistazienkernen und Kräuterzweigen ausgarnieren, anrichten und zum weiteren Verzehr bereitstellen.

KLEINE HÄPPCHEN ZUM VERWÖHNEN

Gemüsecanapès

SIE BENÖTIGEN FÜR 4 PERSONEN

8-12 Scheiben Mehrkornbrot
Butter oder Margarine
einige Radieschen
1 Stück Salatgurke
1 Stück Zucchino
2 Tomaten
Salz, Pfeffer aus der Mühle
200 g Kräuter-Frischkäse
1 Schuß Sahne
1 Tasse gehackte Wildkräuter
einige Tropfen Zitronensaft
einige Tropfen Sojasoße
Kräuterzweige zum Garnieren

1. Aus den Brotscheiben mit einem runden Ausstecher Canapès ausstechen und dünn mit Butter oder Margarine bestreichen.
2. Die Radieschen, die Salatgurke, den Zucchino und die Tomaten in Scheiben schneiden und dekorativ auf die Canapès legen.
3. Mit Salz und Pfeffer kräftig würzen. Den Kräuter-Frischkäse mit der Sahne in eine Schüssel geben und zu einer Creme rühren.
4. Die gehackten Kräuter untermischen. Mit Salz, Pfeffer, Zitronensaft und Sojasoße die Creme kräftig abschmecken.
5. Die Creme auf die Gemüsecanapès auftragen. Mit Kräuterzweigen ausgarnieren, anrichten und servieren.

Schinkencanapès

SIE BENÖTIGEN FÜR 4 PERSONEN

8-12 Scheiben Bauernbrot
Butter oder Margarine
einige Salatblätter
200 g Honigmelonenfleisch
100 g Lachsschinken
1/2 Becher Crème double
einige Tropfen Zitronensaft
Salz, Pfeffer aus der Mühle
2-3 EL gehackte Zitronenmelisse

1. Aus den Bauernbrotscheiben mit einem runden Ausstecher Canapès ausstechen und dünn mit Butter oder Margarine bestreichen.
2. Die Salatblätter verlesen, waschen, gut abtropfen lassen und die Canapès damit belegen.
3. Das Honigmelonenfleisch in Scheiben schneiden und auf den Salatblättern anrichten.
4. Den Lachsschinken zu Rosetten drehen und auf die Melonen legen.
5. Die Crème double mit Zitronensaft schaumig schlagen. Mit Salz und Pfeffer würzen und die gehackte Zitronenmelisse untermischen.
6. Je einen Klacks Creme auf den Schinken geben. Die Canapès ausgarnieren, anrichten und zum weiteren Verzehr bereitstellen.

Canapès mit Geflügelsalat

SIE BENÖTIGEN FÜR 4 PERSONEN

250 g gebratenes Geflügelfleisch
100 g gekochte Spargelabschnitte
100 g Ananasscheiben
1 Kästchen Kresse
1/2 Tasse Mayonnaise
Zitronensaft, Worcestersoße
Salz, Pfeffer aus der Mühle
einige Salatblätter
Kresse zum Garnieren
8-12 Scheiben Weißbrot

1. Das Geflügelfleisch in feine Streifen schneiden. Mit den Spargelabschnitten, den gewürfelten Ananasscheiben und der gehackten Kresse in eine Schüssel geben.
2. Die Mayonnaise mit den Gewürzen abschmecken und den Salat damit anmachen.
3. Die Salatblätter und die Kresse verlesen.
4. Aus den Weißbrotscheiben mit einem runden Ausstecher Canapès ausstechen und mit den Salatblättern belegen.
5. Den Geflügelsalat auf den Canapès verteilen, mit Kräuterzweigen ausgarnieren, anrichten und servieren.

Schnelle Canapèplatte

SIE BENÖTIGEN FÜR 4 PERSONEN PRO REZEPT

8-12 Brotscheiben

1. Die Brotscheiben zu Canapès ausstechen.

Mett-Canapès

400 g Schweinemett
1 Zwiebel, 2 Essiggurken
1/2 Tasse gehackte Kräuter
Salz, Pfeffer aus der Mühle
1 Prise Cayennepfeffer
Paprika- und Kräuterzwiebelringe

1. Die Zwiebel schälen und mit den Essiggurken hacken und unter das Mett rühren. Abschmecken und auf den Canapès verteilen.
2. Mit Paprika- und Zwiebelringen ausgarnieren, anrichten und zum weiteren Verzehr bereitstellen.

Salami-Canapès

Butter oder Margarine
1 Stück Salatgurke
100 g feine Salami
gefüllte Oliven
Kräuterzweige, Cocktailspieße

1. Die Canapès dünn mit Butter oder Margarine bestreichen.
2. Die Salatgurke in Scheiben schneiden und mit Zackenausstechern formen.
3. Die Gurkenscheiben auf die Canapès legen. Die Salamischeiben zu Tütchen formen und auf die Gurken geben.
4. Die gefüllten Oliven halbieren. Mit den Kräuterzweigen ausgarnieren. Jeweils einen Cocktailspieß in das Canapè stechen, anrichten, ausgarnieren und servieren.

Käse-Canapès

Butter, Salatblätter
100 g Butterkäse
Weintrauben und Mandarinen
Cocktailspieße
Kräuterzweige

1. Die Canapès dünn mit Butter bestreichen und mit den Salatblättern belegen.
2. Die Butterkäsescheiben zusammendrehen und auf die Salatblätter verteilen.
3. Die Weintrauben und Mandarinenfilets anrichten. Einen Cocktailspieß einstechen, mit Kräutern ausgarnieren und zum weiteren Verzehr bereitstellen.

Quark-Canapès

200 g Speisequark, 1 Schuß Sahne
1/2 Tasse frisch gehackte Kräuter
1 kleine Zwiebel
1-2 EL mittelscharfen Senf
Zitronensaft, Worcestersoße
Salatblätter, Kräuterzweige
Paprikawürfel zum Garnieren

1. Den Quark mit der Sahne, den gehackten Kräutern, der geriebenen Zwiebel und dem Senf verrühren.
2. Kräftig abschmecken und die Canapès mit Salatblättern belegen.
3. Den Quark in einen Spritzbeutel füllen und Rosetten aufspritzen.
4. Mit Kräuterzweigen und Paprikawürfeln ausgarnieren, anrichten und zum weiteren Verzehr bereitstellen.

Feinschmecker-Canapès

Butter, Salatblätter
200 g Waldorfsalat
100 g Bierschinken
Walnußhälften
Kräuterzweige zum Garnieren

1. Die Canapès mit Butter bestreichen und mit den Salatblättern belegen.
2. Den Waldorfsalat auf die Salatblätter verteilen.
3. Die Bierschinkenscheiben zusammendrehen und auf dem Salat anrichten. Mit Walnußhälften und Kräuterzweigen ausgarnieren, anrichten und zum weiteren Verzehr bereitstellen.

Schinken-Canapès

Butter
100 g geräucherten rohen Schinken
1 Tasse Essiggemüse
frisch geriebenen Meerrettich
Kräuterzweige zum Garnieren

1. Die Canapès dünn mit Butter bestreichen.
2. Den Schinken zu Rosetten zusammendrehen und dekorativ auf den Canapès anrichten.
3. Das Essiggemüse darauf anrichten und mit Meerrettich bestreuen.
4. Mit Kräutern ausgarnieren, anrichten und zum weiteren Verzehr bereitstellen.

Spargel-Canapès

Butter, 100 g gekochten Schinken
100 g gekochte Spargelabschnitte
1/2 Becher Tomaten Crème fraîche
Kresse zum Garnieren

1. Die Canapès dünn mit Butter bestreichen.
2. Den gekochten Schinken und die Spargelabschnitte dekorativ auf den Canapès anrichten.
3. Mit je einem Klacks Tomaten Crème fraîche überziehen. Mit Kresse ausgarnieren, anrichten und zum weiteren Verzehr bereitstellen.

KLEINE HÄPPCHEN ZUM VERWÖHNEN 61

Italienisches Mozzarella-Baguette

SIE BENÖTIGEN FÜR 4 PERSONEN

8 Baguettes
Butter, Salatblätter
4 Tomaten, 4 hartgekochte Eier
150 g Mozzarella-Käse
Salz, Pfeffer aus der Mühle
1 Prise Cayennepfeffer
1/2 Bund Oregano
1/2 Bund Basilikum
Olivenöl, Aceto balsamico
Kräuterzweige

1. Die Baguettes halbieren und mit Butter bestreichen. Mit Salatblättern belegen.
2. Die Tomaten, die geschälten Eier, den Mozzarella in Scheiben schneiden und dekorativ auf die Baguettes verteilen.
3. Kräftig würzen und die feingehackten Kräuter darüberstreuen.
4. Mit Olivenöl und Aceto balsamico beträufeln, mit Kräutern ausgarnieren und servieren.

Sardinen Baguette

SIE BENÖTIGEN FÜR 4 PERSONEN

8 Baguettes
Butter, Salatblätter
einige Blätter Selleriegrün
1 kleines Glas gefüllte Oliven
2 rote Zwiebeln
8 mittelgroße Sardinen
Saft von 1 Zitrone
Salz, Pfeffer aus der Mühle
Aceto balsamico, Mehl
Olivenöl, Kräuterzweige

1. Die Baguettes halbieren und dünn mit Butter bestreichen.
2. Die Salatblätter und das Selleriegrün darauf verteilen.
3. Die Oliven und die Zwiebeln in Scheiben schneiden.
4. Die Sardinen entgräten und den Kopf abschneiden.
5. Mit Zitronensaft beträufeln und im Kühlschrank ziehen lassen.
6. Salzen, pfeffern und mit Aceto balsamico aromatisieren. Die Sardinen im Mehl wenden und im Öl braten.
7. Die Sardinen aus der Pfanne nehmen und auf das Baguette legen. Mit Kräutern ausgarnieren, mit einigen Tropfen Olivenöl und Aceto balsamico beträufeln, anrichten und servieren.

Thunfisch-Baguette

SIE BENÖTIGEN FÜR 4 PERSONEN

8 Baguettes
Butter, Salatblätter
1 Stück Salatgurke, 2 Tomaten
1 kleines Glas schwarze Oliven
100 g Thunfisch in Öl
100 g Feta-Käse
Salz, Pfeffer aus der Mühle
1 Prise Cayennepfeffer
Oliven, Aceto balsamico
Zitronensaft, Kräuterzweige

KLEINE HÄPPCHEN ZUM VERWÖHNEN   63

1. Die Baguettes halbieren und mit Butter bestreichen. Mit Salatblättern belegen.
2. Die Salatgurke und die Tomaten waschen und würfeln.
3. Die Oliven mit dem zerpflückten Thunfisch und den gewürfelten Feta-Käse zum Gemüse geben und alles vorsichtig miteinander vermischen. Mit Salz, Pfeffer und Cayennepfeffer kräftig würzen.
4. Die Mischung mit Olivenöl, Aceto balsamico und Zitronensaft aromatisieren. Anschließend gleichmäßig auf den Baguettes anrichten.
5. Das Ganze mit Kräuterzweigen ausgarnieren, anrichten und servieren.

Mailänder-Baguette

SIE BENÖTIGEN FÜR 4 PERSONEN

8 Baguettes
Butter, einige Salatblätter
50 g Mailänder Salami
50 g Parmaschinken
100 g Provolone-Käse
Kräuterzweige zum Garnieren
4 EL Aceto balsamico
1 EL mittelscharfen Senf
1 EL Kapern
2 EL gehackte Schalotten
2 EL gehackte, gemischte Kräuter
1 hartgekochtes Ei
4 EL Olivenöl
Salz, Pfeffer aus der Mühle
8 kleine Peperoni

1. Die Baguettes halbieren, dünn mit Butter oder Margarine bestreichen und mit Salatblättern belegen.
2. Die Hälfte der Brötchen mit Salami und Käse, die andere Hälfte mit Schinken und Käse ausgarnieren und mit Kräuterzweigen verzieren.
3. Den Aceto balsamico mit dem Senf, den gehackten Kapern, den Schalotten und Kräutern sowie dem geschälten und feingehackten Ei vermischen.
4. Das Olivenöl tropfenweise unter die Mischung rühren. Das Ganze mit Salz und Pfeffer kräftig abschmecken. Gleichmäßig die Mailänder Baguettes damit überziehen. Mit Peperoni ausgarnieren, anrichten und servieren.

Pikante Kräuterbutter

SIE BENÖTIGEN FÜR 4 PERSONEN

250 g Butter, 2 Schalotten
1 Tasse frisch gehackte Kräuter
1 EL mittelscharfen Senf
Salz, Pfeffer aus der Mühle
1 Prise Cayennepfeffer
1 Prise gemahlenen Kümmel
1 Prise Zucker
Zitronensaft, Worcestersoße

1. Die Butter in eine Schüssel geben und schaumig schlagen.
2. Die Schalotten fein hacken. Mit den Kräutern und dem Senf unter die Butter rühren.
3. Kräftig abschmecken, anrichten, ausgarnieren und servieren.

Lachsbutter

SIE BENÖTIGEN FÜR 4 PERSONEN

250 g Butter, 2 Schalotten
100 g geräucherten Lachs
1/2 Bund Dill
Salz, Pfeffer aus der Mühle
Zitronensaft, Worcestersoße
einige Tropfen Weißwein
1 Prise Zucker
1 kleines Glas Keta-Kaviar

1. Die Butter schaumig schlagen.
2. Die Schalotten schälen, grob würfeln. Mit dem geräucherten Lachs auf eine Arbeitsfläche geben und sehr fein hacken.
3. Den feingehackten Dill mit der Zwiebel-Lachs-Mischung unter die Butter rühren.
4. Mit Salz, Pfeffer, Zitronensaft, Worcestersoße, Weißwein und Zucker kräftig abschmecken.
5. Den Keta-Kaviar vorsichtig unter die Butter heben, anrichten, ausgarnieren und servieren.

Zitronenbutter

SIE BENÖTIGEN FÜR 4 PERSONEN

250 g Butter, Saft von 1 Zitrone
4 cl Zitronenlikör
1 TL geriebene Zitronenschale
1/2 Bund Zitronenmelisse
Salz, Pfeffer aus der Mühle
1 Prise Zitronenpfeffer
2 Zitronen

1. Die Butter schaumig schlagen.
2. Den Zitronensaft, den Zitronenlikör, die Zitronenschale und die sehr fein gehackte Zitronenmelisse unterrühren.
3. Mit Salz, Pfeffer und Zitronenpfeffer kräftig abschmecken.
4. Die Zitronen filieren, sehr fein würfeln und unter die Butter heben. Die Zitronenbutter anrichten und servieren.

Sardellenbutter

SIE BENÖTIGEN FÜR 4 PERSONEN

250 g Butter
1 kleines Glas Sardellenfilets
2 Schalotten
einige Tropfen Weißwein
einige Tropfen Zitronensaft
einige Tropfen Weinbrand
Salz, Pfeffer aus der Mühle
1 Prise Cayennepfeffer
1 Prise Zucker, 1/2 Bund Petersilie

1. Die Butter schaumig schlagen.
2. Die Sardellenfilets mit den geschälten Schalotten auf einer Arbeitsfläche fein hacken und unter die Butter rühren.
3. Das Ganze kräftig abschmecken.
4. Die feingehackte Petersilie unter die Butter rühren, anrichten, ausgarnieren und servieren.

Gesalzene Knoblauchbutter

SIE BENÖTIGEN FÜR 4 PERSONEN

250 g Butter, 2 Schalotten
2-3 Knoblauchzehen, Salz
1/2 TL gemahlenen Koriander
1 Msp. Anispulver
1 Msp. gemahlenen Kümmel
1 Prise Cayennepfeffer
Salz, Pfeffer aus der Mühle
1/2 Bund Schnittlauch

1. Die Butter schaumig schlagen.
2. Die Schalotten schälen und sehr fein hacken.
3. Die Knoblauchzehen mit dem Salz zu einer Paste zerreiben.
4. Die Schalotten und die Knoblauchpaste unter die Butter heben.
5. Mit Koriander, Anis, Kümmel, Cayennepfeffer, Salz und Pfeffer kräftig abschmecken.
6. Den feingeschnittenen Schnittlauch untermischen. Die Knoblauchbutter anrichten, ausgarnieren und servieren.

Tomaten-Käse-Butter

SIE BENÖTIGEN FÜR 4 PERSONEN

250 g Butter
1-2 EL Tomatenmark
2-3 EL geriebenen Parmesankäse
1/2 Tasse frisch gehackte Kräuter
Zitronensaft
einige Tropfen Rotwein
Salz, Pfeffer aus der Mühle
Zucker, Cayennepfeffer

1. Die Butter schaumig schlagen.
2. Das Tomatenmark mit dem Parmesankäse und den gehackten Kräutern unterrühren.
3. Mit Zitronensaft, Rotwein, Salz, Pfeffer, Zucker und Cayennepfeffer abschmecken, anrichten und servieren.

KLEINE HÄPPCHEN ZUM VERWÖHNEN

Griebenschmalz

SIE BENÖTIGEN FÜR 4 PERSONEN

500 g fetten Speck ohne Schwarte
Salz
Pfeffer aus der Mühle
1 Prise Cayennepfeffer

1. Den fetten Speck fein würfeln und in einen Topf geben.
2. Unter ständigem Rühren das Fett auslassen und so lange garen, bis die Grieben goldgelb sind.
3. Das Schmalz mit Salz, Pfeffer und Cayennepfeffer kräftig abschmecken und unter ständigem Rühren erkalten lassen.
4. In entsprechende dekorative Gefäße füllen und zum weiteren Verzehr bereitstellen.

Zwiebelschmalz

SIE BENÖTIGEN FÜR 4 PERSONEN

500 g Griebenschmalz
2 Zwiebeln, 1 Stück Lauch
2 Knoblauchzehen
1 EL Majoran
1 TL Thymian
1 Schuß helles Bier
1-2 EL Zuckerrübensirup
1 Schuß Obstessig
1 Bund Petersilie
Salz
Pfeffer aus der Mühle
1 Prise Cayennepfeffer

1. Das Griebenchmalz in einem Topf erhitzen.
2. Die Zwiebeln fein hacken. Den Lauch putzen und fein würfeln.
3. Die Knoblauchzehen fein hacken. Das Gemüse ins Schmalz geben und unter ständigem Rühren 4-5 Minuten garen.
4. Das Schmalz mit Majoran und Thymian verfeinern. Mit einem Schuß hellem Bier, dem Zuckerrübensirup und dem Obstessig aromatisieren.
5. Die feingehackte Petersilie untermischen und das Zwiebelschmalz mit Salz, Pfeffer und Cayennepfeffer abschmecken.
6. Das Schmalz vom Feuer nehmen und unter ständigem Rühren erkalten lassen. Anschließend in dekorative Gefäße abfüllen und zum weiteren Verzehr bereitstellen.

KLEINE HÄPPCHEN ZUM VERWÖHNEN

Apfelschmalz

500 g Griebenschmalz
1 Zwiebel
2 säuerliche Äpfel
Saft von 1 Zitrone
1 EL Kräuter der Provence
Salz, Pfeffer aus der Mühle
1 Prise Cayennepfeffer
1 Prise gemahlenen Kümmel
Zucker
1 Bund Zitronenmelisse

1. Das Griebenschmalz in einen Topf geben und erhitzen.
2. Die sehr fein gehackte Zwiebel dazugeben und kurz mitgaren.
3. Die Äpfeln schälen, entkernen, grob raspeln. Mit Zitronensaft beträufeln und mit den Kräutern der Provence unterheben.
4. Bei mäßiger Hitze 3-4 Minuten ziehen lassen.
5. Das Schmalz mit Salz, Pfeffer, Cayennepfeffer, Kümmel und Zucker kräftig abschmecken.
6. Das Schmalz vom Feuer nehmen und die verlesene, gewaschene und feingehackte Zitronenmelisse untermischen.
7. Unter ständigem Rühren erkalten lassen und anschließend in dekorative Gefäße füllen. Verschließen und zum weiteren Verzehr bereitstellen.

Kräuterschmalz

500 g Griebenschmalz
1 Zwiebel
2 Knoblauchzehen
1 TL Majoran
1 TL Thymian
1 TL Oregano
1 Tasse gehackte Kräuter
einige Tropfen Zitronensaft
einige Tropfen Weißwein
Salz
Pfeffer aus der Mühle
1 Prise Cayennepfeffer

1. Das Griebenschmalz in einen Topf geben und erhitzen.
2. Die Zwiebel und die Knoblauchzehen schälen und sehr fein hacken. Zum Schmalz geben und unter ständigem Rühren 2-3 Minuten garen.
3. Den Majoran, den Thymian und den Oregano untermischen und weitere 2-3 Minuten ziehen lassen.
4. Das Schmalz vom Feuer nehmen und die gehackten frischen Kräuter untermischen.
5. Mit Zitronensaft, Weißwein, Salz, Pfeffer und Cayennepfeffer kräftig abschmecken und unter ständigem Rühren erkalten lassen.
6. Das Kräuterschmalz in dekorative Gefäße füllen, verschließen und zum weiteren Verzehr bereitstellen.

KLEINE HÄPPCHEN ZUM VERWÖHNEN

Smörebröds

Lukullusbrot

SIE BENÖTIGEN FÜR 4 PERSONEN

8-12 Scheiben Vollkornbrot
Butter oder Margarine
zum Bestreichen
200 g Graved Lachs
einige Salatblätter
(Eichblatt oder Batavia)
1 kleines Glas Forellen-Kaviar
1 kleines Glas Keta-Kaviar
1 kleines Glas echten Kaviar

1. Das Vollkornbrot in viereckige Scheiben schneiden und mit Butter oder Margarine dünn bestreichen.
2. Den Graved Lachs in hauchdünne Scheibchen schneiden. Die verlesenen, gewaschenen und gut abgetropften Salatblätter auf die Brote legen.
3. Den Lachs in Rosetten darauf legen, abwechselnd mit Forellen-Kaviar, Keta-Kaviar und echtem Kaviar ausgarnieren, anrichten und servieren.

Brot mit Muscheln

SIE BENÖTIGEN FÜR 4 PERSONEN

8-12 Weißbrotscheiben
Butter oder Margarine
zum Bestreichen
einige Salatblätter
1 Glas Miesmuschelsalat
1 kleines Glas gefüllte Oliven
1 Röhrchen Kapern
2 Schalotten
3-4 EL Kresse
einige Tropfen Zitronensaft
einige Tropfen Olivenöl
einige Tropfen Obstessig
Salz
Pfeffer aus der Mühle
1 Prise Zucker
Kräuterzweige zum Garnieren

1. Die Weißbrotscheiben in viereckige Scheibchen schneiden. Dünn mit Butter oder Margarine bestreichen und mit Salatblättern belegen.
2. Die Muscheln, die halbierten Oliven, die Kapern und die geschälten, feingehackten Schalotten sowie die Kresse in eine Schüssel geben und alles vorsichtig miteinander vermischen.
3. Das Ganze mit Zitronensaft, Olivenöl, Obstessig, Salz, Pfeffer und Zucker kräftig abschmecken.
4. Die Mischung dekorativ auf die Brote verteilen. Mit den Kräuterzweigen ausgarnieren und servieren.

Roastbeefbrot

SIE BENÖTIGEN FÜR 4 PERSONEN

8-12 Scheiben Mischbrot
Butter
200 g Roastbeef
2 hartgekochte Eier
1 kleines Glas Mixed Pickles
einige Kräuterzweige
1/2 Tasse Mayonnaise
2-3 EL Crème fraîche
1/2 Tasse frisch gehackte Kräuter
1 kleine Essiggurke
einige Kapern
1-2 EL mittelscharfen Senf
Salz, Pfeffer aus der Mühle
einige Tropfen Zitronensaft
einige Tropfen Worcestersoße

1. Das Mischbrot in viereckige Scheibchen schneiden und dünn mit Butter oder Margarine bestreichen.
2. Das in dünne Scheiben geschnittene Roastbeef und die geschälten und in Scheiben geschnittenen Eier dekorativ darauf anrichten.
3. Das Ganze mit Mixed Pickles und Kräuterzweigen ausgarnieren.
4. Die Mayonnaise mit der Crème fraîche, den gehackten Kräutern, der gehackten Essiggurke, den Kapern und dem Senf verrühren. Mit Salz, Pfeffer, Zitronensaft und Worcestersoße abschmecken.
5. Die Soße gleichmäßig auf den Roastbeefbroten verteilen, ausgarnieren und servieren.

Brot mit kaltem Braten

SIE BENÖTIGEN FÜR 4 PERSONEN

250 g Rotkraut
1/2 Tasse Fleischbrühe
2-3 EL Rotweinessig
1 EL Senf
Pfeffer aus der Mühle
2-3 EL Preiselbeerkompott
1 Msp. gemahlenen Kümmel
1 Prise Cayennepfeffer
8-12 Mischbrotscheiben
einige Tropfen Olivenöl
2-3 EL gehackte Walnüsse
1/2 Tasse Mandarinenfilets
100 g kalten Schweinebraten
Kräuterzweige zum Garnieren

1. Das geputzte und in sehr feine Streifen geschnittene Rotkraut in einen Topf geben. Die Fleischbrühe, den Rotweinessig und das Salz dazugeben und bei mäßiger Hitze bißfest dünsten.
2. Mit Pfeffer aus der Mühle, Preiselbeerkompott, Kümmel und Cayennepfeffer kräftig abschmecken. Vom Feuer nehmen und erkalten lassen.
3. Das Mischbrot in viereckige Scheibchen schneiden und mit den Salatblättern auslegen.
4. Den Krautsalat mit Olivenöl verfeinern und die Walnüsse untermischen.
5. Das Kraut dekorativ auf den Broten anrichten, mit den Mandarinenfilets und den zusammengefalteten Schweinebratenscheiben belegen. Mit Kräuterzweigen ausgarnieren und servieren.

Tomaten-Eier-Brot

SIE BENÖTIGEN FÜR 4 PERSONEN

4 Scheiben Bauernbrot
Butter, 4 hartgekochte Eier
4 Tomaten, 2 Frühlingszwiebeln
1 Röhrchen Kapern
1 kleines Glas Sardellenfilets
Salz, Pfeffer aus der Mühle
1/2 Bund Oregano
125 g geriebenen Bel Paese Käse

1. Die Brote dünn mit Butter bestreichen.
2. Die geschälten Eier, die Tomaten und die Frühlingszwiebeln in Scheiben schneiden.
3. Mit den Kapern und den kleingeschnittenen Sardellenfilets vermischen.
4. Die Eier- und Tomatenscheiben auf den Broten anrichten, mit der Zwiebelmischung bestreuen.
5. Salzen, pfeffern, den feingeschnittenen Oregano mit dem Bel Paese darauf streuen.
6. Unter dem Grill kurz überbacken und servieren.

Sojabohnen-Brot

SIE BENÖTIGEN FÜR 4 PERSONEN

1-2 EL Olivenöl
2 Hähnchenbrustfilets
1 Zwiebel, 1 rote Paprikaschote
100 g Sojabohnenkeimlinge
1-2 EL Sojasoße
1 Schuß Weißwein
Salz, Pfeffer aus der Mühle
1 TL Curry
1 Prise Cayennepfeffer
1/2 Bund Petersilie
4 Scheiben Bauernbrot
100 g geriebenen Emmentalerkäse

1. Das Olivenöl in einer Pfanne erhitzen und die in feine Würfel oder Streifen geschnittenen Hähnchenbrustfilets darin rundherum anbraten.
2. Die Zwiebel und die Paprikaschote putzen, in feine Würfel oder Streifen schneiden. Zum Fleisch geben und kurz mitbraten.
3. Die verlesenen, gewaschenen Sojabohnenkeimlinge unterheben, kurz mitschwitzen. Mit Sojasoße und Weißwein ablöschen und 4-5 Minuten dünsten.
4. Das Ganze mit Salz, Pfeffer, Curry und Cayennepfeffer kräftig abschmecken und die verlesene, gewaschene und feingehackte Petersilie untermischen.
5. Die Mischung vom Feuer nehmen und erkalten lassen.
6. Die Bauernbrotscheiben auf eine feuerfeste Form legen. Die gut abgetropfte Masse gleichmäßig auf die Brotscheiben verteilen und mit geriebenem Emmentaler bestreuen.
7. Unter dem Grill kurz überbacken, ausgarnieren und servieren.

Speck-Champignon-Brot

SIE BENÖTIGEN FÜR 4 PERSONEN

100 g durchwachsenen geräucherten Speck
2 Zwiebeln
250 g frische Champignons
Saft von 1 Zitrone
Salz, Pfeffer aus der Mühle
Muskat, Cayennepfeffer
1/2 Bund Petersilie
4 Eier, 1/2 Becher saure Sahne
125 g geriebenen Emmentalerkäse
4 Scheiben Bauernbrot
Kräuterzweige zum Garnieren

1. Den feingeschnittenen Speck in eine Pfanne geben und auslassen.
2. Die in Scheiben geschnittenen Zwiebeln dazugeben und kurz mitbraten.
3. Die Champignons in Scheiben schneiden, mit Zitronensaft beträufeln. Zur Speck-Zwiebel-Masse geben und kurz mitbraten.
4. Das Ganze mit Salz, Pfeffer, Muskat und Cayennepfeffer kräftig abschmecken und die feingehackte Petersilie untermischen.
5. Die Eier mit der sauren Sahne und dem Emmentaler verschlagen, nochmal abschmecken.
6. Die Brotscheiben auf eine feuerfeste Form legen und die Champignon-Mischung darauf verteilen.
7. Die Ei-Käse-Mischung auf der Gemüse-Mischung verteilen und das Ganze im auf 180-200 Grad vorgeheizten Backofen 10-15 Minuten backen.
8. Das Champignonbrot herausnehmen, anrichten. Mit Kräuterzweigen ausgarnieren und warm oder kalt servieren.

Gurkenbrot mit Kresse

SIE BENÖTIGEN FÜR 4 PERSONEN

4 Scheiben Bauernbrot
Butter
1 Salatgurke, 4 hartgekochte Eier
1 Kästchen Kresse, 1 Zwiebel
Salz, Pfeffer aus der Mühle
1 Prise Kümmelpulver

1. Die Brotscheiben dünn mit Butter bestreichen.
2. Die geputzte Salatgurke und die geschälten Eier in Scheiben schneiden.
3. Die Gurken- und Eierscheiben auf dem Bauernbrot anrichten.
4. Mit der grob geschnittenen Kresse sowie der sehr fein gehackten Zwiebel bestreuen.
5. Das Brot mit Salz, Pfeffer und Kümmelpulver würzen, anrichten, ausgarnieren und servieren.

72 KLEINE HÄPPCHEN ZUM VERWÖHNEN

Vollwertaufstrich

SIE BENÖTIGEN FÜR 4 PERSONEN

1/4 l Gemüse- oder Fleischbrühe
100 g Hirse
2 Knoblauchzehen
1 TL Meersalz
1 Zwiebel
1 Karotte
1 Stück Stangensellerie
1 Stück Lauch
2 EL Tomatenmark
1 Schuß Weißwein
1/2 Bund Oregano
1/2 Bund Basilikum
Salz
Pfeffer aus der Mühle
1 Prise Cayennepfeffer
einige Tropfen Apfeldicksaft
2-3 EL Hirseflocken
Kräuterzweige zum Garnieren

1. Die Gemüse- oder Fleischbrühe in einem Topf erhitzen.
2. Die Hirse unter fließendem Wasser abwaschen, gut abtropfen lassen und in die Brühe geben.
3. Die geschälten und mit Salz zerriebenen Knoblauchzehen sowie das geputzte und in feine Würfel geschnittene Gemüse ebenfalls dazugeben. Das Ganze bei mäßiger Hitze und unter ständigem Rühren 4-5 Minuten köcheln lassen.
4. Anschließend vom Feuer nehmen und ausquellen lassen.
5. Das Tomatenmark mit dem Weißwein einrühren. Die verlesenen, gewaschenen und feingehackten Kräuter untermischen.
6. Den Hirseaufstrich mit Salz, Pfeffer, Cayennepfeffer, Apfeldicksaft kräftig abschmecken und je nach Bedarf mit den Hirseflocken binden.
7. Den Vollwertaufstrich vollständig erkalten lassen und anrichten. Mit Kräuterzweigen ausgarnieren und servieren.

KLEINE HÄPPCHEN ZUM VERWÖHNEN 73

Schinkenpaste mit Gemüse

SIE BENÖTIGEN FÜR 4 PERSONEN

1-2 EL Olivenöl
1 Zwiebel
1 Karotte
100 g Brokkoliröschen
1 Schuß Weißwein
1/2 Tasse Gemüsebrühe
Salz
Pfeffer aus der Mühle
1 Prise Cayennepfeffer
1 Prise Muskatpulver
100 g frische Champignons
Saft von 1/2 Zitrone
150 g gekochten Schinken
1/2 Becher Crème fraîche
1 Tasse frisch gehackte Kräuter (Estragon, Kerbel, Melisse, Brunnenkresse)
2-3 EL Vollkornhaferflocken

1. Das Olivenöl in einem Topf erhitzen. Die geschälte und feingehackte Zwiebel darin glasig schwitzen.
2. Die Karotte schälen, die Brokkoliröschen putzen und beides in sehr feine Würfel schneiden. Zu den Zwiebeln geben und kurz mitschwitzen.
3. Den Weißwein und die Gemüsebrühe angießen. Bei mäßiger Hitze 4-5 Minuten dünsten.
4. Das Gemüse mit Salz, Pfeffer, Cayennepfeffer und Muskatpulver kräftig abschmecken.
5. Die Champignons putzen, waschen, kleinschneiden und mit Zitronensaft beträufeln.
6. Mit dem Gemüse und dem kleingeschnittenen Schinken im Mixer pürieren.
7. Die Schinkenpaste mit Crème fraîche abschlagen und die gehackten Kräuter untermischen.
8. Das Ganze mit Salz, Pfeffer, Cayennepfeffer und Muskat nochmal kräftig abschmecken. Je nach Bedarf mit Vollkornhaferflocken binden, anrichten, ausgarnieren und servieren.

Frischkäseaufstrich

SIE BENÖTIGEN FÜR 4 PERSONEN

6-8 Scheiben Vollkornbrot
Butter oder Margarine
zum Bestreichen
250 g körnigen Frischkäse
1 Zwiebel
1 Knoblauchzehe
1 TL Meersalz
einige Kräuterzweige
(Melisse, Basilikum, Sauerampfer)
1 EL mittelscharfen Senf
1-2 EL Tomatenketchup
Salz
Pfeffer aus der Mühle
1 Prise Cayennepfeffer
1 Prise Muskatpulver
1 Prise Kümmelpulver
1 Prise Zucker
2-3 EL gehackte Cashewkerne
Kräuterzweige zum Garnieren

1. Das Vollkornbrot dünn mit Butter oder Margarine bestreichen.
2. Den körnigen Frischkäse in eine Schüssel geben. Die geschälte und feingeriebene Zwiebel dazugeben.
3. Die Knoblauchzehe schälen, fein hacken, mit Meersalz zu einer Paste zerreiben. Mit den verlesenen, gewaschenen und feingehackten Kräutern, dem Senf und dem Tomatenketchup zum Frischkäse geben. Die Zutaten vorsichtig miteinander verrühren.
4. Den Frischkäse mit Salz, Pfeffer, Cayennepfeffer, Muskat, Kümmel und Zucker kräftig würzen.
5. Die Vollkornscheiben gleichmäßig damit bestreichen. Mit den gehackten Cashewkernen bestreuen, mit Kräuterzweigen ausgarnieren und servieren.

Auberginentatar

SIE BENÖTIGEN FÜR 4 PERSONEN

2 mittelgroße Auberginen
1-2 EL Salz
Zitronensaft, Worcestersoße
Salz, Pfeffer aus der Mühle
Mehl zum Bestauben
1/2 Tasse Olivenöl
2 Knoblauchzehen, 4 Tomaten
1 TL Kräuter der Provence
1 Prise Cayennepfeffer
1 Schuß Rotwein
einige Tropfen Aceto balsamico
1/2 Bund Petersilie
1/2 Bund Schnittlauch

1. Die Auberginen putzen und in Scheiben schneiden. Mit Salz bestreuen und im Kühlschrank 10 Minuten ziehen lassen.
2. Die Auberginenscheiben abwaschen und trockentupfen.
3. Mit Zitronensaft und Worcestersoße beträufeln. Mit Salz und Pfeffer würzen und im Mehl wenden.
4. Das Olivenöl in einer Pfanne erhitzen und die Auberginen darin braten, herausnehmen.
5. Die Knoblauchzehen fein hacken. Ins verbliebene Bratfett geben und kurz mitschwitzen. Die enthäuteten, entkernten und gewürfelten Tomaten dazugeben und kurz mitschwitzen.
6. Die kleingeschnittenen Auberginen und die Tomaten im Mixer pürieren und erneut in die Pfanne geben.
7. Mit Kräutern der Provence, Salz, Pfeffer, Cayennepfeffer, Rotwein und Aceto balsamico würzen.
8. Das Tatar bei mäßiger Hitze unter ständigem Rühren kurz einreduzieren lassen.
9. Die feingehackten Kräuter untermischen, anrichten, ausgarnieren und servieren.

Salamiquark

SIE BENÖTIGEN FÜR 4 PERSONEN

100 g italienische Salami
1 kleines Glas gefüllte Oliven
1 Zwiebel
1 kleine Dose Champignonköpfe
300 g Speisequark
1 Becher Crème fraîche
einige Tropfen Olivenöl
einige Tropfen Zitronensaft
Salz
Pfeffer aus der Mühle
1 Prise Cayennepfeffer
1 Prise Zucker
1/2 Bund Oregano
1/2 Bund Basilikum
einige Peperoni

1. Die Salami in sehr feine Würfel schneiden.
2. Die gefüllten Oliven und die geschälte Zwiebel sowie die gut abgetropften Champignonköpfe ebenfalls fein würfeln.
3. Den Speisequark in eine Schüssel geben, mit der Crème fraîche glattrühren.
4. Die Salami, die Oliven, die Zwiebeln und die Champignonköpfe dazugeben und alles vorsichtig miteinander vermischen.
5. Mit Olivenöl, Zitronensaft, Salz, Pfeffer, Cayennepfeffer und Zucker kräftig abschmecken.
6. Den Oregano und das Basilikum verlesen, waschen, gut abtropfen lassen, fein hacken und unter den Salamiquark rühren.
7. Den Salamiquark anrichten, je nach Geschmack die gehackten Peperoni darüberstreuen, ausgarnieren und servieren.

KLEINE HÄPPCHEN ZUM VERWÖHNEN 75

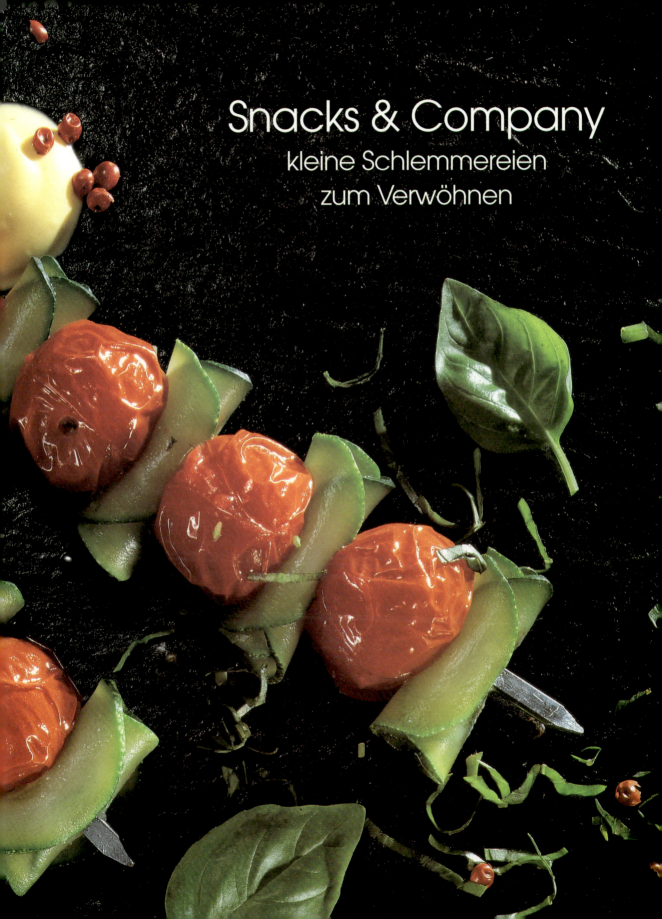
Snacks & Company
kleine Schlemmereien zum Verwöhnen

Gefüllte Eier

SIE BENÖTIGEN FÜR 4 PERSONEN

8 hartgekochte Eier

1. Die Eier pellen, halbieren und vorsichtig das Eigelb herauslösen.
2. Das Eigelb durch ein Sieb streichen und zur weiteren Verarbeitung bereitstellen.

Thunfischeier

SIE BENÖTIGEN FÜR 4 PERSONEN

200 g Thunfisch in Öl
1 Becher Crème fraîche
Salz
Pfeffer aus der Mühle
1 Prise Cayennepfeffer
einige Tropfen Aceto balsamico
1 kleines Glas Keta-Kaviar
Kräuterzweige zum Garnieren

1. Den Thunfisch in eine Schüssel geben. Mit einer Gabel zerpflücken Mit der Crème fraîche und dem Eigelb glattrühren.
2. Mit Salz, Pfeffer, Cayennepfeffer und Aceto balsamico würzen. In einen Spritzbeutel füllen und in die Eiweißhälften Rosetten einspritzen.
3. Mit Keta-Kaviar und Kräuterzweigen garnieren und anrichten.

Kräutereier

SIE BENÖTIGEN FÜR 4 PERSONEN

1 Tasse Mayonnaise
1 Tasse frisch gehackte Kräuter
einige Tropfen Zitronensaft
einige Tropfen Worcestersoße
Salz, Pfeffer aus der Mühle
2 Tomaten
Kräuterzweige zum Garnieren

1. Die Mayonnaise mit den gehackten Kräutern vermischen, mit den Gewürzen abschmecken.
2. Die Eigelbcreme unterrühren, die Masse in einen Spritzbeutel füllen und in die Eiweißhälften Rosetten einspritzen.
3. Die enthäuteten, entkernten und in Streifen geschnittenen Tomaten dekorativ mit den Kräuterzweigen auf den Eiern anrichten.

Sardelleneier

SIE BENÖTIGEN FÜR 4 PERSONEN

1 Glas Sardellenfilets
1 Schalotte
1 Röhrchen Kapern
1/2 Bund Dill
einige Tropfen Weißwein
einige Tropfen Zitronensaft
1 Becher Tomaten Crème fraîche
Salz
Pfeffer aus der Mühle
1 Prise Cayennepfeffer
Sardellenringe
Kapern
Dillzweige zum Garnieren

1. Die Sardellenfilets, die Schalotte und die Kapern auf eine Arbeitsfläche geben und sehr fein hacken.
2. Mit der Eigelbcreme und dem verlesenen, gewaschenen und feingehackten Dill zu einer glatten Masse verrühren.
3. Mit Weißwein, Zitronensaft und Tomaten Crème fraîche verfeinern und mit den Gewürzen abschmecken.
4. Die Masse in einen Spritzbeutel füllen und in die Eiweißhälften Rosetten einspritzen. Mit Sardellenringen, Kapern und Dillzweigen ausgarnieren und anrichten.

Senfeier

SIE BENÖTIGEN FÜR 4 PERSONEN

1 Zwiebel, 1-2 EL Dijonsenf
1 Knoblauchzehe
1 Röhrchen Kapern
1/2 Tasse frisch gehackte Kräuter
Salz, Pfeffer
1 Prise Cayennepfeffer
Weißweinessig, Zitronensaft

1. Die Zwiebel schälen, sehr fein hacken. Mit der Eigelbcreme, dem Senf, der gehackten Knoblauchzehe, den Kapern sowie den Kräutern glattrühren.
2. Mit den Gewürzen kräftig abschmecken. In einen Spritzbeutel füllen und Rosetten in die Eiweißhälften einspritzen, ausgarnieren und servieren.

Eier mit Kalbsleberfüllung

SIE BENÖTIGEN FÜR 4 PERSONEN

100 g feine Kalbsleber-Wurst
1/2 Becher Joghurt
1 Schalotte, 1/2 Bund Schnittlauch
Salz, Pfeffer aus der Mühle
1 Prise Cayennepfeffer
einige Tropfen Weinbrand
1 kleine Dose schwarze Trüffel

1. Die Kalbsleber-Wurst mit dem Joghurt glattrühren.
2. Die gehackte Schalotte, die Eigelbcreme und den feingeschnittenen Schnittlauch zur Masse geben und glattrühren.
3. Mit den Gewürzen abschmecken und mit Weinbrand aromatisieren. In einen Spritzbeutel füllen und in die Eiweißhälften Rosetten einspritzen.
4. Die Trüffel in feine Scheibchen schneiden, die Eier damit ausgarnieren und anrichten.

SNACKS & COMPANY 79

Artischocken-häppchen

SIE BENÖTIGEN FÜR 4 PERSONEN

1 Glas Artischockenherzen
100 g italienische Salami
1 kleines Glas gefüllte Oliven
Cocktailspießchen

1. Die Artischockenherzen gut abtropfen lassen und halbieren.
2. Mit je zu einer Rosette gedrehten Salamischeibe und einer halbierten Olive auf Cocktailspießchen stecken, ausgarnieren und servieren.

Partywürstchen

SIE BENÖTIGEN FÜR 4 PERSONEN

1 Glas Cocktailwürstchen
100 g durchwachsenen geräucherten Speck
Zahnstocher oder Cocktailspießchen
1 grüne Paprikaschote
1 rote Paprikaschote
1 kleine Dose Ananasecken

1. Die Partywürstchen gut abtropfen lassen und jedes Würstchen in eine dünne Scheibe Speck wickeln.
2. Die Speckscheiben mit Zahnstochern oder Cocktailspießchen feststecken und im schwimmenden Fett so lange garen bis der Speck kross wird.
3. Die Paprikaschoten halbieren, entkernen, waschen, gut abtropfen lassen und in mundgerechte Würfel schneiden.
4. Die Paprikawürfel mit den Ananasecken dekorativ auf die Spießchen stecken, anrichten, ausgarnieren und servieren.

Eier mit Schinkencreme

SIE BENÖTIGEN FÜR 4 PERSONEN

1 kleine Zwiebel
75 g gekochten Schinken
75 g frische Champignons
Saft von 1/2 Zitrone
1/2 Becher Crème fraîche
Salz, Pfeffer aus der Mühle
1 Prise Cayennepfeffer
Kräuterzweige und Paprikastreifen

1. Die geschälte, kleingeschnittene Zwiebel mit dem kleingeschnittenen Schinken und den Champignons im Mixer oder mit dem Pürierstab pürieren.
2. Mit Zitronensaft und Crème fraîche vermischen und nochmals kräftig durchrühren.
3. Die Eigelbmasse unterrühren und das Ganze mit den Gewürzen abschmecken.
4. Die Masse in einen Spritzbeutel füllen und in die Eiweißhälften Rosetten einspritzen.
5. Mit Kräuterzweigen und Paprikastreifen ausgarnieren und anrichten.

SNACKS & COMPANY

Pikante Fleischbällchen

SIE BENÖTIGEN FÜR 4 PERSONEN

400 g Hackfleisch, 1 Ei
1 in Milch eingeweichtes Brötchen
1 Zwiebel, 1/2 Bund Petersilie
1-2 EL mittelscharfen Senf
1 EL grüne Pfefferkörner
1-2 EL Chilisoße
Salz, Pfeffer aus der Mühle
1 Prise Cayennepfeffer
1 TL Kräuter der Provence
Fett zum Braten, Cocktailspießchen

1. Das Hackfleisch mit dem Ei in eine Schüssel geben.
2. Das gut ausgedrückte Brötchen und die kleingeschnittene Zwiebel sowie die Petersilie durch die feine Scheibe des Fleischwolfs drehen oder mit dem Pürierstab pürieren.
3. Die Masse zum Fleisch geben und alles miteinander vermischen.
4. Den Senf, die Pfefferkörner und die Chilisoße unterrühren.
5. Die Masse mit Salz, Pfeffer, Cayennepfeffer und den Kräutern der Provence abschmecken.
6. Mit feuchten Händen kleine Klößchen formen und diese im schwimmenden Fett ausbacken.
7. Herausnehmen, gut abtropfen lassen, auf Cocktailspießchen stecken und servieren.

Gebackene Gemüsespießchen

SIE BENÖTIGEN FÜR 4 PERSONEN

400 g gemischtes Gemüse
(Karotten, Sellerie, Brokkoli- und Blumenkohlröschen)
1/4 l Gemüse- oder Fleischbrühe
200 g Vollkornweizenmehl
1/4 l trockenen Weißwein
1 Prise Salz
1 Tasse frisch gehackte Kräuter
2 Eigelb, 2 Eiweiß
Fritierfett, Cocktailspießchen

1. Das Gemüse putzen und in mundgerechte Stücke schneiden.
2. Die Brühe erhitzen und das Gemüse sortenweise bißfest garen. Herausnehmen und sofort in Eiswasser abschrecken.
3. Das Gemüse herausnehmen und abtrocknen lassen.
4. Das Vollkornweizenmehl mit dem Weißwein verrühren. Salzen und die gehackten Kräuter sowie das Eigelb untermischen.
5. Das Eiweiß sehr steif schlagen und unter den Teig heben.
6. Die Gemüsesorten einzeln durch den Teig ziehen. Im schwimmenden Fett goldgelb ausbacken. Herausnehmen, gut abtropfen lassen, auf Cocktailspießchen stecken und servieren.

Auberginenspießchen

SIE BENÖTIGEN FÜR 4 PERSONEN

1 mittelgroße Aubergine, Salz
Zitronensaft, Aceto balsamico
Salz, Pfeffer aus der Mühle
Mehl zum Wenden
Olivenöl zum Braten
2 Knoblauchzehen
2 Tomaten, 200 g Schafskäse
Cocktailspießchen

1. Die Aubergine putzen und in mundgerechte Würfel schneiden.
2. Die Würfel mit Salz bestreuen und 10 Minuten im Kühlschrank ziehen lassen. Anschließend abwaschen und abtropfen lassen.
3. Mit Zitronensaft und Aceto balsamico beträufeln. Salzen, pfeffern und im Mehl wenden.
4. Das Olivenöl in einer Pfanne erhitzen und die feingehackten Knoblauchzehen darin anschwitzen.
5. Die Auberginen unter ständigem Wenden goldgelb braten. Herausnehmen und bereitstellen.
6. Die enthäuteten, entkernten und gewürfelten Tomaten mit dem gewürfelten Schafskäse und den Auberginen auf Cocktailspießchen stecken und servieren.

Mittelmeer-spießchen

SIE BENÖTIGEN FÜR 4 PERSONEN

100 g gekochte Tintenfische
100 g gekochte Miesmuscheln
100 g gekochte Garnelenschwänze
100 g gebratene Sardinen
1 Glas schwarze und grüne Oliven
einige Salatblätter
Cocktailspießchen
Kräuterzweige zum Garnieren
einige Tropfen Olivenöl
einige Tropfen Aceto balsamico

1. Die Tintenfische, die Miesmuscheln, die Garnelenschwänze und die Sardinen mit einigen Salatblättern und den Oliven dekorativ auf Cocktailspießchen stecken.
2. Die Spießchen mit Kräuterzweigen ausgarnieren, mit einigen Tropfen Olivenöl und Aceto balsamico beträufeln, kurz marinieren lassen, anrichten und servieren.

Hirschmedaillons

SIE BENÖTIGEN FÜR 4 PERSONEN

8-12 Hirschmedaillons
Salz, Pfeffer aus der Mühle
1 TL geschrotete Wacholderbeeren
4 cl Obstler
150 g Doppelrahm-Frischkäse
1 Schuß Sahne
2-3 EL Preiselbeeren
1 TL grüne Pfefferkörner
Kräuterzweige und Pistazien

1. Die Hirschmedaillons mit Salz und Pfeffer sowie den Wacholderbeeren würzen. In einer Pfanne mit wenig Fett medium oder durch braten.
2. Mit Obstler flambieren, herausnehmen und die Medaillons in Alufolie gewickelt erkalten lassen.
3. Den Doppelrahm-Frischkäse mit der Sahne glattrühren, die Preiselbeeren und die Pfefferkörner untermischen. Mit Salz und Pfeffer kräftig würzen.
4. Die Masse auf die Medaillons verteilen. Mit Kräuterzweigen und Pistazienkernen ausgarnieren, auf Cocktailspießchen stecken und servieren.

Hähnchenspieße

SIE BENÖTIGEN FÜR 4 PERSONEN

2 Hähnchenbrustfilets
Salz, Pfeffer aus der Mühle
1 TL Kräuter der Provence
4 cl Weinbrand
1/2 Tasse Tomatenketchup
2 EL Honig, 2-3 EL Obstessig
1/2 TL Curry
1/2 TL Paprikapulver
Kiwi- und Pfirsichwürfel
Cocktailspießchen

1. Die Hähnchenbrustfilets in mundgerechte Würfel schneiden. Mit Salz, Pfeffer und Kräutern der Provence würzen.
2. Die Würfel in wenig Fett braten und mit Weinbrand flambieren.
3. Den Tomatenketchup mit dem Honig, dem Obstessig, dem Curry und dem Paprikapulver glattrühren und kurz vor Garende das Fleisch damit überziehen.
4. Die Hähnchenwürfel mit dem Kiwi- und den Pfirsichwürfeln dekorativ auf Cocktailspießchen stecken, ausgarnieren und zum weiteren Verzehr bereitstellen.

SNACKS & COMPANY

Filethäppchen

SIE BENÖTIGEN FÜR 4 PERSONEN

8-12 Rindermedaillons à 40 g
1 TL grüne Pfefferkörner
Olivenöl zum Braten
4 cl Weinbrand
Salz
Pfeffer aus der Mühle
1 Glas Mixed Pickles
Kräuterzweige zum Garnieren

1. Die küchenfertigen Rindermedaillons unter fließendem Wasser abwaschen, trockentupfen und auf eine Arbeitsfläche legen.
2. Die grünen Pfefferkörner mit dem Messerrücken zerdrücken und die Medaillons damit einreiben.
3. Das Olivenöl in einer Pfanne erhitzen und die Medaillons je nach Geschmack medium oder durch braten.
4. Die Medaillons anschließend mit Weinbrand flambieren, mit Salz und Pfeffer würzen. Herausnehmen und erkalten lassen.
5. Die Medaillons dekorativ mit den Mixed Pickles und den Kräuterzweigen auf Zahnstocher oder Cocktailspießchen stecken, anrichten, ausgarnieren und servieren.

Gebackene Camembert-Ecken

SIE BENÖTIGEN FÜR 4 PERSONEN

4 Camembert-Halbmonde
Mehl zum Wenden
3 Eiweiß
2 Tassen Vollkornsemmelbrösel
1/2 Tasse frisch gehackte Kräuter
Fritierfett
einige Salatblätter
Pfirsich-, Ananas und Kiwiwürfel
1/2 Tasse Preiselbeermarmelade

1. Die Camembert-Halbmonde zu mundgerechten Dreiecken schneiden. Die Ecken in Mehl wenden.
2. Das Eiweiß mit einer Gabel verschlagen. Die Camembertecken darin wenden und mit den Vollkornsemmelbröseln panieren.
3. Die panierten Ecken erneut durch das Eiweiß ziehen und anschließend in den gehackten Kräutern wenden.
4. Im Fritierfett kurz ausbacken, herausnehmen und gut abtropfen lassen.
5. Die Camembertecken mit den Salatblättern, den Pfirsich-, Ananas- und Kiwiwürfeln dekorativ auf Cocktailspießchen stecken.
6. Mit je einem Klacks Preiselbeermarmelade überziehen, anrichten, ausgarnieren und servieren.

Gemüsespießchen mit Käse

SIE BENÖTIGEN FÜR 4 PERSONEN

1 Stück Salatgurke
1 Stück Zucchino
100 g bißfest gegarte Pariser Karotten
einige Salatblätter
200 g Käse nach Wahl
Kräuterzweige und Weintrauben

1. Die Salatgurke und den Zucchino putzen und in mundgerechte Würfel schneiden.
2. Die Gurken- und Zucchiniwürfel mit den Karotten, den Salatblättern und dem gewürfelten Käse auf Cocktailspießchen stecken.
3. Die Spieße mit Kräuterzweigen und Weintrauben ausgarnieren, anrichten und zum weiteren Verzehr bereitstellen.

Gefülltes Gemüse

SIE BENÖTIGEN FÜR 4 PERSONEN

8-12 mittelgroße Tomaten
Salz, Pfeffer aus der Mühle
75 g gekochten Schinken
1 Tasse grüne Erbsen
1 Tasse Kidney-Bohnen
1 Tasse Mais
1 rote Paprikaschote
1 grüne Paprikaschote
1 Becher Magerjoghurt
1/2 Tasse Mayonnaise
2-3 EL Obstessig
1/2 TL Curry
Zitronensaft, Worcestersoße
Kräuterzweige zum Garnieren

1. Von den Tomaten eine Haube abschneiden und die Tomaten mit einem Teelöffel aushöhlen.
2. Die Tomaten mit der offenen Seite nach unten auf ein sauberes Küchentuch zum Abtrocknen legen. Mit Salz und Pfeffer würzen.
3. Den gekochten Schinken fein würfeln. Mit den Erbsen, den Kidney Bohnen und dem Mais in eine Schüssel geben.
4. Die Paprikaschoten halbieren, entkernen, fein würfeln. Zum Gemüse geben und vermischen.
5. Den Joghurt mit der Mayonnaise und dem Obstessig glattrühren, mit Curry, Zitronensaft, Worcestersoße, Salz und Pfeffer kräftig abschmecken.
6. Den Salat in die Tomaten füllen, anrichten, mit Kräuterzweigen ausgarnieren und servieren.

Gurken mit Krabbensalat

SIE BENÖTIGEN FÜR 4 PERSONEN

1 Salatgurke
100 g Krabben oder Crevetten
2 Scheiben Ananas
100 g frische Champignons
Saft von 1/2 Zitrone
1 Tasse grüne Erbsen
1 Tasse Karottenwürfel
1 Becher Magerjoghurt
1/2 Tasse Mayonnaise
1/2 Bund Dill
Salz, Pfeffer aus der Mühle
1 Prise Zucker
einige Tropfen Weinbrand
Kräuterzweige zum Garnieren

1. Die Salatgurke putzen und halbieren. Mit einem Teelöffel das Kerngehäuse herauslösen. Anschließend die Gurkenstücke nochmals quer halbieren.
2. Die Krabben oder Crevetten unter fließendem Wasser abwaschen, gut abtropfen lassen und in eine Schüssel geben.
3. Die Ananasscheiben in feine Würfel schneiden. Die Champignons putzen. In Scheiben schneiden und mit Zitronensaft beträufeln.
4. Die Ananas mit den Champignons, den Erbsen und den Karottenwürfeln zu den Krabben geben und alles vorsichtig miteinander vermischen.
5. Den Joghurt mit der Mayonnaise und dem verlesenen, gewaschenen und feingehackten Dill verrühren. Mit Salz, Pfeffer, Zucker und Weinbrand kräftig würzen.
6. Den Salat dekorativ in die Gurkenhälften füllen, mit Kräuterzweigen ausgarnieren, anrichten und servieren.

Champignons mit Mett

SIE BENÖTIGEN FÜR 4 PERSONEN

8-12 mittelgroße Champignonköpfe
Saft von 1 Zitrone
250 g Schweinemett
2 Zwiebeln
Salz
Pfeffer aus der Mühle
1 Prise Cayennepfeffer
1 EL grüne Pfefferkörner
1/2 Tasse frisch gehackte Kräuter
(Petersilie, Schnittlauch)
einige Tropfen Weinbrand
Kräuterzweige und gehackte
Essiggurken zum Garnieren

1. Die Champignonköpfe verlesen, waschen, gut abtropfen lassen und die Stiele herausdrehen. Beides mit Zitronensaft beträufeln.
2. Das Schweinemett in eine Schüssel geben. Die gehackten Champignonstiele und die geschälten, gehackten Zwiebeln dazugeben und alles miteinander vermischen.
3. Das Mett mit Salz, Pfeffer, Cayennepfeffer und den grünen Pfefferkörnern würzen.
4. Die gehackten Kräuter untermischen und mit Weinbrand aromatisieren.
5. Das Mett gleichmäßig in die Champignonköpfe füllen. Mit Kräuterzweigen und gehackten Essiggurken ausgarnieren, anrichten und servieren.

SNACKS & COMPANY 85

Gefüllte Paprikaschoten

SIE BENÖTIGEN FÜR 4 PERSONEN

8-12 sehr kleine Paprikaschoten (rote, gelbe, grüne)
100 g Lachsschinken
100 g Butterkäse
2-3 Frühlingszwiebeln
1 Kästchen Kresse
1 kleine Dose Mandarinenfilets
1 kleine Dose Ananaswürfel
3 Eigelb
1 EL mittelscharfen Senf
2-3 EL Kräuteressig
1/2 Tasse Olivenöl
Salz
Pfeffer aus der Mühle
1 Prise Cayennepfeffer
1 Prise Zucker
einige Tropfen Zitronensaft
einige Tropfen Worcestersoße
1/2 Becher Kräuter Crème fraîche
Kräuterzweige und Pinienkerne zum Garnieren

1. Von den Paprikaschoten einen Deckel abschneiden. Die Schoten entkernen, waschen, gut abtropfen lassen und bereitstellen.
2. Den Lachsschinken und den Butterkäse in hauchdünne Streifen schneiden.
3. Die Frühlingszwiebeln putzen, waschen, gut abtropfen lassen und ebenfalls in Streifen schneiden.
4. Die Kresse verlesen, waschen, und grob hacken. Mit den gut abgetropften Mandarinenfilets und den Ananaswürfeln zu den restlichen Zutaten geben und alles vorsichtig miteinander vermischen.
5. Das Eigelb in eine Schüssel geben, den Senf und den Kräuteressig einrühren und das Olivenöl tropfenweise darunterschlagen.
6. Die Creme mit Salz, Pfeffer, Cayennepfeffer, Zucker, Zitronensaft und Worcestersoße kräftig abschmecken und die Kräuter Crème fraîche darunterschlagen.
7. Den Salat damit anmachen und in die Paprikaschoten füllen.
8. Die Paprikaschoten anrichten, mit Kräuterzweigen und Pinienkernen ausgarnieren und servieren.

SNACKS & COMPANY 87

Gefüllte Zwiebeln

SIE BENÖTIGEN FÜR 4 PERSONEN

8-12 mittelgroße Zwiebeln
1/2 l Gemüse- oder Fleischbrühe
400 g Bratwurstbrät
1 EL geriebene Pfefferkörner
1/2 Tasse frisch gehackte Kräuter
1 TL Majoran
1 TL Thymian
Salz
Pfeffer aus der Mühle
1 Prise Kümmel
100 g geriebenen Emmentalerkäse
Kräuterzweige zum Garnieren

1. Die Zwiebeln schälen und eine Haube abschneiden.
2. Anschließend die Zwiebeln mit einem Teelöffel oder einem kleinen Messer aushöhlen.
3. Die ausgehöhlten Zwiebeln in der Gemüse- oder Fleischbrühe bißfest garen. Herausnehmen, gut abtropfen lassen und auf eine Arbeitsfläche setzen.
4. Das übriggebliebene Zwiebelfruchtfleisch fein hacken. Mit der Brätmasse, den Pfefferkörnern und den gehackten Kräutern in eine Schüssel geben und alles miteinander vermischen.

5. Die Masse mit Majoran, Thymian, Salz, Pfeffer und Kümmel kräftig abschmecken und 50 Gramm geriebenen Emmentaler untermischen.
6. Die Masse in die Zwiebeln füllen, anrichten, mit dem restlichen Käse bestreuen und im auf 180-200 Grad vorgeheizten Backofen 8-10 Minuten überbacken.
7. Die gefüllten Zwiebeln anrichten, mit Kräuterzweigen ausgarnieren und warm oder kalt servieren.

Yufka mit Schafskäse

SIE BENÖTIGEN FÜR 4 PERSONEN

2 Yufka-Teigplatten (erhältlich im türkischen Lebensmittelgeschäft)
50 g Olivenöl
2 hartgekochte Eier
2 Frühlingszwiebeln
200 g Schafskäse, 2 Tomaten
2 Knoblauchzehen, 1 TL Salz
1/2 Bund Oregano
1/2 Bund Basilikum
einige Tropfen Zitronensaft
Salz, Pfeffer aus der Mühle
1 Prise Cayennepfeffer
Olivenöl zum Ausbacken

1. Die Yufka-Teigplatten auseinanderfalten und auf einer bemehlten Arbeitsfläche dünn ausrollen.
2. Mit einem Teigrädchen Quadrate ausschneiden und mit dem Olivenöl bestreichen.
3. Die geschälten Eier fein hacken und in eine Schüssel geben.
4. Die Frühlingszwiebeln putzen, in feine Streifen schneiden. Mit dem gewürfelten Schafskäse zu den Eiern geben und vermischen.
5. Die enthäuteten, entkernten und gewürfelten Tomaten dazugeben. Die Knoblauchzehen schälen und fein hacken. Mit dem Salz zu einer Paste zerreiben und mit den feingehackten Kräutern ebenfalls dazugeben.
6. Die Masse mit Zitronensaft, Salz, Pfeffer, Cayennepfeffer kräftig abschmecken und auf die Teigdreiecke verteilen.
7. Die Teigecken zusammenrollen und die Ränder gut festdrücken.
8. Das Olivenöl in einer Pfanne erhitzen und die Yufkarollen darin goldgelb braten. Herausnehmen, anrichten und kalt oder warm servieren.

Chinesische Frühlingsrollen

SIE BENÖTIGEN FÜR 4 PERSONEN

500 g Weizenmehl
2 Eier, gut 2 Tassen Wasser
1-2 EL Sojaöl
1 Prise Salz, 1 Prise Ingwer
1-2 EL Sojaöl
2 Hähnchenbrustfilets
1 Bund Frühlingszwiebeln
100 g Sojabohnenkeimlinge
3-4 EL Sojasoße,
1 Schuß Weißwein
1 rote Paprikaschote
1 TL Fünf-Gewürz-Pulver
Salz, Pfeffer aus der Mühle
Öl zum Ausbacken

1. Das Mehl mit den Eiern, dem Wasser, dem Sojaöl, dem Salz und dem Ingwer zu einem glatten geschmeidigen Teig verarbeiten.
2. Zugedeckt an einem warmen Ort 30 Minuten ruhen lassen.
3. Das Sojaöl in einer Pfanne erhitzen. Die feingewürfelten Hähnchenbrustfilets darin braten.
4. Die kleingeschnittenen Frühlingszwiebeln, die Sojabohnenkeimlinge und die gewürfelte Paprikaschote dazugeben und unter ständigem Rühren kurz mitbraten.
5. Die Sojasoße und den Weißwein angießen. Mit Fünf-Gewürz-Pulver, Salz und Pfeffer kräftig abschmecken. Bei mäßiger Hitze 4-5 Minuten köcheln lassen. Vom Feuer nehmen, erkalten lassen.
6. Den Teig auf einer bemehlten Arbeitsfläche dünn ausrollen und kleine Rechtecke ausschneiden.
7. Die Füllung auf die Rechtecke verteilen und diese zusammenklappen. Die Ränder gut andrücken und im schwimmenden Fett goldgelb ausbacken. Herausnehmen und warm oder kalt servieren.

Schwäbische Brätrollen

SIE BENÖTIGEN FÜR 4 PERSONEN

400 g Mehl
4 Eier
1/2 l Milch
1 Prise Salz
1 TL Muskatpulver
1 Tasse frisch gehackte Kräuter (Brunnenkresse, Kerbel, Melisse)
Fett zum Braten

FÜR DIE FÜLLUNG

400 g Bratwurstbrät
1 Schuß Sahne
1 EL geriebene Zitronenschale
1 Ei
Salz
Pfeffer aus der Mühle
1 Prise Muskatpulver
Butter oder Margarine zum Braten

1. Das Mehl mit den Eiern und der Milch in eine Schüssel geben und zu einem glatten Teig verrühren.
2. Den Teig mit Salz, Muskat und den gehackten Kräutern kräftig würzen.
3. Das Fett in einer Pfanne erhitzen und portionsweise dünne Pfannkuchen ausbacken.
4. Das Bratwurstbrät mit einem Schuß Sahne abschlagen. Die geriebene Zitronenschale und das Ei kräftig darunterrühren.
5. Das Ganze mit Salz, Pfeffer und Muskat abschmecken. Die Masse auf die Pfannkuchen streichen.
6. Anschließend die Pfannkuchen zu einer Rolle zusammenrollen und in zwei Zentimeter dicke Scheiben schneiden.
7. Die Bratwurstscheiben mit Zahnstochern zusammenstecken und in der Butter oder Margarine von beiden Seiten braten. Herausnehmen, anrichten, ausgarnieren und servieren.

SNACKS & COMPANY 89

Weißkohlscheibchen

SIE BENÖTIGEN FÜR 4 PERSONEN

8-12 große Weißkohlblätter
1/4 l Gemüse- oder Fleischbrühe
500 g Seehechtfilet
1 Zwiebel, 1/2 Bund Dill
1 in Milch eingeweichtes Brötchen
2 Eier
Salz, Pfeffer aus der Mühle
1 Prise Cayennepfeffer
Saft von 1/2 Zitrone
einige Tropfen Worcestersoße
1 Schuß Weißwein
2 EL Pistazienkerne
2 EL Pinienkerne, 3-4 EL Rosinen
Semmelbrösel zum Binden
Zahnstocher, 1 Stange Lauch

1. Die Weißkohlblätter in der Brühe bißfest blanchieren. Herausnehmen, gut abtropfen lassen und auf einem sauberen Küchentuch zum Abtrocknen bereitstellen.
2. Das Seehechtfilet abwaschen, trockentupfen, in Würfel schneiden. Die Zwiebel ebenfalls würfeln. Den Dill kleinschneiden.
3. Fisch, Zwiebeln und Dill mit dem gut ausgedrückten Brötchen durch die feine Scheibe des Fleischwolfs drehen.
4. Die Eier dazugeben und mit Salz, Pfeffer, Cayennepfeffer, Zitronensaft, Worcestersoße und Weißwein kräftig abschmecken.
5. Die Kerne grob hacken, mit den Rosinen unter die Masse rühren.
6. Mit Semmelbrösel binden und nochmals kräftig abschmecken.
7. Die Weißkohlblätter halbieren oder vierteln und die Masse auf die Blätter verteilen.
8. Die Blätter zusammenrollen und mit Zahnstochern feststecken.
9. Die Weißkohlrouladen in einen Topf geben, etwas Brühe angießen und bei mäßiger Hitze 8-10 Minuten köcheln lassen.
10. Anschließend herausnehmen und in Scheiben schneiden.
11. Den Lauch in lange Streifen schneiden, die Weißkohlscheibchen damit umwickeln und zusammenbinden und servieren.

SNACKS & COMPANY

Wirsinghäppchen

SIE BENÖTIGEN FÜR 4 PERSONEN

8-12 große Wirsingblätter
1/4 l Gemüse- oder Fleischbrühe
300 g Lammhack
1 Ei
1 Zwiebel
2 Knoblauchzehen
1 Peperoni
1 TL Kräuter der Provence
2 Tassen gekochten Reis
Salz
Pfeffer aus der Mühle
1-2 EL Tomatenmark
1/2 Bund Oregano
1/2 Bund Basilikum
2 cl Weinbrand
Semmelbrösel zum Binden
Weißwein zum Dünsten

1. Die Wirsingblätter in der Gemüse- oder Fleischbrühe bißfest garen. Herausnehmen, gut abtropfen lassen und auf eine Arbeitsfläche zum Abtrocknen legen.
2. Das Lammhack mit dem Ei, der geschälten, feingehackten Zwiebel in eine Schüssel geben.
3. Die Knoblauchzehe schälen und die Peperoni fein hacken. Mit den Kräutern der Provence und dem Reis zur Fleischmasse geben und alles gut miteinander vermischen.
4. Mit Salz und Pfeffer würzen, mit Tomatenmark aromatisieren und die verlesenen, feingehackten Kräuter untermischen.

5. Das Ganze je nach Geschmack mit Weinbrand verfeinern und mit den Semmelbröseln binden.
6. Die Wirsingblätter je nach Größe vierteln oder halbieren und die Fleischmasse gleichmäßig darauf verteilen.
7. Die Wirsingblätter zusammenrollen in einen Topf legen. Etwas Weißwein angießen und bei mäßiger Hitze 8-10 Minuten dünsten.
8. Die Wirsinghäppchen auf Zahnstocher oder Cocktailspieße stecken, ausgarnieren, anrichten und servieren.

SNACKS & COMPANY

Gefüllte Hefebrötchen

SIE BENÖTIGEN FÜR 4 PERSONEN

400 g Weizenmehl
1 TL Salz
1 TL Zucker
1/2 Päckchen Trockenhefe
1/4 l handwarme Milch
1 TL Kümmel
1 TL geschroteten Anis
1 TL geschroteten Koriander
je 1 Bund Petersilie, Schnittlauch, Kerbel, Estragon
Mehl zum Bestauben
Fett zum Ausstreichen

FÜR DIE FÜLLUNG

200 g Feta-Käse
1 EL Olivenöl
1 Zwiebel
2 Knoblauchzehen
1 kleine Stange Lauch
1 TL Kräuter der Provence
Salz, Pfeffer aus der Mühle
Mehl zum Bestreichen
Koriander
Kardamom
Kümmel
grobes Salz zum Bestreuen

1. Das Weizenmehl mit dem Salz, dem Zucker und der Trockenhefe, der Milch und den Gewürzen in eine Schüssel geben und zu einem glatten Teig verarbeiten.
2. Den Teig mit einem Küchentuch abdecken und an einem warmen Ort zur doppelten Menge aufgehen lassen.
3. Die verlesenen, gewaschenen und feingehackten Kräuter unter den Teig arbeiten und nochmals 15 Minuten gehen lassen.
4. Eine Arbeitsfläche mit Mehl bestauben und ein Backblech ausfetten.
5. Den Feta-Käse in Würfel schneiden und bereitstellen.
6. Das Olivenöl in einer Pfanne erhitzen und die geschälte, feingehackte Zwiebel darin glasig schwitzen.
7. Die Knoblauchzehen schälen, fein hacken. Mit dem geputzten und in feine Würfel geschnittenen Lauch zu den Zwiebeln geben und kurz mitschwitzen.
8. Mit Kräutern der Provence, Salz und Pfeffer würzen. Vom Feuer nehmen und erkalten lassen, mit dem Feta-Käse vermischen.
9. Den Hefeteig auf der Arbeitsfläche nochmals kräftig durchkneten und portionsweise Brötchen abdrehen.
10. Die Brötchen mit der Masse füllen und gut verschließen. Auf ein Backblech legen und weitere 10 Minuten gehen lassen.
11. Anschließend im auf 180-200 Grad vorgeheizten Backofen je nach Größe 10-20 Minuten backen.
12. Kurz vor Garende mit Milch bestreichen. Mit Koriander, Kardamom, Kümmel oder grobem Salz bestreuen, fertig garen, anrichten und warm oder kalt servieren.

SNACKS & COMPANY 93

VARIATION
Crevetten-Füllung

SIE BENÖTIGEN FÜR 4 PERSONEN

250 g Crevetten
einige Tropfen Zitronensaft
einige Tropfen Worcestersoße
Salz
Pfeffer aus der Mühle
1-2 EL Olivenöl
1 Zwiebel
1/2 Bund Dill
1 Schuß Sahne
1 Prise Johannisbrotkernmehl

1. Die küchenfertigen Crevetten unter fließendem Wasser abwaschen, trockentupfen. Mit Zitronensaft und Worcestersoße beträufeln, mit Salz und Pfeffer würzen.
2. Das Olivenöl in einer Pfanne erhitzen. Die geschälte und feingehackte Zwiebel darin glasig schwitzen.
3. Die Crevetten mit dem feingehackten Dill dazugeben und kurz anschwitzen.
4. Mit einem Schuß Sahne ablöschen und mit Johannisbrotkernmehl leicht binden. Vom Feuer nehmen und erkalten lassen.
5. Die Masse in den Hefeteig füllen und anschließend abbacken.

VARIATION
Pikante Füllung

SIE BENÖTIGEN FÜR 4 PERSONEN

1-2 EL Olivenöl
250 g gemischtes Hackfleisch
1 Zwiebel
1 rote Paprikaschote
1 Peperoni
2 Knoblauchzehen
1 Schuß Weißwein
1-2 EL Tomatenmark
1 TL Oregano
1 TL Basilikum
Salz
Pfeffer aus der Mühle
1 Prise Cayennepfeffer
1 Prise Johannisbrotkernmehl
1/2 Bund Schnittlauch

1. Das Öl in einer Pfanne erhitzen und das Hackfleisch darin unter ständigem Rühren braten.
2. Die Zwiebel und die Paprikaschote putzen. In Würfel schneiden, zum Fleisch geben und unter ständigem Rühren mitbraten.
3. Die Peperoni und die geschälte Knoblauchzehe hacken und unter das Fleisch mischen.
4. Mit Weißwein ablöschen und 4-5 Minuten dünsten. Das Tomatenmark einrühren. Mit Oregano, Basilikum, Salz, Pfeffer und Cayennepfeffer kräftig abschmecken.
5. Die Masse mit etwas Johannisbrotkernmehl leicht binden. Vom Feuer nehmen und den verlesenen, gewaschenen und feingeschnittenen Schnittlauch untermischen, erkalten lassen.
6. Die Masse gleichmäßig wie beschrieben in den Hefeteig einfüllen und abbacken.

SNACKS & COMPANY

Knusprige Kartoffelbauzen

SIE BENÖTIGEN FÜR 4 PERSONEN

1 kg Kartoffeln
1 EL Kümmel
1 EL Koriander
1 TL Anis, Salz

AUSSERDEM

200 g Vollkornmehl
2 Eier, 1 Schuß Sahne
1/2 Bund Petersilie
1/2 Bund Estragon
1/2 Bund Brunnenkresse
1/2 Bund Sauerampfer
Salz, Pfeffer aus der Mühle
1 Prise Muskatpulver
1 Prise Cayennepfeffer
Öl zum Ausbacken

1. Die Kartoffeln unter fließendem Wasser waschen, gut abtropfen lassen und in einen Topf geben.
2. Den Kümmel, den Koriander, den Anis und das Salz dazugeben. Mit Wasser angießen und die Kartoffeln garen.
3. Die fertiggegarten Kartoffeln vom Feuer nehmen, abgießen, leicht erkalten lassen und anschließend pellen.
4. Die Kartoffeln noch warm durch die Kartoffelpresse treiben und in eine Schüssel geben.
5. Das Vollkornmehl, die Eier und die Sahne dazugeben und alles zu einem glatten, kompakten Teig verarbeiten.

6. Die verlesenen, gewaschenen und feingehackten Kräuter untermischen. Das Ganze mit Salz, Pfeffer, Muskat und Cayennepfeffer kräftig abschmecken.
7. Aus der Kartoffelmasse mit bemehlten Händen etwa ein Zentimeter dicke Würstchen formen und diese im schwimmenden Fett goldgelb ausbacken. Herausnehmen, anrichten, ausgarnieren und servieren.

Gemüse-Kartoffelplätzchen

SIE BENÖTIGEN FÜR 4 PERSONEN

1 kg gekochte Kartoffeln
125 g Mehl
2 Eier
Salz, Pfeffer aus der Mühle
1 Prise Muskatpulver
1-2 EL Butter oder Margarine
75 g durchwachsenen, geräucherten Speck
1 Zwiebel
1 rote Paprikaschote
1 grüne Paprikaschote
100 g gekochten Schinken
1 TL Kräuter der Provence
1/2 Bund Schnittlauch
Öl zum Ausbacken

1. Die Kartoffeln schälen und durch die Kartoffelpresse treiben.
2. Das Mehl und die Eier dazugeben und alles zu einem glatten kompakten Teig verarbeiten. Mit Salz, Pfeffer und Muskat kräftig würzen.
3. Die Butter oder Margarine in einer Pfanne erhitzen und den in feine Würfel geschnittenen Speck darin auslassen.
4. Die Zwiebel und die Paprikaschoten putzen. In feine Würfel schneiden, zum Speck geben und kurz mitbraten.
5. Den in feine Würfel geschnittenen Schinken dazugeben, die Kräuter der Provence untermischen. Das Ganze mit Salz und Pfeffer abschmecken. Vom Feuer nehmen und unter die Kartoffelmasse arbeiten.
6. Die Masse auf einer bemehlten Arbeitsfläche zu einer 5-6 Zentimeter dicken Rolle ausrollen und anschließend mit einem Messer ein Zentimeter dicke Scheiben abschneiden.
7. Die Kartoffelscheiben im schwimmenden Fett goldgelb ausbacken. Herausnehmen, anrichten und servieren.
8. Sehr gut lassen sich aus dieser Masse Figuren, wie Sterne, Halbmonde oder andere Tierzeichen ausstechen und ausbacken.

SNACKS & COMPANY

Fertigteige

Blätterteigstückchen mit Schinken

SIE BENÖTIGEN FÜR 4 PERSONEN

4 Scheiben Blätterteig, (TK-Produkt)
2 Eigelb
100 g gekochten Schinken
100 g geriebenen Emmentalerkäse
1/2 Bund Schnittlauch
1/2 Bund Petersilie
Salz, Pfeffer aus der Mühle
1 Prise Muskatpulver

1. Die Blätterteigscheiben auf einer bemehlten Arbeitsfläche leicht antauen lassen und der Länge nach leicht auswellen.
2. Das Eigelb mit etwas Wasser verschlagen und die Teigplatten damit einstreichen.
3. Den in dünne Scheiben geschnittenen Schinken auf je zwei Platten verteilen und mit geriebenem Emmentaler bestreuen.
4. Die verlesenen, gewaschenen und feingehackten bzw. -geschnittenen Kräuter gleichmäßig darauf verteilen. Mit Salz, Pfeffer und Muskat würzen.
5. Je zwei Platten übereinanderklappen. Die Ränder gut andrücken und mit einem scharfen Messer in 1-2 Zentimeter dicke Streifen schneiden.
6. Die Teigstreifen auf ein mit Wasser benetztes Backblech setzen Im auf 180-200 Grad vorgeheizten Backofen je nach Größe 15-20 Minuten backen. Herausnehmen, anrichten und zum weiteren Verzehr bereitstellen.

Blätterteigzöpfe

SIE BENÖTIGEN FÜR 4 PERSONEN

4 Scheiben Blätterteig
(TK-Produkt)
2 Eigelb
100 g geriebenen Parmesankäse
1/2 Bund Oregano
1/2 Bund Basilikum

1. Die Blätterteigscheiben auf einer bemehlten Arbeitsfläche leicht antauen lassen. Anschließend mit dem mit Wasser verquirlten Eigelb bestreichen.
2. Den geriebenen Parmesan, mit den verlesenen, gewaschenen und feingehackten Kräutern vermischen.

SNACKS & COMPANY 97

3. Die Käsemischung auf die Blätterteigscheiben streuen.
4. Mit einem Messer zwei Zentimeter dicke Streifen abschneiden und die Streifen in sich zusammendrehen.
5. Die Zöpfe auf ein mit Wasser benetztes Backblech setzen und im auf 180-200 Grad vorgeheizten Backofen je nach Größe 8-10 Minuten backen. Herausnehmen, anrichten, ausgarnieren und servieren.

Spinatpäckchen

SIE BENÖTIGEN FÜR 4 PERSONEN

1 Paket Strudel-Teig
1-2 EL Butter
50 g durchwachsenen geräucherten Speck
1 Zwiebel
1 Knoblauchzehe
1 Päckchen Blattspinat (TK-Produkt)
Salz, Pfeffer aus der Mühle
1 Prise Cayennepfeffer
1 Prise Muskatpulver
1/2 Bund Schnittlauch
1/2 Bund Petersilie
75 g geriebenen Parmesankäse
Fett zum Braten
Brühe zum Garen

1. Den Strudel nach Anweisung zubereiten und auf einer bemehlten Arbeitsfläche ausrollen.
2. Mit einem Teigrädchen in beliebiger Größe ausradeln.
3. Die Butter erhitzen und den feingewürfelten Speck auslassen.
4. Die Zwiebel und die Knoblauchzehe fein hacken. Zum Speck geben und kurz mitbraten.
5. Den aufgetauten und feingehackten Blattspinat dazugeben und kurz mitschwitzen.
6. Kräftig abschmecken und die Flüssigkeit einreduzieren lassen. Vom Feuer nehmen und erkalten lassen.
7. Den Parmesan untermischen und die Masse auf die Teigformen verteilen.
8. Die Teigränder zusammenklappen.
9. Die Teigstücke im schwimmenden Fett ausbacken. Herausnehmen und servieren.

Für's rustikale Buffet

Spareribs

SIE BENÖTIGEN FÜR 4 PERSONEN

2 kg Spareribs
Salz, Pfeffer aus der Mühle
1 Tasse Olivenöl
1 TL Majoran
1 EL Kräuter der Provence
3 Knoblauchzehen
1 TL Salz
1 EL geschrotete schwarze Pfefferkörner

AUSSERDEM

1 Tasse Chiliketchup
3-4 EL Honig
1/2 Tasse Obstessig
1/2 Bund Oregano
1/2 Bund Basilikum

1. Die küchenfertigen Spareribs in mundgerechte Stücke schneiden bzw. hacken. Mit Salz und Pfeffer würzen.
2. Das Olivenöl mit dem Majoran, den Kräutern der Provence, mit den mit Salz zerriebenen Knoblauchzehen und dem geschroteten Pfeffer vermischen.
3. Die Spareribs damit einstreichen und im Kühlschrank mindestens zwei Stunden ziehen lassen.
4. Anschließend die Spareribs in die Fettpfanne des Backofens legen und bei 180-200 Grad 15-20 Minuten garen.
5. Den Chiliketchup mit dem Honig und dem Obstessig verrühren. Mit den verlesenen, gewaschenen und feingehackten Kräutern vermischen. Mit Salz und Pfeffer würzen und 5 Minuten vor Garende die Spareribs damit bestreichen.
6. Fertiggaren, anrichten und servieren.

Hähnchenkeulen mit Ananasglasur

SIE BENÖTIGEN FÜR 4 PERSONEN

8 Hähnchen-Unterschenkel
Salz, Pfeffer aus der Mühle
1 TL Paprikapulver
1 TL Currypulver, Butter

FÜR DIE GLASUR

4 Scheiben Ananas
1 Zwiebel
3-4 EL Honig, 1/2 Tasse Essig
1 EL geriebene Zitronenschale
1 EL grüne Pfefferkörner
1 TL Curry
1/2 TL Fünf-Gewürz-Pulver
1 Prise Johannisbrotkernmehl
1/2 Bund Zitronenmelisse

1. Die küchenfertigen Hähnchen-Unterschenkel abwaschen, trockentupfen. Mit Salz, Pfeffer, Paprika und Curry kräftig würzen.
2. Die Butter in einer Pfanne erhitzen und die Schenkel darin braten.
3. Für die Glasur die Ananasscheiben und die grob gehackte Zwiebel im Mixer pürieren.
4. Die Ananasmischung mit dem Honig, dem Essig, der geriebenen Zitronenschale und den zerdrückten Pfefferkörnern verfeinern. In einen Topf geben und einmal aufkochen lassen.
5. Mit Curry und Fünf-Gewürz-Pulver, Salz und Pfeffer würzen und mit Johannisbrotkernmehl leicht binden.
6. Die Glasur vom Feuer nehmen, erkalten lassen und die Schenkel damit bestreichen.
7. Unter dem Grill goldgelb überbacken, herausnehmen, mit der feingehackten Melisse bestreuen, anrichten und servieren.

Lammchops mit Mintgelee

SIE BENÖTIGEN FÜR 4 PERSONEN

8-12 Lammchops
3-4 EL Olivenöl
2 Knoblauchzehen
Salz, Pfeffer aus der Mühle
1 Tasse Mintgelee
1/2 Bund Pfefferminze
Alufolie

1. Die küchenfertigen Lammchops unter fließendem Wasser abwaschen, trockentupfen und zum Braten vorbereiten. Das Olivenöl in einer Pfanne erhitzen. Die geschälten und feingehackten Knoblauchzehen darin anschwitzen.
2. Die Lammchops im Knoblauchfett braten, mit Salz und Pfeffer würzen, herausnehmen und erkalten lassen.
3. Die Lammchops anschließend mit Mintgelee einstreichen und mit der verlesenen, gewaschenen und feingehackten Pfefferminze bestreuen. Jeweils ein kleines Stück Alufolie um die Knochen wickeln, die Lammchops anrichten, ausgarnieren und servieren.

SNACKS & COMPANY 99

Brotzeit – Brotzeit – ist die schönste Zeit
deftig, kräftig aber fein

Saure Wurst

SIE BENÖTIGEN FÜR 4 PERSONEN

1 Ring Fleisch- oder Schinkenwurst
4 rote Zwiebeln
1 Tasse Fleisch- oder Gemüsebrühe
1/2 Tasse Obstessig
Salz, Pfeffer aus der Mühle
1 Prise Cayennepfeffer
1 Prise Zucker
2-3 EL Olivenöl

AUSSERDEM

1 Bund Radieschen
1 Bund Schnittlauch

1. Die Fleisch- oder Schinkenwurst enthäuten. In Scheiben schneiden und in eine Schüssel geben.
2. Die Zwiebeln schälen, ebenfalls in feine Scheiben schneiden und zur Wurst geben.
3. Die Fleisch- oder Gemüsebrühe mit dem Obstessig anrühren. Mit Salz, Pfeffer, Cayennepfeffer und Zucker kräftig würzen.
4. Das Olivenöl tropfenweise unter das Dressing rühren und den Salat damit anmachen. Im Kühlschrank 10-15 Minuten ziehen lassen.
5. In der Zwischenzeit die Radieschen verlesen, waschen, gut abtropfen lassen und in Scheiben schneiden. Den Schnittlauch putzen, waschen und fein schneiden.
6. Radieschen und Schnittlauch kurz vor dem Servieren unter die Saure Wurst heben. Den Salat nochmals abschmecken, anrichten, ausgarnieren und servieren.

Bunter Wurstsalat

SIE BENÖTIGEN FÜR 4 PERSONEN

500 g Fleischwurst
100 g Emmentalerkäse
2 Zwiebeln
1 rote Paprikaschote
1 grüne Paprikaschote
1 Bund Radieschen
2 Tomaten
1 Tasse Fleischbrühe
1 EL mittelscharfen Senf
1 EL geriebenen Meerrettich
1/2 Tasse Obstessig
Salz, Pfeffer aus der Mühle
Kümmel, Cayennepfeffer
1/2 Tasse Olivenöl
1 Bund Schnittlauch
1 Kästchen Kresse

1. Die Fleischwurst enthäuten und in feine Streifen schneiden.
2. Den Emmentaler ebenfalls in feine Streifen schneiden.
3. Die Zwiebeln schälen und in feine Scheiben schneiden.
4. Die Paprikaschoten halbieren, entkernen, in feine Streifen schneiden. Die Radieschen putzen und in feine Scheiben schneiden. Mit den enthäuteten, entkernten und in Streifen geschnittenen Tomaten und den restlichen Zutaten in einer Schüssel vermischen.
5. Für das Dressing die Fleischbrühe mit dem Senf und dem Meerrettich glattrühren, den Obstessig einrühren. Mit Salz, Pfeffer, Kümmel und Cayennepfeffer kräftig würzen.
6. Das Olivenöl tropfenweise einrühren und den Salat damit anmachen. Im Kühlschrank 10-15 Minuten ziehen lassen.
7. Den Schnittlauch fein schneiden. Die Kresse grob hacken. Die Kräuter unter den Wurstsalat heben, nochmals abschmecken, anrichten, ausgarnieren und servieren.

Bauernschüssel

SIE BENÖTIGEN FÜR 4 PERSONEN

400 g roten Preßsack
400 g weißen Preßsack
1 Bund Radieschen
2 Zwiebeln, 4 Essiggurken
3 Frühlingszwiebeln
2 Tomaten
1 Tasse Fleischbrühe
2 Knoblauchzehen, 1 TL Salz
1/2 Tasse Obstessig
1 TL Kräuter der Provence
Salz, Pfeffer aus der Mühle
1 Prise Cayennepfeffer
1 Prise Zucker, Pfeffersoße
1 Bund Schnittlauch
1/2 Bund Petersilie

1. Den roten und den weißen Preßsack aus dem Darm lösen und in dünne Scheiben schneiden.
2. Die Radieschen waschen und in Scheiben schneiden. Die Zwiebeln ebenfalls in Scheiben schneiden.
3. Die Essiggurken in dünne Scheiben schneiden und die in feine Scheibchen geschnittenen Frühlingszwiebeln mit den restlichen Zutaten in eine Schüssel geben und vermischen.
4. Die Tomaten enthäuten, in Würfel schneiden und dazugeben.
5. Die Fleischbrühe mit den mit Salz zerriebenen Knoblauchzehen, dem Obstessig und den Kräutern der Provence vermischen.
6. Mit Salz, Pfeffer, Cayennepfeffer, Zucker und Pfeffersoße kräftig abschmecken.
7. Den Salat mit dem Dressing anmachen und im Kühlschrank mindestens 15 Minuten ziehen lassen.
8. Die Bauernschüssel anrichten, mit den feingeschnittenen Kräutern bestreuen und servieren.

Angemachter Käse

Edelpilzkäse

SIE BENÖTIGEN FÜR 4 PERSONEN

250 g Edelpilzkäse
200 g Doppelrahm-Frischkäse
1/2 Becher Crème fraîche
1 Zwiebel, 2 Knoblauchzehen
1 Schuß Weißwein
einige Tropfen Zitronensaft
Salz, Pfeffer aus der Mühle
1 Prise Kümmelpulver
1 Prise Cayennepfeffer
1/2 Bund Kerbel
1/2 Bund Estragon
1/2 Bund Schnittlauch

1. Den Edelpilzkäse und den Doppelrahm-Frischkäse mit einer Gabel zerdrücken.
2. Die Crème fraîche und die feingehackte Zwiebel dazugeben.
3. Die Knoblauchzehen fein hacken, mit Salz zu einer Paste zerreiben. Mit dem Weißwein zum Käse geben und zu einer glatten Masse verrühren.
4. Mit Zitronensaft, Salz, Pfeffer, Kümmel und Cayennepfeffer würzen und im Kühlschrank 10 Minuten ziehen lassen.
5. Die Kräuter fein hacken und unter die Edelpilzcreme ziehen. Nochmals abschmecken, anrichten, ausgarnieren und servieren.

Mascarponecreme

SIE BENÖTIGEN FÜR 4 PERSONEN

500 g Mascarpone-Käse (italienischer Frischkäse)
1 Zwiebel
4 Frühlingszwiebeln
2 Knoblauchzehen
1 TL Salz
1 kleines Glas Sardellenfilets
1 kleines Glas Kapern
1-2 EL mittelscharfen Senf
1 Tasse frisch gehackte Kräuter
Salz, Pfeffer aus der Mühle
1 Prise Cayennepfeffer
1 Prise gemahlenen Kümmel

1. Den Mascarpone in eine Schüssel geben und glattrühren.
2. Die Zwiebel und die Frühlingszwiebeln putzen. In feine Ringe schneiden und dazugeben.
3. Die Knoblauchzehen hacken, mit Salz zu einer Paste zerreiben.
4. Die Sardellenfilets und die Kapern fein hacken. Mit der Knoblauchpaste unter den Mascarpone rühren.
5. Die Creme mit dem Senf und den gehackten Kräutern vermischen. Mit Salz, Pfeffer, Cayennepfeffer und Kümmel kräftig abschmecken.
6. Die Mascarponecreme anrichten, ausgarnieren und servieren.

Franzel's Obatzter

SIE BENÖTIGEN FÜR 4 PERSONEN

400 g reifen weichen Camembert
100 g Romadur
1 Schuß Sahne
100 g Butter
1 Zwiebel
1 Bund Schnittlauch
1 Bund Petersilie
4 cl Kirschwasser
1 TL Paprikapulver
1/2 TL Kümmelpulver
Salz, Pfeffer aus der Mühle
Cayennepfeffe, Zucker

1. Den Camembert und den geputzten Romadur in eine Schüssel geben und mit einer Gabel zerdrücken.
2. Die Sahne und die Butter dazugeben und alles zu einer Creme rühren.
3. Die Zwiebel schälen und fein reiben. Mit den verlesenen, gewaschenen und feingehackten bzw.-geschnittenen Kräutern unter die Creme rühren.
4. Mit Kirschwasser aromatisieren. Mit Paprikapulver, Kümmel, Salz, Pfeffer, Cayennepfeffer und Zucker kräftig abschmecken.
5. Den Obatzten im Kühlschrank 10-15 Minuten ruhen lassen. Anschließend nochmals kräftig durcharbeiten, abschmecken, anrichten, ausgarnieren und servieren.

Gefülltes Stangenweißbrot

SIE BENÖTIGEN FÜR 4 PERSONEN

1 dickes Stangenweißbrot

FÜR DIE FÜLLUNG

200 g Butter
200 g Doppelrahm-Frischkäse
1 Schuß Sahne
1 Zwiebel
1 rote Paprikaschote
1 grüne Paprikaschote
2 Knoblauchzehen
1 TL Salz
1-2 EL Tomatenmark
1-2 EL mittelscharfen Senf
1 kleines Glas Sardellenfilets
1/2 Bund Schnittlauch
1/2 Bund Petersilie
einige Tropfen Zitronensaft
einige Tropfen Worcestersoße
Salz, Pfeffer aus der Mühle
1 Prise Cayennepfeffer
einige Tropfen Weinbrand

1. Das Stangenweißbrot je nach Größe halbieren oder dritteln.
2. Mit einem Teelöffel das Innere heraushöhlen grob hacken und bereitstellen.
3. Die Butter in eine Schüssel geben und schaumig schlagen.
3. Den Doppelrahm-Frischkäse mit der Sahne glattrühren und unter die Buttercreme mischen.
4. Die Zwiebel schälen und fein hacken. Die Paprikaschoten halbieren, entkernen, waschen und in sehr feine Würfel schneiden.
5. Die Knoblauchzehen schälen und fein hacken. Mit Salz zu einer Paste zerreiben.
6. Das Gemüse mit dem Tomatenmark, dem Senf und den sehr fein gehackten Sardellenfilets unter die Butter-Frischkäse-Masse rühren.
7. Die verlesenen, gewaschenen und feingeschnittenen bzw. -gehackten Kräuter unter die Masse rühren und unter den gehackten Weißbrotteig heben.
8. Die Masse mit Zitronensaft, Worcestersoße, Salz, Pfeffer und Cayennepfeffer kräftig abschmecken und mit Weinbrand aromatisieren.
9. Die Masse gleichmäßig in die Stangenweißbrote füllen. Die Stangenweißbrote zusammensetzen und im Kühlschrank vollständig erkalten lassen. Die Stangenweißbrote in Scheiben schneiden, anrichten, ausgarnieren und servieren.

BROTZEIT – BROTZEIT – IST DIE SCHÖNSTE ZEIT

Weißbrot mit Leberfüllung

SIE BENÖTIGEN FÜR 4 PERSONEN

1 Kastenweißbrot
200 g Doppelrahm-Frischkäse
100 g feine Kalbsleberwurst
100 g Butter
1 Zwiebel
4 Frühlingszwiebeln
1 kleine Dose Mischpilze
2 Gewürzgurken
1 EL grüne Pfefferkörner
2-3 EL Remouladensoße
1 Bund Schnittlauch
Salz, Pfeffer aus der Mühle
1 Prise Cayennepfeffer
1 Prise Kümmel

1. Das Kastenweißbrot halbieren und mit einem Teelöffel das Innere herauslösen, grob hacken und bereitstellen.
2. Den Doppelrahm-Frischkäse mit der Kalbsleberwurst in eine Schüssel geben. Mit einer Gabel zerdrücken und glattrühren.
3. Die Butter in einer Schüssel schaumig schlagen und unter die Lebermasse rühren.
4. Die Zwiebel und die Frühlingszwiebeln putzen. In sehr feine Würfel schneiden und zur Masse geben.
5. Die Mischpilze gut abtropfen lassen und fein hacken.

6. Die Gewürzgurken hacken, mit den grünen Pfefferkörnern und der Remouladensoße sowie dem verlesenen, gewaschenen und feingeschnittenen Schnittlauch zur Masse geben.
7. Die Zutaten gleichmäßig miteinander verrühren und unter den gehackten Weißbrotteig heben. Mit Salz, Pfeffer, Cayennepfeffer und Kümmel kräftig abschmecken.
8. Die Masse in die Brothälften füllen. Das Brot zusammensetzen, im Kühlschrank vollständig erkalten lassen. In Scheiben schneiden, anrichten, ausgarnieren und servieren.

Fleischwurst im Brotteig

SIE BENÖTIGEN FÜR 4 PERSONEN

1 Paket Brotteig (Fertigprodukt)
1 Tasse frisch gehackte Kräuter
1 Ring Fleischwurst
3-4 EL süßen Senf
100 g gekochten Schinken
100 g Emmentalerkäse

AUSSERDEM

2 Eigelb
1-2 EL grobes Salz
1-2 EL Koriander
1-2 EL Kümmel
1-2 EL Anis

1. Den Brotteig nach Packungsaufschrift zubereiten und anschließend die frisch gehackten Kräuter untermischen.
2. Den Teig auf einer bemehlten Arbeitsfläche zu einem Rechteck ausrollen.
3. Die Fleischwurst schälen und der Länge nach halbieren.
4. Eine Hälfte mit süßem Senf bestreichen, mit gekochtem Schinken und Emmentalerscheiben belegen.
5. Die andere Hälfte darauf legen und die Fleischwurst im Teig einschlagen.
6. Die Fleischwurst im Brotteig auf ein bemehltes Backblech setzen. Im auf 180-200 Grad vorgeheizten Backofen 20-25 Minuten backen.
7. Das Eigelb mit etwas Wasser verschlagen und 5 Minuten vor Garende den Brotteig damit bestreichen. Mit Salz, Koriander, Kümmel und Anis bestreuen.
8. Die Fleischwurst im Brotteig fertigbacken, herausnehmen. In Scheiben schneiden, anrichten, ausgarnieren und servieren.

Rauchfleisch im Teig

SIE BENÖTIGEN FÜR 4 PERSONEN

1 Paket Brotteig (Fertigprodukt)
1 kg gekochtes Rauchfleisch
1/2 Tasse frisch geriebenen Meerrettich
1 Tasse frisch gehackte Kräuter

AUSSERDEM

2 Eigelb
1 EL Kümmel
1 EL grobes Salz

1. Den Brotteig nach Packungsanweisung zubereiten und auf einer bemehlten Arbeitsfläche zu einem Rechteck ausrollen.
2. Das gekochte Rauchfleisch vollständig erkalten lassen und auf den Teig legen.
3. Den geriebenen Meerrettich mit den gehackten Kräutern vermischen und das Fleisch damit bestreichen.
4. Das Fleisch in den Brotteig einschlagen und den Teig auf ein bemehltes Backblech legen. Im auf 180-200 Grad vorgeheizten Backofen 20-25 Minuten backen.
5. Das Eigelb mit etwas Wasser verschlagen und 5 Minuten vor Backende den Teig damit einstreichen. Mit Kümmel und Salz bestreuen und fertig backen. Herausnehmen, in Scheiben schneiden, anrichten und servieren.

Überbackene Speckbrötchen

SIE BENÖTIGEN FÜR 4 PERSONEN

8 Roggenbrötchen
1-2 EL Olivenöl
75 g durchwachsenen geräucherten Speck
500 g gemischtes Hackfleisch
1 Zwiebel
100 g frische Champignons
Saft von 1/2 Zitrone
1-2 EL Tomatenmark
1 TL Majoran, 1 TL Thymian
Salz, Pfeffer aus der Mühle
Cayennepfeffer, 2 Eier
125 g geriebenen Emmentalerkäse
1/2 Bund Schnittlauch

1. Die Roggenbrötchen halbieren, leicht aushöhlen und auf ein Backblech setzen.
2. Das Öl in einer Pfanne erhitzen und den gewürfelten Speck darin auslassen.
3. Das Hackfleisch dazugeben und unter ständigem Rühren braten.
4. Die Zwiebel fein hacken, zum Fleisch geben und kurz mitbraten.
5. Die in feine Scheiben geschnittenen Champignons mit Zitronensaft beträufeln. Zum Fleisch geben und kurz mitschwitzen.
6. Das Tomatenmark unterrühren. Mit Majoran, Thymian, Salz, Pfeffer und Cayennepfeffer würzen. Vom Feuer nehmen und erkalten lassen.
7. Die verschlagenen Eier und die Hälfte des Emmentalers unter die Masse rühren. Auf die Brötchenhälften verteilen.
8. Mit dem restlichen Emmentaler bestreuen. Im auf 180-200 Grad vorgeheizten Backofen 10-15 Minuten überbacken. Herausnehmen und mit frisch geschnittenem Schnittlauch bestreut servieren.

Agi's Tellersülze

SIE BENÖTIGEN FÜR 4 PERSONEN

600 g gekochtes oder gebratenes Schweinefleisch

FÜR DEN SUD

3/4 l gut gewürzte Fleischbrühe
4 Karotten
1 kleine Stange Lauch
2 Zwiebeln
1 Gewürzbeutel
(Lorbeer, Wacholder, Pfefferkörner, Nelken, Kümmel)
1 Tasse Obstessig
Salz, Pfeffer aus der Mühle
1 Prise Zucker
16 Blatt weiße Gelatine

AUSSERDEM

4 hartgekochte Eier
Kräuterzweige zum Garnieren

1. Das Schweinefleisch in feine Scheiben schneiden und auf 4-8 tiefe Teller verteilen.
2. Die Fleischbrühe in einem Topf erhitzen. Die geschälten und in feine Scheiben geschnittenen Karotten dazugeben und bei mäßiger Hitze bißfest garen.
3. Den Lauch verlesen, waschen, gut abtropfen lassen und in Scheiben schneiden.
4. Mit den geschälten und in Scheiben geschnittenen Zwiebeln und dem Gewürzbeutel in den Sud geben und weitere 8-10 Minuten garen.
5. Den Essig in den Sud geben. Das Ganze mit Salz, Pfeffer und Zucker süßsauer abschmecken.
6. Die gewässerte und gut ausgedrückte Blattgelatine im Sud auflösen lassen.
7. Den Gewürzbeutel herausnehmen. Das Gemüse mit dem Sud und den geschälten, in Scheiben geschnittenen Eiern dekorativ auf die Fleischscheiben verteilen. Mit Kräuterzweigen ausgarnieren und im Kühlschrank vollständig erkalten lassen, anrichten und servieren

Rindfleischsülze

SIE BENÖTIGEN FÜR 4 PERSONEN

600 g gekochte Ochsenbrust

FÜR DEN SUD

3/4 l Gemüse- oder Fleischbrühe
1 Zwiebel
1 rote Paprikaschote
1 grüne Paprikaschote
100 g grüne Erbsen, 100 g Mais
1 Tasse Obstessig
Salz, Pfeffer aus der Mühle
Muskatpulver, Cayennepfeffer
1 Prise Zucker
Zitronensaft, Worcestersoße
1/2 Bund Estragon
1/2 Bund Kerbel
16 Blatt weiße Gelatine
Kräuterzweige zum Garnieren

1. Die Ochsenbrust in mundgerechte Würfel oder Scheiben schneiden.
2. Die Gemüse- oder Fleischbrühe in einen Topf geben und zum Kochen bringen.
3. Die Zwiebel und die Paprikaschoten putzen. In feine Würfel oder Scheiben schneiden. In den Sud geben und bißfest garen.
4. Die Erbsen und den Mais mit dem Obstessig in den Sud geben und einmal aufkochen lassen.
5. Den Sud mit Salz, Pfeffer, Muskat, Cayennepfeffer, Zucker, Zitronensaft und Worcestersoße würzen.
6. Die frisch gehackten Kräuter untermischen.
7. Die Ochsenbrustwürfel mit der gewässerten und gut ausgedrückten Gelatine in den Sud geben und die Gelatine vollständig auflösen lassen.
8. Das Ganze dekorativ in tiefen Tellern anrichten und im Kühlschrank vollständig erkalten lassen. Mit Kräuterzweigen ausgarnieren, anrichten und servieren.

Gemüsefleisch

SIE BENÖTIGEN FÜR 4 PERSONEN

1,2 kg mageren Schweinenacken
1-1 1/2 l Gemüsebrühe
1 Schuß Weißwein
2 Lorbeerblätter
einige Nelken
einige Pfefferkörner
einige Wacholderbeeren
einige Senfkörner, 2 Karotten
1 Stück Sellerie
1 kleine Stange Lauch
2 Zwiebeln
1 Tasse Obstessig
Salz, Pfeffer aus der Mühle
Cayennepfeffer, Zucker
1/2 Bund Schnittlauch
1/2 Bund Petersilie

1. Den Schweinenacken abwaschen, trockentupfen. Die Gemüsebrühe in einem Topf erhitzen und den Nacken einlegen.
2. Den Weißwein, die Lorbeerblätter, die Nelken, die Pfefferkörner, die Wacholderbeeren und die Senfkörner dazugeben. Bei mäßiger Hitze 30-40 Minuten garen.
3. Die Karotten, den Sellerie, den Lauch und die Zwiebeln putzen, in feine Streifen oder Würfel schneiden. Mit dem Obstessig zum Fleisch geben und weitere 25-30 Minuten garen.
4. Mit Salz, Pfeffer, Cayennepfeffer und Zucker süßsauer abschmecken.
5. Den Schweinenacken im Sud vollständig erkalten lassen. Anschließend herausnehmen, in Scheiben schneiden. Mit dem Gemüse und etwas Sud überziehen. Mit den verlesenen, gewaschenen und feingehackten Kräutern bestreuen, anrichten, ausgarnieren und servieren.

Fleischpflanzerl mit Edelpilzhaube

SIE BENÖTIGEN FÜR 4 PERSONEN

750 g gemischtes Hackfleisch
2 Zwiebeln
2 in Milch eingeweichte Brötchen
1/2 Bund Petersilie
2 Knoblauchzehen
2-3 EL mittelscharfen Senf
Salz, Pfeffer aus der Mühle
1 Prise Cayennepfeffer
1 TL Paprikapulver
1 TL Majoran
Fett zum Braten
150 g Edelpilzkäse
Kräuterzweige zum Garnieren

1. Das Hackfleisch mit den geschälten und feingehackten Zwiebeln in eine Schüssel geben.
2. Die in Milch eingeweichten Brötchen gut ausdrücken und mit der verlesenen, gewaschenen und feingehackten Petersilie zur Fleischmasse geben.
3. Die Knoblauchzehen schälen, fein hacken. Mit dem Senf zum Fleisch geben und alles zu einer glatten kompakten Masse verarbeiten.
4. Die Masse mit Salz, Pfeffer, Cayennepfeffer, Paprikapulver und Majoran kräftig würzen.
5. Das Fett in einer Pfanne erhitzen, mit feuchten Händen Fleischpflanzerl abdrehen und diese im Fett braten. Herausnehmen und in eine feuerfeste Form schichten.
6. Den Edelpilzkäse in Scheiben schneiden. Die Fleischpflanzerl damit belegen und unter dem Grill goldgelb überbacken. Herausnehmen, anrichten, mit Kräuterzweigen garnieren und warm oder kalt servieren.

Scharfe Hähnchenflügel

SIE BENÖTIGEN FÜR 4 PERSONEN

8-12 Hähnchenflügel
Salz, Pfeffer aus der Mühle
1 TL Kräuter der Provence
Fett zum Braten
1/2 Tasse Chilisoße
2 EL grüne Pfefferkörner
2 EL Honig
3-4 EL Essig
1 TL Paprikapulver
1 Tasse frisch gehackte Kräuter

1. Die küchenfertigen Hähnchenflügel unter fließendem Wasser abwaschen, trockentupfen, mit Salz, Pfeffer und Kräutern der Provence würzen.
2. Das Fett in einer Pfanne erhitzen und die Hähnchenflügel darin braten.
3. Die Chilisoße mit den Pfefferkörnern, dem Honig, dem Essig und dem Paprikapulver glattrühren. Mit Salz und Pfeffer würzen und damit die gebratenen Hähnchenflügel bestreichen.
4. Die Hähnchenflügel unter dem Grill kurz überbacken, anrichten. Mit frisch gehackten Kräutern bestreuen, ausgarnieren und warm oder kalt servieren.

BROTZEIT – BROTZEIT – IST DIE SCHÖNSTE ZEIT 113

Pikanter Fleischsalat

SIE BENÖTIGEN FÜR 4 PERSONEN

400 g Fleischwurst
2 Knoblauchzehen
1 TL Salz
1 Bund Frühlingszwiebeln
1 rote Paprikaschote
1 grüne Paprikaschote
1 Tasse Mayonnaise
1/2 Becher saure Sahne
Salz, Pfeffer aus der Mühle
1 Prise Cayennepfeffer
Zitronensaft, Worcestersoße
1/2 Bund Petersilie
1/2 Bund Schnittlauch

1. Die Fleischwurst in feine Würfel schneiden und in eine Schüssel geben.
2. Die Knoblauchzehen fein hacken, mit Salz zu einer Paste zerreiben und zur Wurst geben.
3. Die Frühlingszwiebeln in Scheibchen schneiden. Die Paprikaschoten würfeln. Alles zur Wurst geben und vermischen.
4. Die Mayonnaise mit der sauren Sahne glattrühren. Das Ganze abschmecken und den Salat damit anmachen.
5. Den Salat im Kühlschrank 10-15 Minuten ziehen lassen. Herausnehmen, die feingehackten Kräuter untermischen, anrichten, ausgarnieren und servieren.

Käsesalat

SIE BENÖTIGEN FÜR 4 PERSONEN

400 g Butterkäse
100 g Weintrauben
100 g Mandarinenfilets
1 Tasse Walnußhälften
1 Kästchen Kresse
1/2 Tasse Mayonnaise
1/2 Becher Sahne
Orangensaft, Obstessig
Salz, Pfeffer aus der Mühle
1 Prise Cayennepfeffer
1 Prise Zucker
Kräuterzweige zum Garnieren

1. Den Butterkäse in feine Würfel oder Streifen schneiden und in eine Schüssel geben.
2. Die Weintrauben waschen, gut abtropfen lassen, halbieren und je nach Bedarf entkernen.
3. Die Mandarinenfilets gut abtropfen lassen. Mit den Weintrauben und den Walnußhälften zum Butterkäse geben.
4. Die verlesene, gewaschene und feingehackte Kresse dazugeben und alles vorsichtig miteinander vermischen.
5. Die Mayonnaise mit der Sahne, dem Orangensaft und dem Obstessig glattrühren. Mit Salz, Pfeffer, Cayennepfeffer und Zucker abschmecken und den Salat damit anmachen.
6. Den Salat im Kühlschrank 10-15 Minuten ziehen lassen. Herausnehmen, nochmals abschmecken, anrichten, ausgarnieren und mit Kräuterzweigen verziert servieren.

Gemüsesalat

SIE BENÖTIGEN FÜR 4 PERSONEN

1 Tasse Karottenwürfel
1 Tasse grüne Erbsen
1 Tasse Mais
1 rote Paprikaschote
1 grüne Paprikaschote
200 g Honigmelone
1 Zwiebel, 1 Becher Joghurt
1/2 Becher Crème fraîche
3-4 EL Mayonnaise
2-3 EL Obstessig
Zitronensaft, Worcestersoße
Salz, Pfeffer aus der Mühle
Zucker, Cayennepfeffer
1/2 Bund Dill

1. Die Karottenwürfel, die Erbsen und den Mais in eine Schüssel geben.
2. Die Paprikaschoten in Würfel schneiden und dazugeben.
3. Die Honigmelone schälen. Das Fruchtfleisch in Würfel schneiden dazugeben und alles vermischen.
4. Die Zwiebel fein reiben, mit dem Joghurt, der Crème fraîche, der Mayonnaise und dem Obstessig glattrühren.
5. Mit Zitronensaft, Worcestersoße, Salz, Pfeffer, Zucker und Cayennepfeffer abschmecken. Den feingeschnittenen Dill untermischen.
6. Den Salat mit dem Dressing anmachen und im Kühlschrank 10-15 Minuten ziehen lassen.
7. Den Gemüsesalat herausnehmen, anrichten und servieren.

Schinken-Eier-Salat

SIE BENÖTIGEN FÜR 4 PERSONEN

6 hartgekochte Eier
100 g gekochten Schinken
1 Zwiebel
100 g grüne Erbsen
100 g Champignons (Dose)

AUSSERDEM

1 Tasse Mayonnaise
1 Becher Joghurt
1-2 EL mittelscharfen Senf
einige Tropfen Zitronensaft
einige Tropfen Worcestersoße
Salz
Pfeffer aus der Mühle
1 Prise Cayennepfeffer
1 Prise Zucker
1/2 Bund Schnittlauch

1. Die Eier schälen, kleinschneiden und in eine Schüssel geben.
2. Den gekochten Schinken in feine Würfel schneiden. Die Zwiebel schälen und fein hacken.
Mit den gut abgetropften Erbsen und Champignons zu den Eiern geben und alles vorsichtig miteinander vermischen.
3. Die Mayonnaise mit dem Joghurt und dem Senf glattrühren. Mit Zitronensaft, Worcestersoße, Salz, Pfeffer, Cayennepfeffer und Zucker kräftig abschmecken.
4. Den Salat damit anmachen und im Kühlschrank 10-15 Minuten ziehen lassen.
5. Den verlesenen, gewaschenen und gut abgetropften Schnittlauch fein schneiden, unter den Salat rühren. Den Salat nochmals abschmecken, anrichten, ausgarnieren und servieren.

Zwieblinge

SIE BENÖTIGEN FÜR 4 PERSONEN

8 Paar kleine Schweinsbratwürstchen
Fett zum Braten
4 Zwiebeln
1 Schuß Weißwein
1/2 l Gemüse- oder Fleischbrühe
2 Lorbeerblätter
einige Nelken
einige Pfefferkörner
einige Senfkörner
1/2 Bund Schnittlauch
1/2 Bund Petersilie
Salz, Pfeffer aus der Mühle
1 Prise Zucker
1/2-1 Tasse Essig

1. Die Schweinsbratwürstchen unter fließendem Wasser abwaschen, trockentupfen und je nach Geschmack kurz in Milch einlegen.
2. Das Fett in einer Pfanne erhitzen. Die Bratwürstchen herausnehmen, mit einer Gabel mehrmals einstechen und im Fett braten. Herausnehmen und in eine Schüssel legen.
3. Die Zwiebeln schälen und in feine Scheiben schneiden. Im verbliebenem Bratfett glasig schwitzen. Mit einem Schuß Weißwein ablöschen und kurz dünsten.
4. Die Gemüse- oder Fleischbrühe in einen Topf geben. Die Lorbeerblätter, die Nelken, die Pfefferkörner und die Senfkörner dazugeben und zum Kochen bringen. Bei mäßiger Hitze 4-5 Minuten köcheln lassen.
5. Die Zwiebeln und die Brühe über die Schweinsbratwürstchen gießen und im Kühlschrank mindestens 2-3 Stunden ziehen lassen.
6. Den Schnittlauch und die Petersilie fein schneiden bzw. hacken und in den Sud einrühren. Den Sud mit Salz, Pfeffer, Zucker und Essig kräftig süßsauer abschmecken. Die Zwieblinge anrichten, mit dem Gemüse überziehen, ausgarnieren und servieren.

Paprikawürstl

SIE BENÖTIGEN FÜR 4 PERSONEN

4 Paar Bratwürstchen
Fett zum Braten
1 Knoblauchzehe
1 TL Salz
1 Zwiebel
1 rote Paprikaschote
1 grüne Paprikaschote
1 gelbe Paprikaschote
100 g frische Champignons
Saft von 1/2 Zitrone
2 Tassen Sangrita pikante
Salz, Pfeffer aus der Mühle
1 TL Curry
1 Prise Zucker
1/2 Bund Petersilie

1. Die Bratwürstchen unter fließendem Wasser abwaschen, trockentupfen und in Scheiben schneiden.
2. Etwas Fett in einer großen Pfanne erhitzen und die geschälte mit Salz zerriebene Knoblauchzehe darin kurz anschwitzen.
3. Die Bratwurstscheiben ins Knoblauchfett geben und braten.
4. Die Zwiebel schälen und fein hacken.
5. Die Paprikaschoten halbieren, entkernen, waschen und in Streifen schneiden. Mit den Zwiebeln zu den Würstchen geben und kurz mitbraten.
6. Die Champignons verlesen, waschen, gut abtropfen lassen. In Scheiben schneiden und mit Zitronensaft beträufeln. Zum Gemüse geben und kurz mitschwitzen.
7. Das Ganze mit Sangrita pikante auffüllen und bei mäßiger Hitze 5-6 Minuten köcheln lassen.
8. Mit Salz, Pfeffer, Curry und Zucker kräftig abschmecken. Vom Feuer nehmen und erkalten lassen.
9. Die Paprikawürstl anrichten, ausgarnieren und mit der verlesenen, gewaschenen und feingehackten Petersilie bestreut servieren.

Camembert-Chicorèe

SIE BENÖTIGEN FÜR 4 PERSONEN

4 Stauden Chicorèe
1/2 Tasse Tomatenketchup
2 EL mittelscharfen Senf
1 EL grüne Pfefferkörner
1/2 Bund Schnittlauch
1/2 Bund Petersilie
Saft von 1 Zitrone
1-2 EL Honig
1 Schuß Obstessig
Salz, Pfeffer aus der Mühle
8 dünne Scheiben
gekochten Schinken
Butter oder Margarine
zum Ausfetten
4 Camembert-Halbmonde
1 Schuß Weißwein

1. Die Chicorèestauden halbieren. Den Strunk herausschneiden, waschen, gut abtropfen lassen und bereitstellen.
2. Den Tomatenketchup mit dem Senf, den Pfefferkörnern, den verlesenen, gewaschenen und feingehackten Kräutern vermischen.
3. Mit Zitronensaft, Honig Obstessig, Salz und Pfeffer kräftig abschmecken.
4. Den Schinken auf einer Arbeitsfläche auslegen und mit der Soße bestreichen.
5. Je eine Chicorèehälfte in den Schinken einwickeln. Das Ganze in eine mit Butter oder Margarine ausgefettete feuerfeste Form legen.
6. Die Camembert-Halbmonde in Scheiben schneiden und die Schinkenrollen damit belegen.
7. Mit einigen Tropfen Weißwein beträufeln und das Ganze unter dem Grill goldgelb überbacken. Herausnehmen, erkalten lassen, anrichten, ausgarnieren und servieren.

Teufelssalat

SIE BENÖTIGEN FÜR 4 PERSONEN

500 g gepöckelte, gekochte
Rinderzunge
1 Zwiebel
1 Tasse Champignonköpfe
1 Tasse grüne Erbsen
1 Tasse Karottenwürfel
1 Tasse gefüllte Oliven

FÜR DAS DRESSING

1/2 Tasse Fleischbrühe
1-2 EL Chiliketchup
1-2 EL mittelscharfen Senf
1/2 Tasse Aceto balsamico
2 Knoblauchzehen, 1 TL Salz
1 EL grüne Pfefferkörner
je 1/2 Bund Petersilie, Schnittlauch
1/2 Tasse Olivenöl

1. Die Rinderzunge in feine Streifen oder Würfel schneiden und in eine Schüssel geben.
2. Die Zwiebel schälen, fein hacken. Mit den gut abgetropften Champignonköpfen, den Erbsen und den Karottenwürfeln zur Zunge geben.
3. Die Oliven in Scheiben schneiden, dazugeben und alles vermischen.
4. Die Fleischbrühe mit dem Chiliketchup, dem Senf und dem Aceto balsamico glattrühren.
5. Die Knoblauchzehen schälen, fein hacken, mit Salz zu einer Paste zerreiben. Mit den Pfefferkörnern und den feingehackten Kräutern unter das Dressing rühren.
6. Das Olivenöl tropfenweise einrühren und den Salat damit anmachen. Im Kühlschrank mindestens 1/2 Stunde ruhen lassen.
7. Den Teufelssalat nochmals kräftig abschmecken, anrichten, ausgarnieren und servieren.

Ochsenmaulsalat mit Gemüse

SIE BENÖTIGEN FÜR 4 PERSONEN

400 g gekochtes Ochsenmaul
2 Zwiebeln, 2 Karotten
1 Stück Lauch
100 g frische Champignons
Saft von 1/2 Zitrone
1 Tasse Fleischbrühe
1/2 Tasse Obstessig
1 Schuß Weißwein
1-2 EL mittelscharfen Senf
Salz, Pfeffer aus der Mühle
Cayennepfeffer, Zucker
1/2 Tasse Olivenöl
1/2 Bund Schnittlauch
1/2 Bund Petersilie

1. Das gekochte Ochsenmaul in feine Scheibchen von 2-3 Zentimetern Kantenlänge schneiden und in eine Schüssel geben.
2. Die Zwiebeln würfeln. Die Karotten schälen und würfeln.
3. Den Lauch in feine Ringe schneiden. Die Champignons putzen. In Scheiben schneiden und mit Zitronensaft beträufeln.
4. Die Brühe in einen Topf geben, die Zwiebeln und die Karotten dazugeben und bißfest garen.
5. Kurz vor Garende den Lauch und die Champignons dazugeben und kurz mitgaren.
6. Den Obstessig, den Weißwein und den Zitronensaft untermischen. Mit Salz, Pfeffer, Cayennepfeffer und Zucker abschmecken. Vom Feuer nehmen und das Olivenöl tropfenweise einrühren.
7. Das Gemüse noch warm mit den Ochsenmaulscheiben vermischen und im Kühlschrank vollständig erkalten lassen.
8. Den Ochsenmaulsalat mit feingehackten Kräutern bestreut servieren.

BROTZEIT – BROTZEIT – IST DIE SCHÖNSTE ZEIT 119

Käsefladen

SIE BENÖTIGEN FÜR 4 PERSONEN

500 g Weizenmehl
1 Päckchen Trockenhefe
1/4 l Wasser
1 EL Salz
1 EL Kümmel
1 EL Oregano
1 EL Basilikum
50 g geriebenen Parmesankäse
1/2 Bund Petersilie
1/2 Bund Schnittlauch
Mehl zum Bestauben

1. Das Weizenmehl mit der Trockenhefe, dem Wasser, dem Salz, dem Kümmel, dem Oregano, und dem Basilikum in eine Schüssel geben und zu einem Teig verarbeiten.
2. Den Teig mit dem Kochlöffel so lange schlagen, bis er Blasen wirft. Anschließend den Parmesan und die verlesenen, gewaschenen und feingehackten bzw.-geschnittenen Kräuter unterarbeiten.
3. Die Schüssel mit einem sauberen Küchentuch abdecken und an einem warmen Ort zur doppelten Menge aufgehen lassen.
4. Den Teig erneut kräftig durcharbeiten und auf einer bemehlten Arbeitsfläche etwa 1/2-1 Zentimeter dick ausrollen.
5. Entsprechend große Fladen ausstechen oder ausschneiden und diese auf ein bemehltes Backblech legen.
6. Kurz gehen lassen und im auf 180-200 Grad vorgeheizten Backofen je nach Größe der Fladen 10-15 Minuten backen.
7. Die Fladen herausnehmen und warm oder kalt servieren.

Brandteigbrötchen

SIE BENÖTIGEN FÜR 4 PERSONEN

1/4 l Milch
75 g Butter oder Margarine
1 EL Salz
1 Prise Muskatpulver
150 g Mehl
4 Eier
1/2 Bund Petersilie

FÜR DIE FÜLLUNG

200 g Doppelrahm-Frischkäse
1 Schuß Sahne
Saft von 1 Zitrone
Salz, Pfeffer aus der Mühle
1 Prise Cayennepfeffer

1. Die Milch mit der Butter oder Margarine, dem Salz und dem Muskatpulver in einen Topf geben und zum Kochen bringen.
2. Das Mehl mit dem Kochlöffel einrühren und so lange rühren, bis sich der Teigkloß vom Boden löst.
3. Vom Feuer nehmen und die Eier nach und nach darunterschlagen. Je nach Geschmack eine Prise Backpulver mit der verlesenen, gewaschenen und feingehackten Petersilie untermischen.
4. Die Masse in einen Spritzbeutel füllen und auf ein ausgefettetes Backblech Rosetten aufspritzen.
5. Das Ganze im auf 180-200 Grad vorgeheizten Backofen abbacken. Herausnehmen und vor dem vollständigen Erkalten quer halbieren.
6. Für die Füllung den Doppelrahm-Frischkäse mit der Sahne glattrühren. Mit Zitronensaft, Salz, Pfeffer und Cayennepfeffer abschmecken und die unteren Hälften damit bestreichen.
7. Die Brandteigbrötchen zusammenklappen, anrichten, ausgarnieren und servieren.

Brotzeitstangen

SIE BENÖTIGEN FÜR 4 PERSONEN

200 g Weizenmehl
200 g geriebenen Butterkäse
1 Prise Salz
1/2 TL gemahlenen Kümmel
Muskatpulver, Koriander
1/2 Bund Petersilie
200 g Butter
100 g Frühstücksspeck
Mehl, 2 Eigelb
grobes Salz, Kümmel
Koriander, Anis
geriebenen Käse

1. Das Weizenmehl auf eine Arbeitsfläche sieben. Mit dem Butterkäse, dem Salz, dem Kümmel, dem Muskat, dem Koriander und der feingehackten Petersilie bestreuen.
2. Die Butter in Flöckchen darauf setzen. Die Zutaten mit bemehlten Händen schnell von außen nach innen zu einer glatten kompakten Masse verarbeiten.
3. Den Teig in ein feuchtes Küchentuch wickeln. Im Kühlschrank mindestens eine Stunde ruhen lassen.
4. Den Frühstücksspeck würfeln und in einer Pfanne kross braten.
5. Vom Feuer nehmen und erkalten lassen.
6. Den Speck unter den Teig arbeiten und mit bemehlten Händen kleine Stangen formen.
7. Die Stangen auf ein bemehltes Backblech setzen, mit Wasser verschlagenem Eigelb bestreichen.
8. Mit Salz, Kümmel, Koriander, Anis oder geriebenem Käse bestreuen. Im auf 180-200 Grad vorgeheizten Backofen 10-15 Minuten backen.
9. Die Brotzeitstangen herausnehmen, erkalten lassen, anrichten und servieren.

BROTZEIT – BROTZEIT – DIE SCHÖNSTE ZEIT 121

Für festliche Stunden

kulinarische Glanzlichter aus der Kalten Küche

Entenbrustscheiben auf Waldorfsalat

SIE BENÖTIGEN FÜR 4 PERSONEN

2 Barbarie-Entenbrustfilets
Salz, Pfeffer aus der Mühle
1 TL Kräuter der Provence
Fett zum Braten
Weinbrand zum Flambieren

FÜR DEN SALAT

1 kleine Sellerieknolle
2-3 säuerliche Äpfel
Saft von 2 Zitronen
1 Tasse Mayonnaise
1/2 Becher Sahne
1 Prise Muskatpulver
1 Prise Zucker
100 g abgezogene Walnußhälften
Kräuterzweige zum Garnieren

1. Die Entenbrustfilets unter fließendem Wasser abwaschen und trockentupfen. Mit Salz, Pfeffer und Kräutern der Provence kräftig würzen.
2. Das Fett in einer Pfanne erhitzen und die Entenbrustfilets darin je nach Geschmack medium oder durch braten. Anschließend mit Weinbrand flambieren.
3. Die Entenbrustfilets in Alufolie wickeln und vollständig erkalten lassen.
4. Für den Salat den Sellerie und die Äpfel putzen, schälen. Die Äpfel entkernen und beides grob raspeln oder in feine Streifen schneiden.
5. Die Sellerie- und Apfelstreifen sofort mit Zitronensaft beträufeln.
6. Die Mayonnaise mit der Sahne glattrühren. Mit Salz, Pfeffer, Muskat und Zucker kräftig abschmecken. Mit Zitronensaft und Weinbrand je nach Geschmack aromatisieren.
7. Den Selleriesalat mit dem Dressing anmachen und im Kühlschrank 10-15 Minuten ziehen lassen.
8. Anschließend die grob gehackten Walnüsse untermischen und den Salat anrichten. Mit den in Scheiben geschnittenen Entenbrustfilets belegen. Mit Kräuterzweigen ausgarnieren und servieren.

Lammfilet auf Auberginen

SIE BENÖTIGEN FÜR 4 PERSONEN

2 Lammrückenfilets
1 Tasse Olivenöl
2-3 Knoblauchzehen
1 TL Salz
1 EL gerebelte Zitronenschale
1 TL geriebene Pfefferminze
1 TL Majoran
2-3 EL Mintgelee

AUSSERDEM

2 mittelgroße Auberginen, Salz
einige Tropfen Zitronensaft
einige Tropfen Obstessig
1 Tasse Mehl, Fett zum Braten
2 Knoblauchzehen
1-2 EL geriebene Zitronenschale
1 Bund Petersilie

1. Die küchenfertigen Lammrückenfilets waschen, trockentupfen und in eine Schüssel legen.
2. Das Olivenöl mit den mit Salz zerriebenen Knoblauchzehen, der Zitronenschale, der Pfefferminze und dem Majoran verrühren. Auf den Lammfilets verteilen und diese im Kühlschrank mindestens drei Stunden ziehen lassen.
3. Die Lammfilets in einer Pfanne medium oder durch braten. Mit dem Mintgelee bestreichen und kurz überbacken.
4. Die Lammfilets in Alufolie wickeln und vollständig erkalten lassen.
5. Die Auberginen putzen und in Scheiben schneiden. Mit Salz bestreuen und 10-15 Minuten im Kühlschrank ruhen lassen. Anschließend unter fließendem Wasser abwaschen.
6. Die Auberginenscheiben mit Zitronensaft und Obstessig beträufeln. Mit Salz und Pfeffer würzen, in Mehl wenden und im Fett goldgelb ausbacken.
7. Die Auberginenscheiben anrichten. Die in Scheiben geschnittenen Lammfilets gleichmäßig darauf verteilen.
8. Die Knoblauchzehen schälen und hacken. Mit der Zitronenschale und der feingehackten Petersilie vermischen. Die Gremolata auf die Lammfilets streuen, ausgarnieren und servieren.

FÜR FESTLICHE STUNDEN 125

Marinierte Lachsscheiben

SIE BENÖTIGEN FÜR 4 PERSONEN

300 g Lachsfilet
einige Tropfen Zitronensaft
einige Tropfen Worcestersoße
einige Tropfen Weißweinessig
Salz
Pfeffer aus der Mühle
1/2 Bund Estragon
1/2 Bund Dill

AUSSERDEM

1 Tasse Fischbrühe
1-2 EL Dijonsenf
1 Zwiebel
2 hartgekochte Eier
1 Röhrchen Kapern
1 kleines Glas Sardellenfilets
1/2 Bund Petersilie

1. Das küchenfertige entgrätete Lachsfilet unter fließendem Wasser abwaschen, trockentupfen. Mit Zitronensaft, Worcestersoße und Weißweinessig beträufeln und mit Salz und Pfeffer würzen.
2. Den Estragon und den Dill verlesen, waschen, gut abtropfen lassen, fein schneiden bzw. hacken und den Lachs damit bestreuen.
3. Den Lachs in Frischhaltefolie wickeln und im Gefrierschrank frosten. Anschließend herausnehmen und mit der Küchenmaschine in hauchdünne Scheibchen schneiden.
4. Die Fischbrühe mit dem Dijonsenf und der geschälten, feingeraspelten Zwiebel vermischen.
5. Die Eier schälen, mit den Kapern und Sardellenfilets fein hacken. Mit der verlesenen, gewaschenen und feingehackten Petersilie unter die Marinade rühren.
6. Die Marinade mit Salz, Pfeffer, Zitronensaft, Worcestersoße und Weißweinessig kräftig abschmecken und die Lachsscheiben damit überziehen.
7. Im Kühlschrank 10-15 Minuten marinieren lassen, ausgarnieren und servieren.

Räucherlachs auf Fladen

SIE BENÖTIGEN FÜR 4 PERSONEN

500 g Weizenvollkornmehl
1 EL Salz
30 g geriebenen Parmesankäse
1 TL gemahlenen Kümmel
1 TL gemahlenen Koriander
150 g Joghurt
gut 1/4 l Milch
Fett zum Ausbacken
1 Becher Sahne
1 Päckchen Sahnesteif
2-3 EL fein geriebenen Meerrettich
einige Tropfen Zitronensaft
Salz, Pfeffer aus der Mühle
1/2 Tasse Preiselbeerkompott
einige Tropfen Weinbrand
300 g geräucherte Lachsscheiben

1. Das Weizenvollkornmehl mit dem Salz, dem Parmesan, dem Kümmel und dem Koriander in einer Schüssel oder auf einer Arbeitsfläche vermischen.
2. Den Joghurt und die Milch angießen und das Ganze zu einem glatten kompakten Teig kneten.
3. Den Teig auf einer bemehlten Arbeitsfläche ausrollen und runde Fladen ausstechen.
4. Die Fladen in einer Pfanne mit etwas Fett auf beiden Seiten goldgelb backen. Herausnehmen und bereitstellen.
5. Die Sahne mit dem Sahnesteif schlagen. Den Meerrettich untermischen. Mit Zitronensaft, Salz und Pfeffer kräftig würzen.
6. Das gut abgetropfte Preiselbeerkompott untermischen und das Ganze mit Weinbrand aromatisieren.
7. Die Räucherlachsscheiben dekorativ auf den Fladen anrichten. Mit der Creme überziehen, ausgarnieren und servieren.

Filet mignons Straßbourgh

SIE BENÖTIGEN FÜR 4 PERSONEN

8-12 Filet mignons à 60 g
Fett zum Braten
Cognac zum Flambieren
Salz, Pfeffer aus der Mühle
100 g Gänselebercreme
50 g Butter, Zitronensaft
Cognac, Madeira
1 kleine Dose schwarze Trüffel
2 säuerliche Äpfel
einige Pistazienkerne
Kräuterzweige zum Garnieren

1. Die Filet mignons abwaschen, trockentupfen und braten.
2. Die Medaillons mit Cognac flambieren. In Alufolie wickeln und vollständig erkalten lassen.
3. Die Gänseleber mit der Butter schaumig schlagen.
4. Mit Zitronensaft, Cognac und Madeira aromatisieren. Salzen und pfeffern. Die gewürfelten Trüffel untermischen.
5. Die Äpfel schälen, entkernen, in 8-12 dünne Scheiben schneiden. Mit Zitronensaft und Weinbrand beträufeln und anrichten.
6. Die Filet mignons darauf verteilen. Die Creme aufspritzen, ausgarnieren und servieren.

Schweinemedaillons mit Essiggemüse

SIE BENÖTIGEN FÜR 4 PERSONEN

8-12 Schweinemedaillons à 60 g
Pfeffer aus der Mühle
1 EL Kräuter der Provence
Fett zum Braten
Weinbrand zum Flambieren, Salz
1 kleines Glas Essiggemüse
1/4 l Fleischbrühe
Madeira, Sherry
6 Blatt weiße Gelatine
Kräuterzweige zum Garnieren

1. Die Medaillons abwaschen, trockentupfen. Mit Pfeffer und Kräutern der Provence würzen.
2. Das Fett in einer Pfanne erhitzen. Die Medaillons braten. Mit Weinbrand flambieren und leicht salzen.
3. Die Medaillons in Alufolie wickeln und erkalten lassen.
4. Die Medaillons anrichten und mit dem Essiggemüse belegen.
5. Die Brühe erhitzen. Mit Madeira, Sherry, Salz und Pfeffer abrunden. Die gewässerte, gut ausgedrückte Gelatine darin auflösen.
6. Das Gelee erkalten lassen und kurz vor dem Festwerden die Medaillons damit überziehen, ausgarnieren und servieren.

Kalbsmedaillons mit Kräuterkäse

SIE BENÖTIGEN FÜR 4 PERSONEN

8-12 Kalbsmedaillons à 60 g
Pfeffer aus der Mühle
1 TL Estragon, 1 TL Rosmarin
Fett zum Braten
Weinbrand zum Flambieren, Salz
200 g Doppelrahm-Frischkäse
1 Schuß Sahne
1 Tasse frisch gehackte Kräuter
Zitronensaft, Worcestersoße
Salz
Cocktailkirschen und Kräuterzweige zum Garnieren

1. Die Kalbsmedaillons abwaschen, trockentupfen. Mit Pfeffer, Estragon und Rosmarin würzen und in wenig Fett braten.
2. Die Kalbsmedaillons flambieren, leicht salzen, in Alufolie wickeln und vollständig erkalten lassen.
3. Den Frischkäse mit der Sahne glattrühren und die gehackten Kräuter untermischen.
4. Die Creme mit Zitronensaft, Worcestersoße, Salz und Pfeffer würzen. Die Medaillons anrichten, die Creme darauf verteilen.
5. Mit Cocktailkirschen und Kräuterzweigen ausgarnieren, anrichten und servieren.

FÜR FESTLICHE STUNDEN 129

Lamm-Medaillons mit Edelpilzcreme

SIE BENÖTIGEN FÜR 4 PERSONEN

8-12 Lamm-Medaillons
Pfeffer aus der Mühle
2 Knoblauchzehen
1 TL Kräuter der Provence, Fett
Weinbrand zum Flambieren, Salz
100 g Edelpilzkäse
100 g Doppelrahm-Frischkäse
1 Schuß Sahne, 1 Zwiebel
1/2 Bund Petersilie
1/2 Bund Pfefferminze
1 Mango, 2 Kiwis

1. Die Lamm-Medaillons mit Pfeffer würzen.
2. Die Knoblauchzehen fein hacken. Mit den Kräutern der Provence vermischen und die Medaillons damit einreiben.
3. Die Medaillons braten, flambieren, salzen. In Alufolie wickeln und erkalten lassen.
4. Den Käse und den Frischkäse mit der Sahne glattrühren.
5. Die Zwiebel und die Kräuter hacken, unter die Creme mischen. Die Medaillons damit garnieren.
6. Mit Mango- und Kiwistücken ausgarnieren und servieren.

Feine Hirschmedaillons

SIE BENÖTIGEN FÜR 4 PERSONEN

8-12 Hirschmedaillons
Pfefferkörner, Wacholderbeeren
Pfeffer aus der Mühle, Fett
Weinbrand zum Flambieren, Salz
200 g Speisequark
1 Schuß Sahne, 1 Schuß Weißwein
Zitronensaft, Worcestersoße
1 TL geriebene Orangenschale
1 TL geriebene Zitronenschale
3-4 EL Johannisbeergelee
4 Blatt weiße Gelatine
Johannisbeeren und Kräuterzweige

1. Die Hirschmedaillons abwaschen, trockentupfen. Die Pfefferkörner und Wacholderbeeren zerreiben. Mit dem Pfeffer die Medaillons würzen.
2. Die Medaillons braten, flambieren, salzen. In Alufolie wickeln und erkalten lassen.
3. Den Quark mit der Sahne und dem Weißwein glattrühren. Das Ganze kräftig würzen.
4. Die ausgedrückte Gelatine im Weißwein zerlassen, unterrühren.
5. In einen Spritzbeutel füllen und auf die Medaillons spritzen, ausgarnieren und servieren.

Schweinemedaillons im Speckmantel

SIE BENÖTIGEN FÜR 4 PERSONEN

8-12 Schweinemedaillons
8-12 Scheiben durchwachsenen geräucherten Speck
Pfeffer aus der Mühle, Fett
75 g gekochten Schinken
75 g Zwiebeln
75 g frische Champignons
Saft von 1/2 Zitrone
2-3 EL Crème fraîche, Muskat
1/2 Bund Petersilie

1. Die Medaillons mit je einer Speckscheibe umwickeln und mit Küchenschnur festbinden.
2. Mit Pfeffer würzen und braten. Herausnehmen, salzen, in Alufolie wickeln und erkalten lassen.
3. Den kleingeschnittenen Schinken mit den gehackten Zwiebeln und den mit Zitronensaft beträufelten Champignons im Mixer pürieren.
4. Die Crème fraîche einrühren, würzen und die gehackte Petersilie untermischen.
5. Die Medaillons anrichten, die Masse darauf verteilen, ausgarnieren und servieren.

FÜR FESTLICHE STUNDEN 131

Pastetchen mit Sojafüllung

SIE BENÖTIGEN FÜR 4 PERSONEN

8-12 Blätterteigpastetchen (Fertigprodukt)

FÜR DIE FÜLLUNG

1-2 EL Olivenöl
2 Hähnchenbrustfilets
2 Knoblauchzehen
1 TL Salz
1 Zwiebel
1 rote Paprikaschote
1 grüne Paprikaschote
1 Schuß Sherry medium
100 g Sojabohnenkeimlinge
3-4 EL Sojasoße
1 Tasse Curryketchup
Salz
Pfeffer aus der Mühle
1 TL Fünf-Gewürz-Pulver
1/2 Kästchen Kresse

1. Die Blätterteigpastetchen nach Packungsanweisung vorbereiten und bereitstellen.
2. Das Olivenöl in einer Pfanne erhitzen. Die in feine Streifen oder Würfel geschnittenen Hähnchenbrustfilets darin braten.
3. Die Knoblauchzehen schälen, fein hacken, mit Salz zu einer Paste zerreiben. Mit der geschälten und feingehackten Zwiebel zum Fleisch geben und kurz mitbraten.
4. Die Paprikaschoten halbieren, entkernen, waschen, gut abtropfen lassen und in Streifen oder Würfel schneiden. Zum Fleisch geben und kurz mitbraten.
5. Mit Sherry ablöschen und das Ganze bei mäßiger Hitze 8-10 Minuten dünsten.
6. Die verlesenen, gewaschenen Sojabohnenkeimlinge untermischen. Die Sojasoße und den Curryketchup dazugeben, nochmals aufkochen lassen. Mit Salz, Pfeffer und Fünf-Gewürz-Pulver abrunden. Vom Feuer nehmen und erkalten lassen.
7. Die Blätterteigpastetchen anrichten, mit der Sojamasse füllen. Die Kresse verlesen, waschen und gut abtropfen lassen. Die Pastetchen damit ausgarnieren, verzieren und servieren.

FÜR FESTLICHE STUNDEN 133

Pastetchen mit Bündner Fleisch

SIE BENÖTIGEN FÜR 4 PERSONEN

8-12 Blätterteigpastetchen (Fertigprodukt)

FÜR DIE FÜLLUNG

75 g Bündner Fleisch
1 kleines Glas Champignonköpfe
200 g Wassermelonen
200 g Honigmelonen
1 Kästchen Kresse

AUSSERDEM

1/2 Tasse Weinessig
Saft von 1 Orange
1 EL Dijonsenf
Salz
Pfeffer aus der Mühle
1/2 Tasse Olivenöl

1. Die Blätterteigpastetchen nach Anweisung vorbereiten und bereitstellen.
2. Das Bündner Fleisch in feine Streifen oder Würfel schneiden. Mit den gut abgetropften Champignonköpfen in eine Schüssel geben.
3. Das Wasser- und Honigmelonenfleisch mit dem Kugelausstecher zu Kugeln ausstechen und zum Fleisch geben.
4. Die verlesene, gewaschene und grob gehackte Kresse ebenfalls dazugeben und alles vorsichtig miteinander vermischen.
5. Den Weinessig mit dem Orangensaft und dem Senf glattrühren. Mit Salz und Pfeffer würzen und das Olivenöl einrühren.
6. Den Salat damit anmachen und im Kühlschrank 10-15 Minuten ziehen lassen.
7. Die Blätterteigpastetchen mit dem Salat füllen, anrichten, ausgarnieren und servieren.

Kräuter-Crêpes mit Schinkenfüllung

SIE BENÖTIGEN FÜR 4 PERSONEN

125 g Mehl, 3/8 l Milch, 5 Eier,
1 EL Salz, 1 Prise Muskatpulver
40 g zerlassene Butter
1 Tasse frisch gehackte Kräuter
(Estragon, Kerbel, Basilikum,
Brunnenkresse)
Fett zum Backen
100 g gekochten Schinken
100 g frische Champignons
Saft von 1 Zitrone
2-3 Frühlingszwiebeln
2 Tomaten, 40 g Schafskäse
etwas Aceto balsamico
etwas Olivenöl
Salz, Pfeffer aus der Mühle

1. Das Mehl mit der Milch und den Eiern in eine Schüssel geben. Das Salz und das Muskatpulver dazugeben und zu einem glatten Teig rühren.
2. Die zerlassene Butter tropfenweise einrühren und die gehackten Kräuter untermischen.
3. Das Fett in einer Pfanne erhitzen und hauchdünne Crêpes portionsweise ausbacken. Die Crêpes herausnehmen und bereitstellen. Den restlichen Teig wie beschrieben ausbacken.
4. Den Schinken in feine Würfel oder Streifen schneiden. Mit den geputzten und in Scheiben geschnittenen Champignons in eine Schüssel geben. Das Ganze mit Zitronensaft beträufeln.
6. Die geputzten und in Streifen geschnittenen Frühlingszwiebeln, die enthäuteten, entkernten und in Würfel oder Streifen geschnittenen Tomaten sowie den zerbröckelten Schafskäse dazugeben und alles vorsichtig miteinander vermischen.
7. Die Füllung mit Aceto balsamico und Olivenöl beträufeln, mit Salz und Pfeffer würzen.
8. Die Masse gleichmäßig auf den Kräuter-Crêpes verteilen. Die Kräuter-Crêpes zusammenschlagen oder zu Täschchen zusammenbinden.
9. Die Kräuter-Crêpes mit der Schinkenfüllung anrichten, ausgarnieren und servieren.

FÜR FESTLICHE STUNDEN 135

Buchweizen-Crêpes

SIE BENÖTIGEN FÜR 4 PERSONEN

150 g Buchweizenmehl
1/4 l Milch, 4 Eier
1 TL Salz
weißen Pfeffer aus der Mühle
40 g zerlassene Butter
Fett zum Backen
100 g durchwachsenen geräucherten Speck
2 Zwiebeln
2 Knoblauchzehen
1 TL Salz
1 kleine Stange Lauch
1 Schuß Weißwein
1 TL gemahlenen Kümmel
1 Prise Muskatpulver
Salz, Pfeffer aus der Mühle
1 Prise Cayennepfeffer
1/2 Bund Schnittlauch
1/2 Bund Petersilie
100 g Feta-Käse

1. Das Buchweizenmehl mit der Milch und den Eiern in eine Schüssel geben. Das Salz dazugeben und mit Pfeffer würzen.
2. Das Ganze zu einem glatten Teig verrühren und die zerlassene Butter tropfenweise einrühren.
3. Das Fett in einer Pfanne erhitzen und portionsweise hauchdünne Buchweizen-Crêpes ausbacken. Die Crêpes herausnehmen und bereitstellen.
4. Den in feine Würfel geschnittenen Speck in einer Pfanne auslassen. Die geschälten und feingehackten Zwiebeln dazugeben und kurz mitbraten.
5. Die Knoblauchzehen schälen, fein hacken, mit Salz zu einer Paste zerreiben. Mit dem geputzten und in feine Streifen geschnittenen Lauch zu den Speck-Zwiebeln geben und kurz mitgaren.
6. Mit Weißwein ablöschen. Mit Kümmel, Muskat, Salz, Pfeffer und Cayennepfeffer kräftig würzen und 4-5 Minuten dünsten.
7. Die Masse vom Feuer nehmen. Den verlesenen, gewaschenen und feingeschnittenen Schnittlauch und die gehackte Petersilie mit dem in feine Würfel geschnittenen Feta-Käse unter die Masse rühren. Das Ganze vollständig erkalten lassen.
8. Die Masse gleichmäßig auf die Buchweizen-Crêpes verteilen und diese zusammenschlagen oder zu Täschchen zusammenbinden, anrichten, ausgarnieren und servieren.

Italienische Spießchen

SIE BENÖTIGEN FÜR 4 PERSONEN

100 g italienische Salami
100 g Parmaschinken
150 g Mozzarella-Käse
1 kleines Glas gefüllte Oliven
2 rote Zwiebeln
je 1 Bund Basilikum und Oregano
Salz, Pfeffer aus der Mühle
Aceto balsamico, Olivenöl
Kräuterzweige zum Garnieren

1. Die Salamischeibchen, den in Scheiben geschnittenen Parmaschinken und den gewürfelten Mozzarella mit den halbierten Oliven und den gewürfelten Zwiebeln dekorativ auf kleinen Spießchen anrichten.
2. Das Basilikum und den Oregano fein hacken und die Spießchen in den Kräutern kurz wenden.
3. Salzen, pfeffern, anrichten. Mit Aceto balsamico und Olivenöl beträufeln. Mit Kräuterzweigen ausgarnieren und servieren.

Saure Fruchtspießchen

SIE BENÖTIGEN FÜR 4 PERSONEN

200 g Krabben oder Crevetten
200 g Ananasfruchtfleisch
200 g Melonenfruchtfleisch
100 g Kaiserfleisch, 1 Bund Dill
Salz, Pfeffer aus der Mühle
Zitronensaft, Dillessig, Olivenöl
Kräuterzweige zum Garnieren

1. Die Krabben oder Crevetten abwaschen und trockentupfen.
2. Das Ananas- und Melonenfruchtfleisch würfeln.
3. Das in Scheiben geschnittene Kaiserfleisch mit den Krabben, den Ananas- und den Melonenstücken auf Spießchen stecken.
4. Den feingehackten Dill auf einem Teller verteilen und die Fruchtspießchen darin wenden.
5. Mit Salz, Pfeffer, Zitronensaft, Essig und Öl würzen. Anrichten, ausgarnieren und servieren.

Spießchen mit Meeresfrüchten

SIE BENÖTIGEN FÜR 4 PERSONEN

100 g Miesmuschelfleisch
100 g gekochte Tintenfische
100 g Sardellenfilets
100 g Cocktailtomaten
100 g Zucchini, Silberzwiebeln
Saft von 1 Zitrone, Worcestersoße
1/2 Bund Basilikum
Aceto balsamico, Olivenöl
Salz, Pfeffer aus der Mühle

1. Die Meeresfrüchte, die Sardellenfilets, die halbierten Cocktailtomaten und das gewürfelte Zucchinifleisch mit den Silberzwiebeln auf Spießchen stecken.
2. Mit Zitronensaft und Worcestersoße beträufeln. Mit dem gehackten Basilikum bestreuen.
3. Anrichten, mit Essig und Öl beträufeln und servieren.

Nackenspießchen

SIE BENÖTIGEN FÜR 4 PERSONEN

500 g Schweinenacken
1/2 Tasse Olivenöl
1 TL Majoran
1 TL Thymian
1 TL Rosmarin
2 Knoblauchzehen
1 kleines Glas Essiggemüse
2 Tomaten
1 rote Paprikaschote
1 grüne Paprikaschote
Aceto balsamico, Olivenöl
Salz, Pfeffer aus der Mühle

1. Den Schweinenacken in dünne Scheiben schneiden und in eine Schüssel geben.
2. Das Öl mit den Gewürzen und den feingehackten Knoblauchzehen vermischen. Die Nackenscheiben damit überziehen. Im Kühlschrank eine Stunde ruhen lassen.
3. Die Nackenscheiben braten, herausnehmen und erkalten lassen.
4. Das Fleisch mit dem Essiggemüse, den gewürfelten Tomaten sowie den gewürfelten Paprikaschoten abwechselnd auf kleine Spießchen stecken.
5. Die Spießchen anrichten, mit Aceto balsamico und Olivenöl beträufeln. Mit Salz und Pfeffer würzen, ausgarnieren und servieren.

FÜR FESTLICHE STUNDEN

Waldpilzgelee

SIE BENÖTIGEN FÜR 4 PERSONEN

250 g frische Waldpilze
1-2 EL Butter, 1 Zwiebel
1 Schuß Weißwein
Saft von 1 Zitrone
Salz, Pfeffer aus der Mühle
1 Prise Muskatpulver
1/2 l Gemüse- oder Wildkraftbrühe
4 cl Madeira
8 Blatt weiße Gelatine
200 g Roastbeef in Scheiben
je 1/2 Bund Basilikum, Estragon

1. Die Waldpilze kleinschneiden.
2. Die Butter in einer Pfanne erhitzen und die feingehackte Zwiebel darin anschwitzen.
3. Die Pilze dazugeben und kurz mitschwitzen. Mit Weißwein und Zitronensaft ablöschen und garen.
4. Die Pilze mit Salz, Pfeffer und Muskat kräftig würzen. Vom Feuer nehmen und erkalten lassen.
5. Die Brühe mit dem Madeira in einem Topf erhitzen.
6. Die gewässerte, ausgedrückte Gelatine darin auflösen. Vom Feuer nehmen, erkalten lassen.
7. Das Roastbeef mit den zerpflückten Kräutern und den Pilzen in Förmchen füllen.
8. Das Gelee kurz vor dem Festwerden angießen. Im Kühlschrank erstarren lassen.
9. Anschließend stürzen und servieren.

Geflügelsülze

SIE BENÖTIGEN FÜR 4 PERSONEN

4 gebratene Hähnchenbrustfilets
4 Scheiben Ananas
100 g frische Champignons
Saft von 1 Zitrone
100 g Cocktailtomaten
8-12 gekochte Wachteleier
Kräuterzweige
1/2 l entfettete Hühnerbrühe
4 cl Sherry medium
2 Lorbeerblätter, Nelken
Pfefferkörner, Senfkörner
1/2 Tasse Obstessig
8 Blatt weiße Gelatine
Salz, Pfeffer aus der Mühle
1 Prise Zucker

1. Die Hähnchenbrustfilets und die Ananas kleinschneiden.
2. Die Champignons mit Zitronensaft beträufeln.
3. Die Cocktailtomaten und die geschälten Wachteleier halbieren.
4. Alle Zutaten mit den Kräutern in Förmchen anrichten.
5. Die Brühe mit dem Sherry in einen Topf geben. Die Gewürze und den Obstessig dazugeben und 5-6 Minuten köcheln lassen.
6. Die gewässerte, ausgedrückte Gelatine im Sud auflösen. Mit Salz, Pfeffer und Zucker abschmecken.
7. Den Sud über den Zutaten verteilen und im Kühlschrank vollständig erkalten lassen. Anrichten, ausgarnieren und servieren.

Tessiner Gemüsesülze

SIE BENÖTIGEN FÜR 4 PERSONEN

1 l Gemüsebrühe, 1/4 l Weißwein
2 gespickte Zwiebeln
2 Bund Suppengemüse
2 Lorbeerblätter, Nelken
Pfefferkörner, Wacholderbeeren
je 1 Zweig Rosmarin und Thymian
je 500 g Kalbszunge und -herz
2 Karotten
1 Fenchelknolle, 1 Zucchino
Salz, Pfeffer aus der Mühle
1 Prise Cayennepfeffer
8 Blatt weiße Gelatine

1. Die Brühe mit dem Wein zum Kochen bringen.
2. Die Zwiebeln, das Suppengemüse, die Gewürze, die Kräuter und die Kalszunge sowie das -herz dazugeben. 80-90 Minuten köcheln lassen.
3. Das Gemüse putzen.
4. 15 Minuten vor Garende die Karotten und die Fenchelknolle und 5 Minuten vor Garende den Zucchino in den Sud legen.
5. Das Fleisch sowie das Gemüse herausnehmen, würfeln und in tiefen Schälchen anrichten.
6. 1/2 Liter Sud abmessen, zum Kochen bringen. Abschmecken und die gewässerte, ausgedrückte Blattgelatine darin auflösen.
7. Den Sud auf den Zutaten verteilen. Im Kühlschrank erkalten lassen. Anschließend stürzen und servieren.

FÜR FESTLICHE STUNDEN 139

Gefüllter Staudensellerie

SIE BENÖTIGEN FÜR 4 PERSONEN

1 großen Staudensellerie

FÜR DIE KRÄUTERCREME

300 g Doppelrahm-Frischkäse
1 Schuß Sahne
2 Knoblauchzehen
1 TL Salz
einige Tropfen Weinbrand
einige Tropfen Zitronensaft
Salz
Pfeffer aus der Mühle
1 Prise Cayennepfeffer
1 Tasse frisch gehackte Kräuter (Dill, Estragon, Kerbel, Kresse)

1. Den Staudensellerie putzen, unter fließendem Wasser abwaschen, gut abtropfen lassen und die einzelnen Stangen dekorativ anrichten.
2. Für die Kräutercreme den Doppelrahm-Frischkäse mit der Sahne und den mit Salz zerriebenen Knoblauchzehen glattrühren.
3. Die Creme mit Weinbrand, Zitronensaft, Salz, Pfeffer und Cayennepfeffer kräftig abschmecken und die gehackten Kräuter untermischen.
4. Die Masse in einen Spritzbeutel füllen und die Stangen damit füllen.
5. Den gefüllten Staudensellerie mit Kräuterzweigen ausgarnieren und servieren.

VARIATION
Tatar-Füllung

SIE BENÖTIGEN FÜR 4 PERSONEN

300 g Tatar
2 Eigelb
2 Essiggurken
1 Zwiebel
1 Röhrchen Kapern
2 Sardellenfilets
1 EL grüne Pfefferkörner
einige Tropfen Weinbrand
1/2 Bund Petersilie
Salz
Pfeffer aus der Mühle
1 Prise Cayennepfeffer

1. Das Tatar mit dem Eigelb in eine Schüssel geben.
2. Die Essiggurken, die geschälte Zwiebel, die Kapern und die Sardellenfilets sehr fein hacken und zum Tatar geben.
3. Das Ganze mit einer Gabel vermischen. Mit Weinbrand aromatisieren und die verlesene, gewaschene und feingehackte Petersilie untermischen.
4. Das Tatar mit Salz, Pfeffer und Cayennepfeffer kräftig abschmecken und dekorativ in dem Staudensellerie verteilen, ausgarnieren, anrichten und servieren.

FÜR FESTLICHE STUNDEN

VARIATION
Scharfer Tomatenquark

SIE BENÖTIGEN FÜR 4 PERSONEN

300 g Speisequark
1 Schuß Sahne
2-3 EL Tomatenmark
je 1/2 Bund Oregano und Basilikum
2 Tomaten
Salz, Pfeffer aus der Mühle
1 Prise Cayennepfeffer
einige Tropfen Zitronensaft
einige Tropfen Pfeffersoße

1. Den Speisequark mit der Sahne und dem Tomatenmark in eine Schüssel geben und glattrühren.
2. Den Oregano und das Basilikum waschen, fein hacken, mit den enthäuteten, entkernten und in feine Würfel geschnittenen Tomaten unter den Quark rühren.
3. Den Quark mit Salz, Pfeffer, Cayennepfeffer, Zitronensaft und Pfeffersoße kräftig abschmecken. In den Staudensellerie füllen, anrichten und servieren.

VARIATION
Eiercreme

SIE BENÖTIGEN FÜR 4 PERSONEN

200 g Doppelrahm-Frischkäse
1 Schuß Sahne
4 hartgekochte Eier
Saft von 1/2 Zitrone
Salz
Pfeffer aus der Mühle
1 Prise Cayennepfeffer
1 Prise Zucker
1 Prise Muskatpulver
4 cl Eierlikör

1. Den Doppelrahm-Frischkäse mit der Sahne glattrühren.
2. Die Eier schälen, durch ein Sieb streichen und anschließend mit der Frischkäse-Masse verrühren.
3. Das Ganze mit Salz, Pfeffer, Cayennepfeffer, Zucker und Muskat kräftig abschmecken und mit Eierlikör aromatisieren.
4. Die Eiercreme gleichmäßig in den Staudensellerie füllen, anrichten, ausgarnieren und servieren.

Kaviar-Träumerei

SIE BENÖTIGEN FÜR 4 PERSONEN

1 Glas russischen Kaviar
1 Glas Forellen-Kaviar
1 Glas Keta-Kaviar
1 Glas Deutschen Kaviar
4 hartgekochte Eier
2 Schalotten, 1 Bund Petersilie
1 Bund Schnittlauch
2 EL geriebene Zitronenschale
2 Becher Crème fraîche
Saft von 2 Zitronen
Salz, Pfeffer aus der Mühle

FÜR DIE BUCHWEIZENBLINIS

125 g Buchweizenmehl
125 g Weizenvollkornmehl
1 Päckchen Trockenhefe
2 Eier, 1 TL Zucker, 1 TL Salz
1/4 l lauwarme Sahne
50 g flüssige Butter oder Margarine

1. Die Kaviarsorten auf zerstoßenem Eis in Gläser oder in dekorativen Schälchen anrichten.
2. Die hartgekochten Eier schälen und fein hacken. Die Schalotten ebenfalls schälen und hacken.
3. Die Petersilie und den Schnittlauch verlesen, waschen, gut abtropfen lassen, fein hacken bzw. schneiden und mit der Zitronenschale vermischen.
4. Die Crème fraîche mit dem Zitronensaft schaumig schlagen. Mit Salz und Pfeffer würzen.
5. Auf einen großen Teller die gehackten Eier, die Schalotten, die Kräutermischung und die Crème fraîche dekorativ anrichten und mit den Buchweizenblinis servieren.

6. Für die Buchweizenblinis das Buchweizenmehl mit dem Weizenvollkornmehl, der Hefe, den Eiern, dem Zucker, dem Salz und der Sahne zu einem glatten kompakten Teig verarbeiten.
7. Die Butter oder Margarine tropfenweise einrühren und das Ganze nochmal kräftig durcharbeiten.
8. Mit einem sauberen Küchentuch abdecken und den Teig zur doppelten Menge aufgehen lassen.
9. Erneut den Teig auf einer bemehlten Arbeitsfläche durcharbeiten und kleine Fladen davon formen.
10. Die Fladen im schwimmenden Fett goldgelb ausbacken, herausnehmen und zum Kaviar servieren.

FÜR FESTLICHE STUNDEN 143

Rehrücken mit Gänseleberparfait

SIE BENÖTIGEN FÜR 4 PERSONEN

1 küchenfertigen Rehrücken
1 TL Wacholderbeeren
1 TL schwarze Pfefferkörner
1 TL Majoran, 1 TL Thymian
1 EL geriebene Zitronenschale
1 Tasse Olivenöl
Salz, Pfeffer aus der Mühle
4 cl Weinbrand
200 g Gänseleberparfait
100 g Mascarpone-Käse
1 Schuß Weißwein
1-2 EL Johannisbeergelee
Weinbrand, Zitronensaft
1/2 Bund Petersilie
Mandarinenfilets
Johannisbeeren

1. Den küchenfertigen Rehrücken abwaschen und trockentupfen.
2. Die Wacholderbeeren und Pfefferkörner zerreiben. Mit Majoran, Thymian, der Zitronenschale und dem Olivenöl vermischen.
3. Den Rehrücken damit einstreichen und im Kühlschrank eine Stunde ruhen lassen.
4. Den Rehrücken in einen Bräter legen. Im auf 180-200 Grad vorgeheizten Backofen 10-15 Minuten je nach Geschmack medium oder durch braten.
5. Den Rehrücken salzen, pfeffern, mit Weinbrand flambieren, herausnehmen. In Alufolie wickeln und vollständig erkalten lassen.
6. Das Gänseleberparfait mit dem Mascarpone, dem Weißwein und dem Johannisbeergelee schaumig schlagen.
7. Die Creme mit Salz, Pfeffer, Weinbrand und Zitronensaft kräftig abschmecken und die feingehackte Petersilie untermischen.
8. Mit einem scharfen Messer die Filets vom Rehrücken trennen, in Scheibchen schneiden. Den Knochen mit Gänselebercreme bestreichen und die Filetscheiben darauf dekorativ anrichten.
9. Die restliche Creme in einen Spritzbeutel füllen. Den Rehrücken mit kleinen Rosetten oder Tupfen ausgarnieren.
10. Die Mandarinenfilets, die Johannisbeeren dekorativ darauf legen. Anrichten, ausgarnieren und servieren.

Orangen-Crevetten-Salat

SIE BENÖTIGEN FÜR 4 PERSONEN

4 Orangen
2 rote Zwiebeln
1 Stange Lauch
200 g Crevetten
1 Kästchen Kresse
1 Tasse Fischbrühe
1 EL Dijonsenf
3-4 EL Sherryessig
Salz
Pfeffer aus der Mühle
1 Prise Cayennepfeffer
1 Prise Zucker
3-4 EL Olivenöl
1-2 EL Pistazienkerne
1-2 EL Pinienkerne
1/2 Bund Kerbel

1. Die Orangen schälen und filieren. Die Zwiebeln schälen und in feine Scheiben schneiden.
2. Den Lauch putzen, waschen, gut abtropfen lassen und ebenfalls in Scheiben schneiden.
3. Die Crevetten unter fließendem Wasser abwaschen, gut abtropfen lassen. Die Kresse verlesen, waschen und grob hacken. Mit den restlichen Zutaten in eine Schüssel geben und vorsichtig miteinander vermischen.
4. Die Fischbrühe mit dem Dijonsenf und dem Sherryessig glattrühren. Mit Salz, Pfeffer, Cayennepfeffer und Zucker kräftig würzen.
5. Das Olivenöl tropfenweise in das Dressing rühren und den Salat damit anmachen. Im Kühlschrank mindestens 15 Minuten ruhen lassen. Anschließend den Orangen-Crevetten-Salat dekorativ anrichten, mit Kerbelblättchen bestreuen, ausgarnieren und servieren.

Spargel-Roastbeef-Salat

SIE BENÖTIGEN FÜR 4 PERSONEN

300 g frischen Stangenspargel
100 g Roastbeef
100 g frische Champignons
Zitronensaft, 2 Tomaten
1 Handvoll Brunnenkresse
2 Scheiben Ananas
1/2 Tasse Kräuter
Essig, 1 Zwiebel
1 Schuß Weißwein
2 hartgekochte Eier
1 EL Dijonsenf
Salz, Pfeffer aus der Mühle
1 Prise Zucker, 4 cl Eierlikör
1/2 Tasse Olivenöl
Kräuterzweige zum Garnieren

1. Den Spargel dünn schälen, abwaschen, gut abtropfen lassen. In feine Scheibchen schneiden.
2. Das Roastbeef in Streifen schneiden. Die Champignons in Scheiben schneiden und mit Zitronensaft beträufeln.
3. Die Tomaten enthäuten, entkernen und in Würfel schneiden. Die Brunnenkresse waschen, gut abtropfen lassen.
4. Die Ananasscheiben in Ecken schneiden. Mit den restlichen Zutaten in eine Schüssel geben und alles miteinander vermischen.
5. Den Kräuteressig mit der geriebenen Zwiebel sowie dem Weißwein in eine Schüssel geben.
6. Die Eier fein hacken und mit dem Dijonsenf untermischen.
7. Mit Salz, Pfeffer, Zucker und Eierlikör verfeinern.
8. Das Olivenöl tropfenweise einrühren und den Salat damit anmachen. Im Kühlschrank 10-15 Minuten ziehen lassen.
9. Den Spargel-Roastbeef-Salat anrichten. Mit Kräuterzweigen ausgarnieren und servieren.

Bündner-Cocktail

SIE BENÖTIGEN FÜR 4 PERSONEN

100 g Eisbergsalat, 100 g Feldsalat
100 g frische Champignons
Saft von 1 Zitrone
8 Cocktailtomaten
200 g Melonenfruchtfleisch
Aceto balsamico, Olivenöl
Salz, Pfeffer aus der Mühle
100 g Bündner Fleisch
Kräuterzweige zum Garnieren

1. Den Eisbergsalat und den Feldsalat verlesen, waschen, gut abtropfen lassen und in mundgerechte Stücke zerpflücken.
2. Die Champignons putzen, in Scheiben schneiden und mit Zitronensaft beträufeln.
3. Die Cocktailtomaten halbieren.
4. Das Melonenfruchtfleisch mit dem Kugelausstecher zu Kugeln formen.
5. Die Zutaten anrichten. Mit Aceto balsamico und Olivenöl beträufeln. Mit Salz und Pfeffer würzen.
6. Das in hauchdünne Scheiben geschnittene Bündner Fleisch zu Rosetten formen und auf den Salat legen. Mit Kräuterzweigen ausgarnieren und servieren.

FÜR FESTLICHE STUNDEN 145

Köstliche Gaumenkitzler
die Hits mit Soßen und Dips

Sauce gribiche

SIE BENÖTIGEN FÜR 4 PERSONEN

4 hartgekochte Eier
2 EL Kräutersenf
1/2 Tasse Obstessig
1-1 1/2 Tassen Olivenöl
1 Röhrchen Kapern
2 Essiggurken
1/2 Bund Kerbel
1 Bund Estragon
1/2 Bund Petersilie
Salz
Pfeffer aus der Mühle
1 Prise Cayennepfeffer
1 Prise Zucker

1. Die Eier schälen, halbieren, das Eigelb herauslösen und durch ein feines Sieb streichen.
2. Das Eigelb mit dem Kräutersenf und dem Obstessig in eine Schüssel geben und glattrühren.
3. Das Olivenöl tropfenweise einrühren.
4. Das Eiweiß, die gut abgetropften Kapern und die Essiggurken auf einer Arbeitsfläche fein hacken und unter die Soße rühren.
5. Den Kerbel, den Estragon und die Petersilie verlesen, waschen, gut abtropfen lassen, fein hacken, ebenfalls unter die Soße rühren.
6. Das Ganze mit Salz, Pfeffer, Cayennepfeffer und Zucker abschmecken, anrichten und zum weiteren Verzehr bereitstellen.

Apfel-Meerrettich-Soße

SIE BENÖTIGEN FÜR 4 PERSONEN

4 säuerliche Äpfel
Saft von 2 Zitronen
1-2 EL Olivenöl
1 Zwiebel
1 Glas Weißwein
1 Zimtstange
einige Nelken
1/2 Glas geriebenen Meerrettich
Saft von 1 Orange
4 cl Orangenlikör
Salz
Pfeffer aus der Mühle
1 Prise Cayennepfeffer
1 Bund Zitronenmelisse

1. Die Äpfel schälen, entkernen, in feine Würfel schneiden. Mit Zitronensaft sofort beträufeln.
2. Das Olivenöl in einem Topf erhitzen. Die geschälte und feingehackte Zwiebel darin glasig schwitzen.
3. Die Äpfel dazugeben, den Weißwein angießen. Die Zimtstange und die Nelken untermischen und das Ganze bei mäßiger Hitze 6-8 Minuten dünsten.
4. Die Zimtstange und die Nelken herausnehmen. Den Meerrettich, den Orangensaft und den Orangenlikör einrühren und kurz einreduzieren lassen.
5. Die Soße vom Feuer nehmen. Mit Salz, Pfeffer und Cayennepfeffer kräftig abschmecken. Die verlesene, gewaschene und feingehackte Zitronenmelisse untermischen.
6. Die Soße vollständig erkalten lassen, anrichten und zum weiteren Verzehr bereitstellen.

Sauce Cumberland

SIE BENÖTIGEN FÜR 4 PERSONEN

2 Orangen, 1 Zitrone
1 Ingwernuß in Sirup
1-2 EL Olivenöl
3 EL Dijonsenf
1/2 Tasse Obstessig
1 Glas Johannisbeergelee
1 Glas Portwein
Salz, Pfeffer aus der Mühle
1 Prise Cayennepfeffer
einige Tropfen Worcestersoße

1. Die Orangen und die Zitrone unter fließendem Wasser abwaschen und trockentupfen. Gut mit einem sauberen Küchentuch abreiben.
2. Die Schalen mit Hilfe eines Juliennemessers abschneiden.
3. Die Ingwernuß in feine Würfel schneiden oder fein hacken.
4. Das Olivenöl in einer Pfanne erhitzen. Die Schalen der Orangen und der Zitrone darin kurz anschwitzen und dünsten.
5. Die Orangen und die Zitrone auspressen und den Saft angießen. Bei mäßiger Hitze 4-5 Minuten köcheln lassen.
6. Die Ingwernuß, den Dijonsenf, den Obstessig, das Johannisbeergelee und den Portwein angießen. Das Ganze bei starker Hitze kurz einreduzieren lassen.
7. Die Soße mit Salz, Pfeffer, Cayennepfeffer und Worcestersoße kräftig abschmecken. Vom Feuer nehmen, vollständig erkalten lassen, anrichten und zum weiteren Verzehr bereitstellen.

KÖSTLICHE GAUMENKITZLER 149

Mayonnaise Grundsoße

SIE BENÖTIGEN FÜR 4 PERSONEN

4 Eigelb
2 EL mittelscharfen Senf
Saft von 1 Zitrone
1 Schuß Weißwein
1/2 Tasse Obstessig
1/4 l kaltgepreßtes Olivenöl
Salz
Pfeffer aus der Mühle
einige Tropfen Worcestersoße
1 Prise Zucker

1. Das Eigelb mit dem Senf, dem Zitronensaft, dem Weißwein und dem Obstessig in eine Schüssel geben und schaumig schlagen.
2. Das Olivenöl tropfenweise darunterschlagen.
3. Die Soße mit Salz, Pfeffer, Worcester und Zucker kräftig abschmecken und zum weiteren Verzehr bereitstellen.

Sauce verte

SIE BENÖTIGEN FÜR 4 PERSONEN

1 Rezept Mayonnaise, 1 Zwiebel
je 1/2 Bund Kerbel und Estragon
100 g Spinatblätter
einige Sauerampferblätter
1 Schuß Weißwein
Salz, Pfeffer aus der Mühle
Zitronensaft, Worcestersoße
1 Prise Muskatpulver

1. Die Mayonnaise in eine Schüssel geben und einmal durchrühren.
2. Die Zwiebel fein reiben. Den Kerbel und den Estragon verlesen, waschen und fein hacken.
3. Die Spinat- und die Sauerampferblätter in Salzwasser kurz blanchieren. Herausnehmen und erkalten lassen.
4. Anschließend mit dem Weißwein im Mixer pürieren.
5. Mit den Kräutern und der Zwiebel unter die Mayonnaise rühren.
6. Mit Salz, Pfeffer, Zitronensaft, Worcestersoße und Muskat abschmecken. Zum weiteren Verzehr bereitstellen.

Sauce remoulade

SIE BENÖTIGEN FÜR 4 PERSONEN

1 Rezept Mayonnaise
1 Zwiebel, 2 Essiggurken
1 Röhrchen Kapern
1 kleines Glas Sardellenfilets
1/2 Bund Petersilie
1/2 Bund Kerbel
1/2 Bund Estragon
1/2 Bund Schnittlauch
Salz, Pfeffer aus der Mühle
einige Tropfen Zitronensaft
einige Tropfen Worcestersoße

1. Die Mayonnaise in eine Schüssel geben und einmal durchschlagen.
2. Die Zwiebel, die Essiggurken, die Kapern und die Sardellenfilets auf eine Arbeitsfläche geben und sehr fein hacken.
3. Die verlesenen Kräuter fein hacken bzw. schneiden. Mit den restlichen Zutaten unter die Mayonnaise rühren.
4. Die Soße mit Salz, Pfeffer, Zitronensaft und Worcestersoße kräftig abschmecken und zum weiteren Verzehr bereitstellen.

Sauce andalouse

SIE BENÖTIGEN FÜR 4 PERSONEN

1 Rezept Mayonnaise
4 Tomaten
1/2 Tasse Tomatenmark
1 Schuß Rotwein
1/2 Bund Basilikum
1/2 Bund Oregano
Saft von 1 Zitrone
Saft von 1 Orange
Salz, Pfeffer aus der Mühle
Cayennepfeffer, Zucker
1 rote Paprikaschote
1 grüne Paprikaschote

1. Die Mayonnaise in eine Schüssel geben und einmal durchschlagen.
2. Die Tomaten enthäuten, entkernen und würfeln. Mit dem Tomatenmark und dem Rotwein unter die Mayonnaise rühren.
3. Das Basilikum und den Oregano fein hacken. Mit dem Zitronen- und Orangensaft unterziehen.
4. Das Ganze kräftig abschmecken.
5. Die Paprikaschoten sehr fein würfeln, unter die Soße rühren.

Eiersoße

SIE BENÖTIGEN FÜR 4 PERSONEN

1 Rezept Mayonnaise
2 Zwiebeln
4 hartgekochte Eier
2 Essiggurken
2 Bund Schnittlauch
Salz
Pfeffer aus der Mühle
1 Prise Cayennepfeffer
einige Tropfen Weinbrand
1 Prise Zucker

1. Die Mayonnaise in eine Schüssel geben und einmal durchschlagen.
2. Die Zwiebeln schälen und sehr fein hacken.
3. Die Eier schälen, ebenfalls hacken und mit den Zwiebeln unter die Mayonnaise rühren.
4. Den Schnittlauch verlesen, waschen, fein schneiden, unter die Soße ziehen. Das Ganze mit Salz, Pfeffer, Cayennepfeffer, Weinbrand und Zucker kräftig abschmecken, anrichten und zum weiteren Verzehr bereitstellen.

Tiroler Specksoße

SIE BENÖTIGEN FÜR 4 PERSONEN

1 Rezept Mayonnaise
100 g durchwachsenen geräucherten Speck
1 Zwiebel, 4 Tomaten
1 Bund Schnittlauch
1 Bund Petersilie
1 Kästchen Kresse
Salz, Pfeffer aus der Mühle
Cayennepfeffer, Zucker

1. Die Mayonnaise in eine Schüssel geben und einmal durchschlagen.
2. Den sehr fein gewürfelten Speck in einer Pfanne auslassen.
3. Die Zwiebel fein hacken, zum Speck geben und kurz mitschwitzen. Vom Feuer nehmen und vollständig erkalten lassen.
4. Die Tomaten enthäuten, entkernen und fein würfeln.
5. Die Kräuter fein hacken.
6. Die Speck-Zwiebel-Masse mit den Tomaten und den Kräutern unter die Mayonnaise rühren. Mit Salz, Pfeffer, Cayennepfeffer und Zucker kräftig abschmecken.

KÖSTLICHE GAUMENKITZLER

Käse-Quark-Dip

SIE BENÖTIGEN FÜR 4 PERSONEN

250 g Speisequark
1/2 Becher Sahne
1 Zwiebel
Saft von 1 Zitrone
1 Schuß Weißwein
75 g geriebenen Parmesankäse
1/2 Bund Petersilie
1/2 Bund Basilikum
Salz, Pfeffer aus der Mühle
1 Prise Cayennepfeffer
1 Prise Zucker

1. Den Speisequark mit der Sahne in eine Schüssel geben und glattrühren.
2. Die Zwiebel schälen und fein hacken. Mit dem Zitronensaft, dem Weißwein und dem Parmesan unter den Quark rühren.
3. Die Petersilie und das Basilikum verlesen, waschen, fein hacken und ebenfalls unter den Dip rühren.
4. Den Dip mit Salz, Pfeffer, Cayennepfeffer und Zucker kräftig abschmecken, anrichten und zum weiteren Verzehr bereitstellen.

Cocktail-Dip

SIE BENÖTIGEN FÜR 4 PERSONEN

250 g Speisequark
1 Becher Joghurt
1 Schuß Sahne
4 EL Johannisbeergelee
4 EL Obstessig
1 EL Curry
Salz, Pfeffer aus der Mühle
1 Prise Cayennepfeffer
1 Prise Ingwerpulver
4 cl Weinbrand

1. Den Speisequark mit dem Joghurt und der Sahne in eine Schüssel geben und glattrühren.
2. Das Johannisbeergelee und den Obstessig dazugeben und kräftig darunterschlagen, bis sich das Johannisbeergelee vollständig aufgelöst hat.
3. Den Dip mit Curry, Salz, Pfeffer, Cayennepfeffer und Ingwer kräftig würzen.
4. Anschließend mit Weinbrand aromatisieren. Den Cocktail-Dip anrichten, ausgarnieren und zum weiteren Verzehr bereitstellen.

Paprika-Speck-Dip

SIE BENÖTIGEN FÜR 4 PERSONEN

100 g durchwachsenen geräucherten Speck
1 Zwiebel
1 rote Paprikaschote
1 grüne Paprikaschote
1 gelbe Paprikaschote
2 Knoblauchzehen
1 TL Salz
250 g Doppelrahm-Frischkäse
1 Schuß Sahne
Salz, Pfeffer aus der Mühle
1 Prise Cayennepfeffer
1 Prise Zucker
1 Prise Kümmelpulver
1 Bund Schnittlauch

1. Den in feine Würfel geschnittenen Speck in eine Pfanne geben und auslassen.
2. Die Zwiebel schälen, fein hacken, zum Speck geben und kurz mitbraten.
3. Die Paprikaschoten halbieren, entkernen, in sehr feine Würfel schneiden, zum Speck geben und kurz mitschwitzen.

4. Die Knoblauchzehen schälen, fein hacken. Mit Salz zu einer Paste zerreiben, unter das Gemüse mischen, kurz mitschwitzen. Vom Feuer nehmen und das Ganze vollständig erkalten lassen.
5. Den Doppelrahm-Frischkäse in eine Schüssel geben. Mit einer Gabel zerdrücken und mit Sahne zu einer glatten Masse verrühren.
6. Die restlichen Zutaten unter den Frischkäse rühren. Das Ganze mit Salz, Pfeffer, Cayennepfeffer, Zucker und Kümmel kräftig abschmecken.
7. Den verlesenen, gewaschenen und feingeschnittenen Schnittlauch untermischen. Den Dip anrichten, ausgarnieren und zum weiteren Verzehr bereitstellen.

Orangen-Sahne-Dip

SIE BENÖTIGEN FÜR 4 PERSONEN

1 Becher Sahne
1 Päckchen Sahnesteif
100 g Mascarpone-Käse
1 Schuß Weißwein
Saft von 1 Orange
4 EL Orangengelee
4 cl Orangenlikör
Salz
Pfeffer aus der Mühle
1 Prise Ingwerpulver
1 Bund Zitronenmelisse

1. Die Sahne mit dem Sahnesteif in eine Schüssel geben und schlagen.
2. Den Mascarpone mit dem Weißwein, dem Orangensaft und dem Orangengelee in eine Schüssel geben und so lange rühren, bis sich das Gelee vollständig aufgelöst hat. Den Orangenlikör untermischen.
3. Das Ganze vorsichtig unter die Sahne heben und mit Salz, Pfeffer und Ingwerpulver kräftig abschmecken.
4. Die verlesene, gewaschene und feingeschnittene Zitronenmelisse unter den Dip rühren. Den Orangen-Sahne-Dip nochmals abschmecken, anrichten, ausgarnieren und zum weiteren Verzehr bereitstellen.

Camembertcreme

SIE BENÖTIGEN FÜR 4 PERSONEN

100 g Butter
250 g Camembert
1 Schuß Sahne
1 Zwiebel
4 Frühlingszwiebeln
2 Knoblauchzehen
1 TL Salz
1 EL Paprikapulver
Salz
Pfeffer aus der Mühle
1 Prise Cayennepfeffer
1 Prise Zucker
4 cl Kirschschnaps

1. Die Butter schaumig schlagen.
2. Den Camembert mit einer Gabel zerdrücken und mit der Sahne zu einer glatten Creme verrühren.
3. Die Camembertcreme mit der Buttercreme vermischen.
4. Die Zwiebel fein hacken. Die Frühlingszwiebeln putzen und in sehr feine Streifen schneiden.
5. Die Knoblauchzehen schälen, hacken. Mit Salz zu einer Paste zerreiben. Mit den Zwiebeln unter die Camembertcreme rühren.
6. Das Ganze mit Paprikapulver, Salz, Pfeffer, Cayennepfeffer und Zucker kräftig abschmecken und mit Kirschschnaps aromatisieren.
7. Die Creme zum weiteren Verzehr bereitstellen.

Edelpilzcreme

SIE BENÖTIGEN FÜR 4 PERSONEN

200 g Doppelrahm-Frischkäse
100 g Edelpilzkäse
1 Schuß Sahne
Saft von 1 Orange
2 cl Orangenlikör
1 Zwiebel
1 säuerlichen Apfel
Saft von 1 Zitrone
2-3 EL grüne Pfefferkörner
1 Bund Zitronenmelisse
1 Bund Petersilie
Salz
Pfeffer aus der Mühle
1 Prise Cayennepfeffer
1 Prise Zucker

KÖSTLICHE GAUMENKITZLER 155

1. Den Doppelrahm-Frischkäse und den Edelpilzkäse in eine Schüssel geben, mit einer Gabel zerdrücken.
2. Die Sahne, den Orangensaft und den Orangenlikör angießen und zu einer glatten Creme verrühren.
3. Die Zwiebel schälen, fein reiben.
4. Den Apfel schälen, entkernen, ebenfalls fein reiben und sofort mit Zitronensaft beträufeln.
5. Zwiebeln und Äpfel mit den Pfefferkörnern unter die Creme rühren.
6. Die feingehackten Kräuter untermischen. Die Creme mit Salz, Pfeffer, Cayennepfeffer und Zucker abschmecken, anrichten und zum weiteren Verzehr bereitstellen.

Avocadocreme

SIE BENÖTIGEN FÜR 4 PERSONEN

| 2 Avocados |
| Saft von 2 Zitronen |
| 1 Schuß Weißwein |
| 2 Knoblauchzehen, |
| 1 TL Salz |
| 1-2 EL Dijonsenf |
| 2 Tassen Mayonnaise |
| Salz, |
| Pfeffer aus der Mühle |
| 1 Prise Cayennepfeffer |
| 2-3 EL Aprikosengelee |

1. Die Avocados dünn schälen, halbieren und den Kern herauslösen.
2. Das Fruchtfleisch kleinschneiden. Mit dem Zitronensaft und dem Weißwein sowie den geschälten, mit Salz zerriebenen Knoblauchzehen im Mixer pürieren.
3. Die Masse mit Dijonsenf und Mayonnaise verschlagen. Mit Salz, Pfeffer und Cayennepfeffer kräftig abschmecken.
4. Mit Aprikosengelee aromatisieren und so lange die Creme rühren, bis sich das Gelee vollständig aufgelöst hat.
5. Die Avocadocreme anrichten, ausgarnieren und zum weiteren Verzehr bereitstellen.

Schnelle Soßen

Kräuterjoghurt

SIE BENÖTIGEN FÜR 4 PERSONEN

2 Becher Joghurt
1 Zwiebel
1 Tasse frisch gehackte Kräuter
(Estragon, Kerbel, Kresse,
Schnittlauch)
Saft von 1/2 Zitrone
einige Tropfen Obstessig
Salz
Pfeffer aus der Mühle
1 Prise Cayennepfeffer
1 Prise Zucker

1. Den Joghurt in eine Schüssel geben und glattrühren.
2. Die Zwiebel schälen, fein hacken und mit den gehackten Kräutern, dem Zitronensaft und dem Obstessig unter den Joghurt rühren.
3. Mit Salz, Pfeffer, Cayennepfeffer und Zucker abschmecken, anrichten und zum weiteren Verzehr bereitstellen.

Knoblauchsoße

SIE BENÖTIGEN FÜR 4 PERSONEN

125 g Speisequark
1/2 Becher Sahne
4 Knoblauchzehen
1 TL Salz
1 Stück Salatgurke
1 Zwiebel
1 TL Tzatzikigewürz
Salz
Pfeffer aus der Mühle
einige Tropfen Aceto balsamico
1 Prise Zucker
1/2 Bund Petersilie

1. Den Speisequark mit der Sahne glattrühren.
2. Die Knoblauchzehen schälen, fein hacken. Mit Salz zu einer Paste zerreiben und unter die Soße rühren.
3. Die Salatgurke und die Zwiebel putzen, fein reiben und ebenfalls unter die Soße rühren.
4. Mit Tzatzikigewürz, Salz, Pfeffer, Aceto balsamico und Zucker kräftig abschmecken. Die verlesene, gewaschene und feingehackte Petersilie untermischen.
5. Die Soße anrichten und zum weiteren Verzehr bereitstellen.

Tomatensoße

SIE BENÖTIGEN FÜR 4 PERSONEN

1 Becher saure Sahne
1 Tasse Mayonnaise
2 EL Tomatenmark
4 Tomaten
1 Schuß Weißwein
einige Tropfen Aceto balsamico
1/2 Bund Basilikum
1/2 Bund Oregano
Salz, Pfeffer aus der Mühle
1 Prise Cayennepfeffer
1 Prise Zucker

1. Die Sahne mit der Mayonnaise und dem Tomatenmark in eine Schüssel geben und glattrühren.
2. Die Tomaten enthäuten, entkernen, in Würfel schneiden. Mit dem Weißwein und dem Aceto balsamico unter die Soße mischen.
3. Das Basilikum und den Oregano verlesen, waschen, fein hacken und unter die Soße rühren.
4. Die Soße mit Salz, Pfeffer, Cayennepfeffer und Zucker kräftig abschmecken, anrichten und zum weiteren Verzehr bereitstellen.

Apfel-Johannisbeer-Soße

SIE BENÖTIGEN FÜR 4 PERSONEN

1 Becher saure Sahne
1 Tasse Apfelmus
1 Tasse Johannisbeergelee
1 Schuß Obstessig
Salz, Pfeffer aus der Mühle
1 Prise Cayennepfeffer
1 Prise Zucker
3-4 EL Sahne-Meerrettich

1. Die saure Sahne mit dem Apfelmus und dem Johannisbeergelee in eine Schüssel geben und so lange rühren, bis sich das Gelee vollständig aufgelöst hat.
2. Die Soße mit Obstessig, Salz, Pfeffer, Cayennepfeffer und Zucker kräftig abschmecken.
3. Den Sahne-Meerrettich untermischen, nochmals abschmecken, anrichten, ausgarnieren und zum weiteren Verzehr bereitstellen.

Weinbrand-Preiselbeeren

SIE BENÖTIGEN FÜR 4 PERSONEN

1 Glas Preiselbeermarmelade
4 cl Weinbrand
Saft von 1 Zitrone
1/2 Bund Pfefferminze
1/2 Bund Zitronenmelisse

1. Die Preiselbeermarmelade mit dem Weinbrand und dem Zitronensaft verrühren.
2. Die Pfefferminze und die Zitronenmelisse verlesen, waschen, gut abtropfen lassen, fein hacken bzw. schneiden, unter die Preiselbeeren rühren, anrichten, ausgarnieren und zum weiteren Verzehr bereitstellen.

Hausmacher-Spezialitäten
quer durch die Wurst- und Fleischküche

Spanferkelschulter mit Kruste

SIE BENÖTIGEN FÜR 4 PERSONEN

1,5 kg Spanferkelschulter
mit Schwarte
Salz
Pfeffer aus der Mühle
1/2 TL Paprikapulver
1 EL Kümmel
einige Nelken
2 EL Schweineschmalz
500 g Schweine-Kleinfleisch
helles Bier oder Fleischbrühe
zum Ablöschen
1 Zwiebel
1 Bund Suppengemüse
2 Lorbeerblätter

1. Die Spanferkelschulter unter fließendem Wasser abwaschen und trockentupfen. Mit einem scharfen Messer Karos in die Schwarte schneiden.
2. Die Spanferkelschulter mit Salz, Pfeffer, Paprikapulver und Kümmel kräftig würzen und einige Nelken in die Schwarte drücken.
3. Das Schweineschmalz in einem Bräter erhitzen. Das in kleine Stücke gehackte Schweine-Kleinfleisch darin anbraten.
4. Mit hellem Bier oder Fleischbrühe ablöschen und kurz garen.
5. Die Spanferkelschulter auf das Kleinfleisch legen. Die geschälte, kleingeschnittene Zwiebel sowie das geputzte, kleingeschnittene Suppengemüse dazugeben.
6. Die Lorbeerblätter auf die Spanferkelschulter legen und im auf 180-200 Grad vorgeheizten Backofen 60-70 Minuten garen.
7. Nach Ende der Garzeit herausnehmen und warm oder kalt servieren.

Gekräuterter Nackenbraten

SIE BENÖTIGEN FÜR 4 PERSONEN

1,5 kg Schweinenacken
2-3 Knoblauchzehen
2 Lorbeerblätter
einige Nelken
einige Pfefferkörner
einige Wacholderbeeren
Salz
Pfeffer aus der Mühle
1/2 TL Paprikapulver
1 EL Majoran
1 EL Thymian
1 TL Rosmarin
500 g Schweine-Kleinfleisch
helles Bier oder Fleischbrühe
zum Ablöschen

1. Den küchenfertigen Schweinenacken unter fließendem Wasser abwaschen, trockentupfen und bereitstellen.
2. Die Knoblauchzehen schälen, in Stifte schneiden und den Nacken damit spicken.
3. Die Lorbeerblätter, die Nelken, die Pfefferkörner und die Wacholderbeeren in einen Mörser geben und zerreiben.
4. Die Gewürzmischung mit Salz, Pfeffer, Paprika, Majoran, Thymian und Rosmarin vermischen und den Nacken damit kräftig einreiben.
5. Das Schweine-Kleinfleisch in einen Bräter geben und den Nacken darauf legen. Das Ganze im auf 180-200 Grad vorgeheizten Backofen 60-70 Minuten garen.
6. Während der Garzeit öfter mit hellem Bier oder Fleischbrühe ablöschen. Nach Ende der Garzeit den Nackenbraten warm oder kalt servieren.

Sauerbraten

SIE BENÖTIGEN FÜR 4 PERSONEN

1,5 kg Schweinerücken
ohne Knochen
1/4 l Fleischbrühe
1 Tasse Obstessig
1 Glas Weißwein
1 Bund Suppengemüse
1 gespickte Zwiebel
(Nelken und Lorbeerblätter)
einige Wacholderbeeren
Pfefferkörner, Senfkörner
je 1 Zweig Rosmarin und Thymian
Salz, Pfeffer aus der Mühle
Zucker, Cayennepfeffer
Fett zum Braten

1. Den Schweinerücken abwaschen, trockentupfen und in eine Schüssel geben.
2. Die Fleischbrühe mit dem Obstessig und dem Weißwein zum Kochen bringen.
3. Das geputzte, kleingeschnittene Suppengemüse mit der gespickten Zwiebel, den Wacholderbeeren, den Pfefferkörnern, den Senfkörnern und den Kräuterzweigen in den Sud geben.
4. Mit Salz, Pfeffer, Zucker und Cayennepfeffer abschmecken. Bei mäßiger Hitze 10-15 Minuten köcheln lassen.
5. Den Sud vom Feuer nehmen und vollständig erkalten lassen.
6. Den Sud auf dem Rücken verteilen. Das Gefäß verschließen und im Kühlschrank 2-3 Tage marinieren lassen.
7. Das Fett in einem Bräter erhitzen und den trockengetupften Schweinerücken darin rundherum Farbe nehmen lassen.
8. Im auf 180-200 Grad vorgeheizten Backofen 20-25 Minuten braten. Während der Garzeit öfter mit dem Sauerbratensud ablöschen.

Kalbsnuß in Kräuterhülle

SIE BENÖTIGEN FÜR 4 PERSONEN

1,5 kg Kalbsnuß
2 Karotten, 1 Kohlrabi
Salz, Pfeffer aus der Mühle

AUSSERDEM

2-3 EL Dijonsenf
2 Knoblauchzehen, 1 TL Salz
1/2 Bund Estragon
1/2 Bund Petersilie
1 EL geriebene Zitronenschale
200 g blanchierten Blattspinat
1 Prise Muskatpulver

AUSSERDEM

1 Stück Schweinenetz
Fett zum Braten
Weißwein zum Ablöschen

1. Die Kalbsnuß unter fließendem Wasser abwaschen, trockentupfen und auf einer Arbeitsfläche bereitlegen.
2. Die Karotten und den Kohlrabi schälen, in ein Zentimeter dicke Stifte schneiden und die Kalbsnuß damit spicken.
3. Das Fleisch mit Salz und Pfeffer kräftig würzen.
4. Den Dijonsenf mit den geschälten und mit Salz zerriebenen Knoblauchzehen sowie den verlesenen, gewaschenen und gehackten Kräutern und der Zitronenschale glattrühren und das Fleisch damit einstreichen.
5. Den Blattspinat grob hacken, mit Salz, Pfeffer und Muskat kräftig abschmecken.
6. Das Schweinenetz wässern, säubern und auf einer Arbeitsfläche auslegen.
7. Das Fett in einem Bräter erhitzen und die Kalbsnuß darin rundherum Farbe nehmen lassen.
8. In der Zwischenzeit den Blattspinat auf dem Schweinenetz gleichmäßig verteilen.
9. Die Kalbsnuß im auf 180-200 Grad vorgeheizten Backofen 30-40 Minuten braten.
10. Anschließend herausnehmen, auf den Blattspinat legen. Das Ganze in das Schweinenetz einrollen und weitere 30-40 Minuten braten.
11. Während der Garzeit öfter mit Weißwein ablöschen. Nach Ende der Garzeit die Kalbsnuß anrichten und warm oder kalt servieren.

Roastbeef in Salzkruste

SIE BENÖTIGEN FÜR 4 PERSONEN

1,5 kg Roastbeef
Salz
Pfeffer aus der Mühle
1 EL Wacholderbeeren
1 EL schwarze Pfefferkörner
1 EL Senfkörner
je 1 Zweig Rosmarin und Thymian
4 große Scheiben dünnen Speck

FÜR DEN TEIG

400 g Mehl
1 1/2 Tassen Wasser
2 Eier
500 g Salz

AUSSERDEM

2 Eigelb
1 EL Kümmel
1 EL Koriander
1 EL Anis

1. Das Roastbeef unter fließendem Wasser abwaschen, trockentupfen. Mit Salz und Pfeffer kräftig würzen.
2. Die Wacholderbeeren, die Pfefferkörner und die Senfkörner im Mörser schroten und das Roastbeef damit einreiben.
3. Den Rosmarin- und den Thymianzweig auf das Fleisch legen. Das Ganze in die Speckscheiben einwickeln.
4. Für den Teig das Mehl, das Wasser und die Eier in eine Schüssel geben und glattrühren.
5. Das Salz unter den Teig arbeiten und das Ganze im Kühlschrank mindestens eine Stunde ruhen lassen.
6. Anschließend den Teig ausrollen und das Roastbeef in den Teig einschlagen.
7. Das Eigelb mit etwas Wasser glattrühren und den Teig damit bestreichen. Mit Kümmel, Koriander und Anis bestreuen. Das Ganze im auf 180-200 Grad vorgeheizten Backofen 20-25 Minuten backen.
8. Das Roastbeef herausnehmen, die Salzkruste aufschlagen, anrichten, ausgarnieren und warm oder kalt servieren.

Backofenschinken

SIE BENÖTIGEN FÜR 4 PERSONEN

1,5 kg Schweine-Oberschale ohne Knochen
1/2 l Weißwein, 1 l Gemüsebrühe
2 gespickte Zwiebeln (Nelken und Lorbeerblätter)
1 EL Pfefferkörner
1 EL Wacholderbeeren
2 EL Senfkörner, 1 EL Anis
je 1 Zweig Rosmarin, Thymian und Majoran
50 g Pökelsalz
Fett zum Braten
1/2 Tasse Olivenöl
2 Knoblauchzehen
1 TL Salz
je 1/2 Bund Petersilie, Basilikum, Oregano

1. Die Schweine-Oberschale unter fließendem Wasser abwaschen und trockentupfen. Mit einer langen Spicknadel mehrmals einstechen.
2. Den Weißwein mit der Gemüsebrühe und den gespickten Zwiebeln in einen Topf geben.
3. Die Pfefferkörner, die Wacholderbeeren, die Senfkörner, den Anis und die Kräuterzweige dazugeben. Zum Kochen bringen und bei mäßiger Hitze 10 Minuten ziehen lassen.
4. Anschließend den Sud vom Feuer nehmen, vollständig erkalten lassen und das Pökelsalz darunterrühren.
5. Die Oberschale in ein Steingutgefäß legen, mit der Lake übergießen und an einem kühlen Ort 2-3 Tage marinieren.
6. Anschließend den Schinken herausnehmen, trockentupfen. Das Fett in einem Bräter erhitzen und das Fleisch darin rundherum Farbe nehmen lassen.
7. Im auf 180-200 Grad vorgeheizten Backofen den Schinken 60-70 Minuten garen.
8. Das Olivenöl mit den mit Salz zerriebenen Knoblauchzehen und den verlesenen, gewaschenen und feingehackten Kräutern vermischen. 10 Minuten vor Garende das Fleisch mit der Kräutermischung dick bestreichen, fertig garen. Den Schinken herausnehmen und warm oder kalt servieren.

Schinkenbein mit Ananascreme

SIE BENÖTIGEN FÜR 4 PERSONEN

1,5 kg mild gepökelten
Schweineschinken ohne Knochen
Lorbeerblätter, Nelken
einige Kräuterzweige
(Rosmarin, Thymian, Majoran)
2 EL Schweineschmalz
500 g Kleinfleisch
Rotwein zum Ablöschen
4 Scheiben Ananas
2-3 EL frisch geriebenen
Meerrettich
1 Becher Crème fraîche
Zitronensaft, Worcestersoße
Salz, Pfeffer aus der Mühle
1 Prise Cayennepfeffer
1 Bund Zitronenmelisse

1. Den Schweineschinken mit Lorbeerblättern und Nelken spicken und die Kräuterzweige mit Hilfe der Nelken auf das Fleisch drücken.
2. Das Schweineschmalz in einem Bräter erhitzen und das feingehackte Kleinfleisch darin rundherum Farbe nehmen lassen.
3. Den Schweineschinken darauf legen. Im auf 180-200 Grad vorgeheizten Backofen 60-70 Minuten garen. Während der Garzeit öfter mit Rotwein ablöschen.
4. Den Schweineschinken warm oder kalt anrichten, ausgarnieren und mit der Ananascreme servieren.
5. Für die Ananascreme die Ananasscheiben mit dem Meerrettich und der Crème fraîche im Mixer oder mit dem Pürierstab pürieren.
6. Die Soße mit Zitronensaft, Worcestersoße, Salz, Pfeffer und Cayennepfeffer kräftig abschmecken und die verlesene und feingeschnittene Zitronenmelisse untermischen.
7. Die Ananascreme zum Schinkenbein reichen, ausgarnieren und servieren.

Gekochter Wildschweinschinken

SIE BENÖTIGEN FÜR 4 PERSONEN

1,5 kg Wildschweinschinken
1/4 l Weißwein
2 Bund Suppengemüse
Wacholderbeeren, Pfefferkörner
Nelken, 2-3 Lorbeerblätter
1 EL Majoran, 1 EL Thymian
1 EL Rosmarin
1 l Buttermilch
50 g Pökelsalz

AUSSERDEM

2 l Wild- oder Fleischbrühe

1. Den Wildschweinschinken unter fließendem Wasser abwaschen, trockentupfen und bereitlegen.
2. Den Weißwein mit dem geputzten Suppengemüse, den Wacholderbeeren, den Pfefferkörnern, den Nelken und den Lorbeerblättern sowie den Kräutern in einen Topf geben und einmal aufkochen lassen.
3. Den Sud bei mäßiger Hitze 10 Minuten ziehen lassen. Vom Feuer nehmen und vollständig erkalten lassen.
4. Den Sud mit der Buttermilch und dem Pökelsalz vermischen. Den Wildschweinschinken in ein Steingutgefäß legen und mit der Beize übergießen. Im Kühlschrank zugedeckt 2-3 Tage marinieren.
5. Anschließend die Brühe erhitzen. Den Wildschweinschinken aus dem Sud nehmen, unter fließendem Wasser abwaschen und trockentupfen. In der Brühe bei mäßiger Hitze 70-80 Minuten gar ziehen lassen.
6. Ganz besonders dekorativ wird der Wildschweinschinken, wenn Sie ihn in ein Bratennetz einwickeln und so garen.

Roh geräucherter Schinken

SIE BENÖTIGEN FÜR 4 PERSONEN

1,5 kg Schweinehinterschinken

AUSSERDEM

45 g Pökelsalz
2 EL schwarze Pfefferkörner
2 EL Wacholderbeeren
2 EL Pimentkörner
2 EL Korianderkörner
1 EL Majoran
1 EL Thymian

1. Den Hinterschinken unter fließendem Wasser abwaschen, trockentupfen und auf eine Arbeitsfläche legen.
2. Das Pökelsalz in eine Schüssel geben. Die Pfefferkörner, die Wacholderkörner, die Pimentkörner, die Korianderkörner, den Majoran und den Thymian im Mörser zerreiben.
3. Den Schinken mit der Gewürzmischung kräftig einreiben. In ein Steingutgefäß legen und zugedeckt im Kühlschrank mindestens 4-5 Tage pökeln lassen.
4. Anschließend den Schinken herausnehmen und im Kaltrauch 8 Tage räuchern.
5. Falls Sie keine Möglichkeit zum Selberräuchern besitzen, so sollten Sie ganz einfach ihren Fleischer vom Fleischerfachgeschäft fragen, damit er Ihnen in seiner Räucherkammer den Schinken räuchert.

Knoblauch-Bauch

SIE BENÖTIGEN FÜR 4 PERSONEN

1,5 kg mageren Schweinebauch
45 g Pökelsalz
2 EL schwarze Pfefferkörner
2 EL Korianderkörner
2 EL Senfkörner
2 EL Majoran
4 Knoblauchzehen
1 EL Salz

1. Den Schweinebauch unter fließendem Wasser abwaschen, trockentupfen und auf einer Arbeitsfläche bereitlegen.
2. Das Pökelsalz in eine Schüssel geben. Die Pfefferkörner, die Korianderkörner, die Senfkörner und den Majoran im Mörser zerreiben und das Fleisch damit kräftig einreiben.
3. Die Knoblauchzehen schälen, fein hacken, mit Salz zu einer Paste zerreiben und den Schweinebauch damit einreiben.
4. Den Knoblauch-Bauch in ein Steingutgefäß legen und zugedeckt im Kühlschrank 4-5 Tage pökeln lassen.
5. Den Schweinebauch herausnehmen und in der Räucherkammer warm räuchern. Die Garzeit beträgt hierfür 60-80 Minuten.
6. Auch das Warmräuchern kann ihr Fleischermeister für Sie erledigen.

HAUSMACHER-SPEZIALITÄTEN 167

Hausmacher-Leberwurst

SIE BENÖTIGEN FÜR 4 PERSONEN

750 g fetten Schweinebauch
250 g mageres Schweinefleisch
250 g Schweine- oder Kalbsleber
2 l Gemüse- oder Wurstbrühe
1 Zwiebel, 2 Bund Suppengemüse
2-3 Lorbeerblätter
einige Wacholderbeeren
einige Pfefferkörner
einige Nelken, 1-2 EL Kümmel
1-2 EL Majoran, 1-2 EL Thymian

AUSSERDEM

2 EL Schweineschmalz
2 Zwiebeln
2 Knoblauchzehen, 1 TL Salz
Salz, Pfeffer aus der Mühle
1 Prise Muskatpulver
1 Prise Pimentpulver

1. Den Schweinebauch und das Schweinefleisch unter fließendem Wasser abwaschen, trockentupfen und in mundgerechte Würfel schneiden.
2. Die Schweine- oder Kalbsleber waschen, gut abtropfen lassen und ebenfalls würfeln.
3. Die Gemüse- oder Wurstbrühe in einen Topf geben. Mit der geviertelten Zwiebel und dem geputzten Suppengemüse zum Kochen bringen.
4. Die Lorbeerblätter, die Wacholderbeeren, die Pfefferkörner, die Nelken, den Kümmel, den Majoran und den Thymian dazugeben und bei mäßiger Hitze 4-5 Minuten köcheln lassen.
5. Anschließend den Schweinebauch und das Schweinefleisch in den Sud geben und bei mäßiger Hitze 60-70 Minuten garen.
6. 10 Minuten vor Garende die Schweine- oder Kalbsleber hineingeben und fertig garen.
7. Das Fleisch und die Leber herausnehmen und leicht erkalten lassen.
8. Das Schweineschmalz in einer Pfanne erhitzen. Die geschälten und feingehackten Zwiebeln darin glasig schwitzen.
9. Die mit Salz zerriebenen Knoblauchzehen zu den Zwiebeln geben und kurz mitschwitzen. Die Zwiebeln mit dem Fleisch und der Leber durch die mittlere Scheibe des Fleischwolfs drehen.
10. Anschließend die Masse durch die feine Scheibe des Fleischwolfs drehen und in einer Schüssel mit etwas Kochsud glattrühren.
11. Die Masse mit Salz, Pfeffer, Muskat und Pimentpulver kräftig abschmecken und in feuerfeste Einmachgläser füllen.
12. Die Einmachgläser gut verschließen und im Wasserbad 50-60 Minuten sterilisieren. Herausnehmen, vollständig erkalten lassen und zum weiteren Verzehr bereitstellen.

HAUSMACHER-SPEZIALITÄTEN 169

Bauern-Rotwurst

SIE BENÖTIGEN FÜR 4 PERSONEN

750 g fetten Schweinebauch
250 g Schweineschwarten
500 g mageres Schweinefleisch
2 Bund Suppengemüse
2 l Gemüse- oder Fleischbrühe
1 gespickte Zwiebel
1 EL Majoran, 1 EL Thymian

AUSSERDEM

1 l frisches Schweineblut
1-2 EL geriebene Zitronenschale
1-2 EL Kümmel
2 Knoblauchzehen
Salz, Pfeffer aus der Mühle
1 Prise Muskatpulver
1 Prise Cayennepfeffer
1 Prise Pimentpulver

1. Den Schweinebauch, die Schweineschwarten und das Schweinefleisch unter fließendem Wasser abwaschen, trockentupfen und in mundgerechte Würfel schneiden.
2. Das Suppengemüse putzen und kleinschneiden.
3. Die Gemüse- oder Fleischbrühe in einem Topf erhitzen, das Suppengemüse, die gespickte Zwiebel und das Fleisch dazugeben. Mit Majoran und Thymian würzen und das Ganze bei mäßiger Hitze 60-70 Minuten garen.
4. Das Fleisch aus dem Sud nehmen, die Schwarten durch die feine Scheibe des Fleischwolfes drehen und das Fleisch in 1/2 Zentimeter grobe Stücke schneiden.

5. Die Schwarten, das Fleisch und das leicht angewärmte Schweineblut in einem Topf verrühren. Die Zitronenschale, den Kümmel und die mit Salz zerriebenen Knoblauchzehen dazugeben. Mit Salz, Pfeffer, Muskat, Cayennepfeffer und Pimentpulver kräftig würzen.
6. Die Masse gleichmäßig in feuerfeste Einmachgläser füllen. Die Gläser verschließen und das Ganze im Wasserbad 60-70 Minuten sterilisieren. Herausnehmen, erkalten lassen und zum weiteren Verzehr bereitstellen.

Schwäbische Bierwurst

SIE BENÖTIGEN FÜR 4 PERSONEN

500 g durchwachsene Rinderschulter
300 g Schweinebauch
300 g Schweinebacke
250 g zerstoßenes Eis
1 Schuß helles Bier
1-2 EL Pökelsalz
Salz
Pfeffer aus der Mühle
1/2 TL Muskatpulver
1/2 TL Nelkenpulver
1/2 TL Korianderpulver
1 EL geschroteten Kümmel
1-2 EL Paprikapulver
4 EL Senfkörner
2 Knoblauchzehen
1 TL Salz

1. Die Rinderschulter, den Schweinebauch und die Schweinebacke unter fließendem Wasser abwaschen, trockentupfen, in Würfel schneiden. Das Ganze in eine Schüssel geben und im Gefrierschrank kurz frosten.
2. Anschließend das Fleisch und das Eis durch die feine Scheibe des Fleischwolfes drehen und in eine Schüssel geben.
3. Das Bier und das Pökelsalz angießen. Das Ganze mit dem Pürierstab zu einer homogenen Masse verarbeiten.
4. Das Fleisch mit Salz, Pfeffer, Muskat, Nelkenpulver, Korianderpulver, Kümmel und Paprikapulver kräftig würzen.
5. Die Senfkörner und die mit Salz zerriebenen Knoblauchzehen unter die Masse rühren. Nochmals kräftig durcharbeiten und anschließend in saubere Einmachgläser füllen.
6. Die Einmachgläser verschließen und im Wasserbad 80-90 Minuten sterilisieren. Herausnehmen, erkalten lassen und zum weiteren Verzehr bereitstellen.

HAUSMACHER-SPEZIALITÄTEN 171

Schinkenwurst mit grünem Pfeffer

SIE BENÖTIGEN FÜR 4 PERSONEN

400 g durchwachsenes Rindfleisch
150 g Schweinenacken
150 g Schweinebauch
250 g Schweinebacke
250 g Schweineschwarten
300 g zerstoßenes Eis
25 g Pökelsalz
2 EL weißen Pfeffer
1 EL Pimentpulver
1 EL Korianderpulver
1 TL Muskatpulver
Salz
Pfeffer aus der Mühle
75 g grüne Pfefferkörner

1. Das Rindfleisch, den Schweinenacken, den Schweinebauch, die Schweinebacke und die Schweineschwarten unter fließendem Wasser abwaschen, trockentupfen und in Würfel schneiden.
2. Die Fleischwürfel im Gefrierschrank frosten. Herausnehmen, mit dem zerstoßenen Eis und dem Pökelsalz vermischen.
3. Das Ganze durch die feine Scheibe des Fleischwolfes drehen und anschließend mit dem Pürierstab zu einer homogenen Masse verarbeiten.
4. Die Masse mit Pfeffer, Piment, Koriander, Muskat, Salz und Pfeffer kräftig abschmecken.
5. Die gut abgetropften grünen Pfefferkörner unter die Masse arbeiten. Die Masse anschließend in saubere Einmachgläser füllen. Die Gläser verschließen und im Wasserbad 80-90 Minuten sterilisieren lassen. Herausnehmen, erkalten lassen und zum weiteren Verzehr bereitstellen.

Schweinefilet-pastete

SIE BENÖTIGEN FÜR 4 PERSONEN

1 mittelgroßes Schweinefilet
Salz, Pfeffer aus der Mühle
1 TL Majoran
1 EL geriebene Zitronenschale
1 TL Kümmel
2 Knoblauchzehen, 1 TL Salz
Fett zum Braten
4 Karotten, 6-8 Wirsingblätter
Gemüsebrühe zum Blanchieren
1 kg feines Bratwurstbrät
1 Becher Sahne
500 g große dünne Scheiben fetten Speck
30 g Pastetengewürz
1 Tasse Madeira
1 Tasse Portwein
6 Blatt weiße Gelatine

1. Das Schweinefilet unter fließendem Wasser abwaschen, trockentupfen. Mit Salz, Pfeffer, Majoran, Zitronenschale und gehacktem Kümmel würzen.
2. Die Knoblauchzehen schälen, fein hacken, mit Salz zu einer Paste zerreiben und das Schweinefilet damit einreiben.
3. Das Fett in einer Pfanne erhitzen und das Filet darin rundherum Farbe nehmen lassen. Herausnehmen, in Alufolie wickeln und erkalten lassen.
4. Die Karotten schälen, die Hälfte der Karotten in feine Würfel schneiden und die andere Hälfte fein reiben.
5. Die Wirsingblätter in der erhitzten Brühe kurz blanchieren, herausnehmen und bereitstellen.
6. Das Bratwurstbrät mit der Sahne und dem Pastetengewürz in eine Schüssel geben und abschlagen.
7. Ein Viertel der Brätmasse mit dem Karottenmus vermischen.
8. Die Karottenwürfel mit der restlichen Brätmasse mischen.
9. Die Hälfte der Brätmasse in eine mit Speckscheiben ausgelegte Pastetenform streichen.
10. Die Wirsingblätter mit der Hälfte der mit Karottenmus vermischten Brätmasse bestreichen, das Schweinefilet darauf legen, mit der restlichen Masse überdecken und die Wirsingblätter darüberschlagen.
11. Das so eingepackte Schweinefilet in die Pastetenform legen.
12. Mit der restlichen Brätmasse überziehen, glattstreichen und mit den Speckscheiben abdecken.
13. Das Ganze gut verschließen und im Wasserbad 60-80 Minuten garen.
14. Den Madeira mit dem Portwein und 1/4 l Gemüsebrühe in einem Topf erhitzen und die gewässerte, gut ausgedrückte Blattgelatine darin auflösen.
15. Die fertiggegarte Schweinefiletpastete erkalten lassen, stürzen. Mit dem Gelee überziehen, ausgarnieren und servieren.

HAUSMACHER-SPEZIALITÄTEN 173

Geflügelpastete

SIE BENÖTIGEN FÜR 4 PERSONEN

500 g Poularden- oder Hähnchenbrustfilet
500 g Schweinefleisch
500 g grünen Schweinespeck
2 Knoblauchzehen
1 TL Salz
2 Eier
30 g Pastetengewürz
Salz
Pfeffer aus der Mühle
1 TL Muskatpulver
1 EL weißen Pfeffer
2 Becher Sahne
500 g Mischgemüse (TK-Produkt)

AUSSERDEM

3/8 l entfettete Hühnerbrühe
1 Tasse Sherry medium
6 Blatt weiße Gelatine

1. Das Poularden- oder Hähnchenbrustfilet mit dem Schweinefleisch und dem Schweinespeck unter fließendem Wasser abwaschen, trockentupfen. In Würfel schneiden und im Gefrierschrank kurz frosten.
2. Anschließend mit den mit Salz zerriebenen Knoblauchzehen zweimal durch die feine Scheibe des Fleischwolfs drehen, die Eier und das Pastetengewürz dazugeben. Mit Salz, Pfeffer, Muskat und weißem Pfeffer kräftig abschmecken.
3. Anschließend die Masse mit dem Pürierstab kräftig pürieren und die Sahne darunterschlagen.
4. Das Mischgemüse im tiefgefrorenen Zustand unter die Masse ziehen. Anschließend in eine ausgefettete Auflaufform verteilen.
5. Die Pastete gut verschließen. Im Wasserbad bei mäßiger Hitze 50-60 Minuten gar ziehen lassen.
6. Die Hühnerbrühe und den Sherry in einem Topf erhitzen und die gewässerte, gut ausgedrückte Gelatine darin auflösen.
7. Die erkaltete Pastete mit einem Gelatinespiegel überziehen, vollständig erkalten lassen, anrichten, ausgarnieren und servieren.

Entenpastete

SIE BENÖTIGEN FÜR 4 PERSONEN

1 mittelgroße Bauernente
Salz
Pfeffer aus der Mühle
1 TL Salbei
1 TL Thymian
Fett zum Braten

AUSSERDEM

250 g fetten Bauchspeck
2 EL Butter
250 g Kalbfleisch
250 g Schweineleber
1 Zwiebel
100 g Champignons
Saft von 1 Zitrone
1 TL Kräuter der Provence
1 TL geriebene Zitronenschale
1/2 Tasse gebundene Bratensoße
4 cl Madeira
20-30 g Pastetengewürz
100 g Butter
6 Eigelb

FÜR DEN TEIG

500 g Mehl
1 Ei
1/2 Tasse Milch
1 EL Salz
1 TL Zucker
300 g Butter oder Margarine

1. Die Bauernente unter fließendem Wasser abwaschen, trockentupfen. Mit Salz, Pfeffer, Salbei und Thymian kräftig würzen.
2. Das Bratfett in einem Bräter erhitzen und die Bauernente einsetzen. Das Ganze im auf 180-200 Grad vorgeheizten Backofen 15-20 Minuten braten. Herausnehmen und erkalten lassen.
3. Das Fleisch von den Knochen lösen, die Brustfilets in Streifen schneiden und das restliche Fleisch würfeln.
4. Den fetten Bauchspeck fein würfeln, mit etwas Butter in einer Pfanne kräftig braten.
5. Das unter fließendem Wasser abgewaschene Kalbfleisch in Würfel schneiden. Mit dem Entenfleisch zum Bauchspeck geben und kurz braten. Herausnehmen und bereitstellen.
6. Die gewaschene und in Würfel geschnittene Schweineleber ins verbliebene Bratfett geben, kurz braten. Herausnehmen und bereitstellen.
7. Die Zwiebel schälen, fein hacken, ins verbliebene Bratfett geben und glasig schwitzen. Die geputzten, gewaschenen und in Scheiben geschnittenen Champignons mit Zitronensaft beträufeln. Zur Zwiebel geben und kurz mitschwitzen.
8. Mit Kräutern der Provence, Zitronenschale, Salz und Pfeffer kräftig würzen. Mit dem gebratenen Fleisch, der Leber, der Bratensoße und dem Madeira in eine Schüssel geben. Das Pastetengewürz untermischen.
9. Die Masse im Mixer pürieren oder zweimal durch die feine Scheibe des Fleischwolfes drehen.
10. Anschließend die schaumig geschlagene Butter und das Eigelb unter die Fleischmasse schlagen.
11. Für den Teig das Mehl auf eine Arbeitsfläche sieben und eine Mulde eindrücken.
12. Das Ei, die Milch, das Salz und den Zucker in die Mulde geben und die Butter oder Margarine in Flöckchen darauf setzen.
13. Mit bemehlten Händen die Zutaten von außen nach innen schnell zu einem glatten kompakten Teig verarbeiten. In ein sauberes Küchentuch wickeln und im Kühlschrank mindestens eine Stunde ruhen lassen.
14. Anschließend den Teig auf einer bemehlten Arbeitsfläche in der Größe einer Pastetenform ausrollen. Die Pastetenform ausfetten und den Teig einfüllen.
15. Die in Streifen geschnittenen Entenbrustfilets mit der Fleischmasse gleichmäßig auf dem Teig verteilen und mit dem restlichen Teig abdecken.
16. Mit einer Gabel mehrmals einstechen und eine 2-3 Zentimeter runde Öffnung einschneiden. Diese mit Alufolie auskleiden.
17. Die Pastete im auf 180-200 Grad vorgeheizten Backofen 50-60 Minuten ausbacken. Herausnehmen, aus der Form stürzen und vollständig erkalten lassen.
18. Je nach Geschmack die Pastete mit Aspik füllen. Vollständig erkalten lassen, anrichten, ausgarnieren und zum weiteren Verzehr bereitstellen.

HAUSMACHER-SPEZIALITÄTEN 175

Kalbsbrust mit Brätfüllung

SIE BENÖTIGEN FÜR 4 PERSONEN

1,5 kg magere Kalbsbrust
ohne Knochen
Salz, Pfeffer aus der Mühle
2 Knoblauchzehen
2 EL geriebene Zitronenschale
1 EL Kümmel, 1 EL Majoran
500 g feines Kalbsbrät
1 Tasse Sahne, 2 Eier
1/2 Bund Petersilie
1/2 Bund Schnittlauch
1/2 Bund Zitronenmelisse
Muskatpulver, Cayennepfeffer
Fett zum Braten
Weißwein zum Ablöschen

1. Die Kalbsbrust abwaschen, trockentupfen. Mit einem scharfen Messer eine Tasche einschneiden.
2. Die Kalbsbrust mit Salz und Pfeffer kräftig würzen.
3. Die Knoblauchzehen schälen, mit einem Eßlöffel Zitronenschale, dem Kümmel und dem Majoran fein hacken. Mit dem Messerrücken zu einer Paste zerreiben.
4. Die Kalbsbrust innen und außen mit der Gewürzpaste einreiben.
5. Das Kalbsbrät mit der Sahne und den Eiern abschlagen.
6. Die feingehackten Kräuter unter die Kalbsbrätmasse rühren.
7. Die restliche Zitronenschale untermischen. Mit Salz, Pfeffer, Muskat und Cayennepfeffer würzen.
8. Die Brätmasse in die Kalbsbrust füllen und zunähen. Das Fett in einem Bräter erhitzen und das Fleisch darin rundherum Farbe nehmen lassen.
9. Die Kalbsbrust im auf 180-200 Grad vorgeheizten Backofen 80-90 Minuten garen.
10. Während der Garzeit öfter mit Weißwein ablöschen.

Deftiger Schweinebauch

SIE BENÖTIGEN FÜR 4 PERSONEN

1,5 kg Schweinebauch
Salz, Pfeffer aus der Mühle
2 Knoblauchzehen, 1 TL Salz
3-4 EL mittelscharfen Senf
1 EL Majoran, 1 TL Thymian
500 g gemischtes Hackfleisch
1 Zwiebel, 1 Stück Lauch
1-2 EL Butter
2 Knoblauchzehen, 1 TL Kümmel
1 TL Majoran, 2 Eier
75 g geriebenen Emmentalerkäse
1/2 Bund Petersilie
1/2 Bund Schnittlauch
Fett zum Braten, Bier

1. Den Schweinebauch abwaschen, trockentupfen. Mit einem scharfen Messer eine Tasche einschneiden, mit Salz und Pfeffer würzen.
2. Die Knoblauchzehen mit Salz zu einer Paste zerreiben. Mit dem Senf, dem Majoran und dem Thymian vermischen und den Bauch innen und außen würzen.
3. Für die Füllung das Hackfleisch in eine Schüssel geben.
4. Die feingehackte Zwiebel sowie den kleingeschnittenen Lauch in wenig Butter glasig schwitzen.
5. Die mit Salz zerriebenen Knoblauchzehen untermischen. Mit Kümmel, Majoran, Salz und Pfeffer kräftig würzen.
6. Vom Feuer nehmen, erkalten lassen. Die Eier, den Käse und die feingehackten Kräuter dazugeben.
7. Die Masse unter das Fleisch arbeiten, in den Schweinebauch füllen und zunähen. Das Fett in einem Bräter erhitzen und das Fleisch darin auf allen Seiten anbraten.
9. Den Schweinebauch im auf 180-200 Grad vorgeheizten Backofen 80-90 Minuten garen. Während der Garzeit öfter mit Bier ablöschen.

Sauerkrautrolle

SIE BENÖTIGEN FÜR 4 PERSONEN

1,5 kg Schweinebauch
2 Knoblauchzehen, 1 TL Salz
Pfeffer aus der Mühle
2-3 EL mittelscharfen Senf
1 EL Majoran, 1-2 EL Butter
75 g durchwachsenen
geräucherten Speck
1 Zwiebel, 400 g Sauerkraut
1 Schuß Weißwein
1 TL Kümmel, 1 Prise Zucker
1 Bund Petersilie
6-8 Scheiben gekochten Schinken
Fett zum Braten, Bier

1. Den Schweinebauch so der Länge nach halbieren, daß die Hälften noch zusammenhängen.
2. Das Fleisch auf eine Arbeitsfläche legen. Mit den mit Salz zerriebenen Knoblauchzehen einreiben, salzen und pfeffern.
3. Mit dem Senf bestreichen und mit Majoran bestreuen.
4. Die Butter erhitzen und den gewürfelten Speck auslassen.
5. Die feingehackte Zwiebel und das zerpflückte Kraut dazugeben.
6. Mit Wein ablöschen und kräftig würzen. Bei mäßiger Hitze 6-8 Minuten dünsten.
7. Vom Feuer nehmen, erkalten lassen, auf de Fleisch verteilen.
8. Die feingehackte Petersilie darüberstreuen. Mit den Schinkenscheiben belegen.
9. Das Fleisch von der Längsseite her zusammenrollen und mit Küchenschnur binden.
10. Das Fett in einem Bräter erhitzen und das Fleisch darin rundherum Farbe nehmen lassen. Im auf 180-200 Grad vorgeheizten Backofen 60-70 Minuten garen. Öfter mit Bier ablöschen.
11. Nach Ende der Garzeit das Fleisch warm oder kalt servieren.

HAUSMACHER-SPEZIALITÄTEN 177

Aus dem Wasser auf den Tisch

in die Kalte Küche geht der Fisch

Spargelsalat mit Räucherfisch

SIE BENÖTIGEN FÜR 4 PERSONEN

500 g frischen Stangenspargel
1/2 l Gemüsebrühe
1-2 EL Butter, 1/2 Zitrone
1 Glas Weißwein, 1 Lorbeerblatt
Salz, Pfeffer aus der Mühle
1 Prise Zucker
100 g frische Pfifferlinge
250 g Räucherfisch
1/2 Tasse Spargelfond
1 EL Dijonsenf, 3 EL Dillessig
3-4 EL Olivenöl, 1/2 Bund Kerbel

1. Den Stangenspargel dünn schälen und in 2-3 Zentimeter lange Stücke schneiden.
2. Die Gemüsebrühe mit der Butter, der Zitrone, dem Weißwein und dem Lorbeerblatt zum Kochen bringen.
3. Mit Salz, Pfeffer und Zucker abrunden. Den Spargel in den Sud legen und bei mäßiger Hitze 10-12 Minuten gar ziehen lassen.
4. Anschließend den Spargel herausnehmen, gut abtropfen lassen und in eine Schüssel geben.
5. Die Pfifferlinge in den Spargelsud geben und bei mäßiger Hitze 4-5 Minuten garen. Herausnehmen, gut abtropfen lassen und zum Spargel geben.
6. Den Räucherfisch in mundgerechte Stücke schneiden und unter den Salat heben.
7. Den Spargelfond mit dem Dijonsenf und dem Dillessig glattrühren, mit Salz, Pfeffer und Zucker abrunden und das Olivenöl einrühren.
8. Den feingeschnittenen Kerbel mit dem Dressing zum Salat geben und alles vorsichtig vermischen.
9. Den Salat im Kühlschrank 10-15 Minuten ziehen lassen, anrichten, ausgarnieren und servieren.

Salat „Neptun"

SIE BENÖTIGEN FÜR 4 PERSONEN

200 g gekochtes Miesmuschelfleisch
200 g gekochte Tintenfische
200 g Krabben oder Crevetten
1 kleines Glas gefüllte Oliven
100 g frische Champignons
Saft von 1 Zitrone, 2 EL Olivenöl
2 Knoblauchzehen, 1 TL Salz
1 Zwiebel
1 kleine Dose geschälte Tomaten
1 Schuß Weißwein
Aceto balsamico
Salz, Pfeffer aus der Mühle
1 Prise Zucker
1/2 Bund Basilikum
1/2 Bund Oregano

1. Die Meeresfrüchte abwaschen, gut abtropfen lassen und in eine Schüssel geben.
2. Die Oliven in Scheiben schneiden. Mit den in Scheiben geschnittenen und mit Zitronensaft beträufelten Champignons unter die Meeresfrüchte heben.
3. Das Olivenöl in einer Pfanne erhitzen und die mit Salz zerriebenen Knoblauchzehen anschwitzen.
4. Die Zwiebel schälen und fein hacken, ins Knoblauchfett geben und kurz mitschwitzen.
5. Die geschälten Tomaten mit einer Gabel zerdrücken. Mit dem Weißwein zu den Zwiebeln geben und bei starker Hitze kurz einreduzieren lassen.
6. Die Soße vom Feuer nehmen, erkalten lassen. Mit Aceto balsamico, Salz, Pfeffer und Zucker kräftig abschmecken.
7. Den Salat damit anmachen, die feingehackten Kräuter untermischen. Den Salat „Neptun" anrichten und servieren.

Marinierter Spargel mit Hummerkrabben

SIE BENÖTIGEN FÜR 4 PERSONEN

1 kg Stangenspargel, 1 l Brühe
1 Zitrone, 1-2 EL Butter
1 Prise Zucker
Salz, Pfeffer aus der Mühle
1 Tasse Spargelfond
1-2 EL Dijonsenf
1/2 Tasse Obstessig
1/2 Tasse Olivenöl
1 Zwiebel, 2 hartgekochte Eier
1/2 Bund Schnittlauch
1/2 Bund Kerbel
1/2 Bund Estragon
8-12 Hummerkrabbenschwänze
Zitronensaft, Worcestersoße
Butter zum Braten

1. Den Stangenspargel schälen.
2. Die Brühe mit der halbierten Zitrone und der Butter zum Kochen bringen.
3. Mit Zucker, Salz und Pfeffer abschmecken und den Spargel darin bei mäßiger Hitze 10-15 Minuten gar ziehen lassen.
4. Den Spargel herausnehmen, in eine Kokotte legen und erkalten lassen.
5. Den Spargelfond mit dem Dijonsenf, dem Obstessig und dem Olivenöl glattrühren.
6. Die feingehackte Zwiebel, die gehackten Eier und die feingehackten Kräuter unterrühren.
7. Das Ganze abschmecken, auf dem Spargel verteilen und im Kühlschrank 10-15 Minuten ziehen lassen.
8. Die Hummerkrabbenschwänze aus der Schale brechen. Mit Zitronensaft und Worcestersoße beträufeln. Salzen, pfeffern und in der Butter braten.
9. Den Spargel und die Hummerkrabbenschwänze anrichten und servieren.

AUS DEM WASSER AUF DEN TISCH | 181

Räucherfischterrine mit Jakobsmuscheln

SIE BENÖTIGEN FÜR 4 PERSONEN

200 g Jakobsmuscheln
einige Tropfen Zitronensaft
einige Tropfen Worcestersoße
100 g Blattspinat
1/4 l Gemüsebrühe

AUSSERDEM

200 g Räucherfischfilet
100 g Sahne
2 Eiweiß
100 g Crème double, Salz
Pfeffer aus der Mühle
1 Prise Cayennepfeffer
Butter oder Margarine zum Ausfetten
1 Tasse Apfel-Meerrettich
1 Tasse Cocktailsoße

1. Die gegarten Jakobsmuscheln unter fließendem Wasser abwaschen, trockentupfen. Mit Zitronensaft und Worcestersoße beträufeln und im Kühlschrank 10 Minuten ziehen lassen.
2. In der Zwischenzeit den verlesenen, gewaschenen und gut abgetropften Blattspinat in der Gemüsebrühe kurz blanchieren und auf einer Arbeitsfläche auslegen.
3. Die Jakobsmuscheln auf die Blattspinatblätter legen und diese darin einwickeln.
4. Das Räucherfischfilet kleinschneiden, mit der Sahne und dem Eiweiß im Mixer oder mit dem Pürierstab pürieren.
5. Die Crème double kräftig unter die Masse schlagen. Mit Salz, Pfeffer und Cayennepfeffer abschmecken und mit Zitronensaft und Worcestersoße abrunden.
6. Eine mit Butter oder Margarine ausgefettete Terrinenform mit der Hälfte der Räucherfischmasse ausstreichen.
7. Die im Blattspinat eingeschlagenen Jakobsmuscheln darauf legen, leicht andrücken und mit der restlichen Masse gleichmäßig überziehen.
8. Die Terrine verschließen und im auf 160-170 Grad vorgeheizten Backofen in die mit Wasser gefüllte Fettpfanne stellen.
9. Die Räucherfischterrine 30-40 Minuten im Wasserbad gar ziehen lassen. Anschließend herausnehmen, vollständig erkalten lassen, stürzen und anrichten. Mit Apfel-Meerrettich und Cocktailsoße servieren.

AUS DEM WASSER AUF DEN TISCH 183

Aalsülze mit Apfel-Vinaigrette

SIE BENÖTIGEN FÜR 4 PERSONEN

800 g geräucherten Aal

FÜR DAS GELEE

1 EL Olivenöl
1 Lorbeerblatt, Wacholderbeeren
Pfefferkörner, Senfkörner
1/4 l Weißwein
1/4 l Noilly Prat
1 Zwiebel, 1 Karotte
1 Stück Sellerie
1 Stück Lauch
100 g Blattspinat
8 Blatt weiße Gelatine
Salz, Pfeffer aus der Mühle
einige Tropfen Obstessig
1 Prise Zucker

FÜR DIE SOSSE

1 säuerlichen Apfel
Saft von 1/2 Zitrone
2 Essiggurken
1-2 EL Sahne-Meerrettich
2 EL Apfelessig
3-4 EL Olivenöl

1. Den Aal von der Haut und den Gräten befreien. Das Aalfleisch in mundgerechte Stücke schneiden.
2. Das Olivenöl in einem Topf erhitzen. Die Aalabschnitte (Haut und Gräten) darin kurz anbraten.
3. Das Lorbeerblatt, die Wacholderbeeren, die Pfefferkörner und die Senfkörner im Mörser zerreiben. Zu den Aalabschnitten geben und kurz mitbraten.
4. Mit Weißwein ablöschen, mit Noilly Prat auffüllen. Bei mäßiger Hitze 10-15 Minuten gar ziehen lassen.
5. Den Sud durch ein Sieb passieren, erneut in einem Topf erhitzen.
6. Das Gemüse putzen, waschen, gut abtropfen lassen, fein würfeln In den Sud geben und bei mäßiger Hitze 6-8 Minuten gar ziehen lassen.
7. Den Blattspinat in der Brühe kurz blanchieren, herausnehmen und gut abtropfen lassen.
8. Die gewässerte, ausgedrückte Blattgelatine im Gemüsesud auflösen. Mit Salz, Pfeffer, Essig und Zucker abschmecken.
9. Eine Sülzenform mit einem Viertel des Gemüsesuds überziehen und im Kühlschrank vollständig erkalten lassen.
10. Eine Schicht Blattspinat und das Aalfilet darauf legen, mit einem weiteren Viertel Gemüsesud überziehen. Erneut im Kühlschrank vollständig erkalten lassen. Diesen Vorgang so lange wiederholen, bis der gesamte Sud und die restlichen Zutaten aufgebraucht sind.
11. Für die Apfel-Vinaigrett den Apfel schälen, entkernen, in sehr feine Würfel schneiden und mit Zitronensaft beträufeln.
12. Die Essiggurken ebenfalls in feine Würfel schneiden. Mit dem Sahne-Meerrettich und den Apfelwürfeln vermischen.
13. Den Apfelessig untermischen. Mit Salz, Pfeffer und Zucker abrunden und das Olivenöl tropfenweise einrühren.
14. Die Aalsülze in Scheiben schneiden, anrichten, mit der Apfel-Vinaigrett überziehen, ausgarnieren und servieren.

Zwiebelheringe

SIE BENÖTIGEN FÜR 4 PERSONEN

8-12 Bismarckheringe
1-2 EL Olivenöl
2 Knoblauchzehen
1 TL Salz
4 große Zwiebeln
1 Glas Weißwein
1/4 l Gemüse- oder Fischbrühe
1 EL Pfefferkörner
1 EL Wacholderbeeren
1 EL Pimentkörner
1 EL Senfkörner
1 Bund Dill
Salz
Pfeffer aus der Mühle
1 Prise Zucker

1. Die Bismarckheringe unter fließendem Wasser abwaschen, gut abtropfen lassen und in ein Steingutgefäß schichten.
2. Das Olivenöl in einer Pfanne erhitzen und die mit Salz zerriebenen Knoblauchzehen darin kurz anschwitzen.
3. Die Zwiebeln schälen, in feine Scheiben schneiden. Ins Knoblauchfett geben und glasig schwitzen.
4. Mit Weißwein ablöschen, mit der Gemüse- oder Fischbrühe auffüllen. Die Pfefferkörner, die Wacholderbeeren, die Pimentkörner und die Senfkörner einrühren. Das Ganze bei mäßiger Hitze 8-10 Minuten dünsten.
5. Den Sud vom Feuer nehmen, leicht erkalten lassen und den verlesenen, gewaschenen und feingehackten Dill untermischen.
6. Den Sud mit Salz, Pfeffer und Zucker abrunden, gleichmäßig auf die Bismarckheringe verteilen und diese im Kühlschrank mindestens 1-2 Stunden ziehen lassen. Anschließend herausnehmen, ausgarnieren und servieren.

Pfeffermatjes

SIE BENÖTIGEN FÜR 4 PERSONEN

- 8-12 Matjesfilets
- 1-2 EL Olivenöl
- 2 Zwiebeln, 2 säuerliche Äpfel
- Saft von 1/2 Zitrone
- 1 Tasse Mayonnaise
- 1 Becher Sahne
- 1 EL mittelscharfen Senf
- 1-2 EL grüne Pfefferkörner
- einige Tropfen Weißwein
- einige Tropfen Obstessig
- einige Tropfen Worcestersoße
- Salz, Pfeffer aus der Mühle
- 1 Prise Muskat
- 1 Prise Cayennepfeffer
- 1 Prise Zucker

1. Die küchenfertigen Matjesfilets unter fließendem Wasser abwaschen, trockentupfen und in eine Schüssel legen.

2. Das Olivenöl in einer Pfanne erhitzen. Die geschälten und feingehackten Zwiebeln darin glasig schwitzen. Vom Feuer nehmen und erkalten lassen.

3. Die Äpfel schälen, entkernen, in feine Scheiben oder Würfel schneiden. Mit Zitronensaft beträufeln und mit den Zwiebeln vermischen.

4. Die Mayonnaise mit der Sahne und dem Senf glattrühren. Die grünen Pfefferkörner untermischen. Das Ganze mit Weißwein, Obstessig und Worcestersoße verfeinern.

5. Die Soße mit Salz, Pfeffer, Muskat und Cayennepfeffer sowie etwas Zucker abrunden und die Apfel-Zwiebel-Mischung unterziehen.

6. Die Soße gleichmäßig auf den Matjesfilets verteilen und diese im Kühlschrank mindestens 2-3 Stunden ziehen lassen.

7. Anschließend die Pfeffermatjes nochmals abschmecken, anrichten, ausgarnieren und servieren.

Forellenfilets für Genießer

SIE BENÖTIGEN FÜR 4 PERSONEN

4 geräucherte Forellen
Salatblätter, 4 kleine Tomaten
1 Kästchen Kresse
1/2 Bund Estragon, 1/2 Bund Dill
1 Becher Sahne
1 Päckchen Sahnesteif
1 kleines Glas Sahne-Meerrettich
1/2 Tasse Preiselbeerkompott
einige Tropfen Zitronensaft
einige Tropfen Weinbrand
Salz, Pfeffer aus der Mühle
4 Orangen

1. Die geräucherten Forellen von Kopf, Schwanz und der Flosse befreien. Mit einem scharfen Messer filieren.
2. Die Gräten von den Filets lösen, die Haut bis zur Hälfte einrollen.
3. Einige Salatblätter dekorativ auf einer Platte anrichten und die Forellenfilets darauf legen.
4. Die Tomatenhaut rundherum an einem Stück mit einem scharfen Messer etwa 1/2 Zentimeter dick abschneiden und davon kleine Röschen formen, diese dekorativ auf die Platte legen.
5. Die Räucherfischplatte damit ausgarnieren.
6. Die Sahne mit dem Sahnesteif schlagen und den Sahne-Meerrettich sowie das Preiselbeerkompott unterheben.
7. Den Preiselbeer-Meerrettich mit Zitronensaft, Weinbrand, Salz und Pfeffer kräftig abschmecken.
8. Die Orangen halbieren, das Fruchtfleisch herauslösen und den Preiselbeer-Meerrettich einfüllen.
9. Den Preiselbeer-Meerrettich zu den Forellenfilets geben. Das Ganze ausgarnieren, anrichten und servieren.

Hausgebeizter Lachs

SIE BENÖTIGEN FÜR 4 PERSONEN

1 ganze entgrätete Lachsseite
Salz, Pfeffer aus der Mühle
Zitronensaft, 1/2 Tasse Obstessig
1 1/2 Gläser Weißwein
2 Lorbeerblätter, 1 EL Senfkörner
1 EL Wacholderbeeren
1 EL Pfefferkörner
1 EL Pimentkörner
3 EL Pökelsalz, 3 EL Zucker
1 Bund Dill, 1 Tasse Dijonsenf
1/2 Tasse Dillessig, 3 EL Zucker
1 Schuß Weißwein
2 EL grüne Pfefferkörner
1 Bund Dill, 1 Bund Estragon

1. Die küchenfertige Lachsseite mit der Haut nach unten in eine entsprechende Schüssel legen.
2. Mit Salz und Pfeffer würzen. Mit Zitronensaft und Obstessig beträufeln.
3. Den Weißwein zum Kochen bringen.
4. Die Lorbeerblätter, die Senfkörner, die Wacholderbeeren, die Pfefferkörner und die Pimentkörner im Mörser zerreiben. Zum Weißwein geben und einmal aufkochen lassen.
5. Vom Feuer nehmen, erkalten lassen. Das Pökelsalz, den Zucker und den feingeschnittenen Dill einrühren und auf dem Lachs verteilen.
6. Zugedeckt im Kühlschrank 1-2 Tage ziehen lassen.
7. Den Dijonsenf mit dem Dillessig, dem Zucker, dem Weißwein, den grünen Pfefferkörnern und den feingehackten Kräutern vermischen.
8. Den Lachs auf eine Platte legen und mit der Senfsoße bestreichen. Erneut einen Tag im Kühlschrank ruhen lassen. Den Lachs anrichten, ausgarnieren und servieren.

Warm geräucherte Seezungenfilets

SIE BENÖTIGEN FÜR 4 PERSONEN

8-12 Seezungenfilets à 100 g
Saft von 2 Zitronen
1/2 Tasse Dillessig
einige Tropfen Worcestersoße
1/2 Tasse Olivenöl
1/2 Bund Dill
1/2 Bund Petersilie
1/2 Bund Estragon
1/2 Bund Zitronenmelisse
4 Handvoll Sägespäne
2 Lorbeerblätter
einige Wacholderbeeren
einige Pfefferkörner
1 Zimtstange
einige Nelken
1 Tasse Räucher-Gewürzmischung
einige kleine Fichtenzweige

1. Die Seezungenfilets unter fließendem Wasser abwaschen, trockentupfen. In eine Schüssel geben, mit Zitronensaft, Dillessig und Worcestersoße beträufeln.
2. Das Olivenöl mit den verlesenen, gewaschenen und feingehackten bzw. -geschnittenen Kräutern vermischen.
3. Die Seezungenfilets mit der Kräuter-Öl-Marinade einstreichen und bereitstellen.
4. Den Räucherofen mit den Sägespänen, den zerriebenen Lorbeerblättern, den Wacholderbeeren, den Pfefferkörnern, der Zimstange und den Nelken sowie der Räucher-Gewürzmischung und den Fichtenzweigen füllen und erhitzen.
5. Die marinierten Seezungenfilets in den Räucherofen geben und diese warm räuchern. Herausnehmen, erkalten lassen, anrichten, ausgarnieren und servieren.

AUS DEM WASSER AUF DEN TISCH 187

Wurzelforellen in Gelee

SIE BENÖTIGEN FÜR 4 PERSONEN

4 küchenfertige Forellen
Saft von 1 Zitrone
1/2 Tasse Zitronenessig
einige Tropfen Worcestersoße
Salz, Pfeffer aus der Mühle
1 l Fisch- oder Gemüsebrühe
1 Gewürzbeutel
(Nelken, Wacholderbeeren, Pfefferkörner, Senfkörner)
1 Glas Weißwein
1 Tasse Obstessig
1 gespickte Zwiebel
2 Karotten
1 Stück Sellerie
1 Stück Lauch

AUSSERDEM

1/2 Bund Dill
8 Blatt weiße Gelatine

1. Die küchenfertigen Forellen unter fließendem Wasser abwaschen, trockentupfen. Mit Zitronensaft, Zitronenessig und Worcestersoße beträufeln. Mit Salz und Pfeffer würzen und im Kühlschrank mindestens 10-15 Minuten ziehen lassen.
2. Die Fisch- oder Gemüsebrühe mit dem Gewürzbeutel, dem Weißwein, dem Obstessig und der Zwiebel in einen Topf geben und bei mäßiger Hitze 6-8 Minuten köcheln lassen.
3. Die Karotten, den Sellerie und den Lauch putzen, waschen, gut abtropfen lassen. In mundgerechte Würfel, Scheibchen oder Streifen schneiden und mit den Forellen in den Sud legen.
4. Die Forellen bei mäßiger Hitze 15-20 Minuten gar ziehen lassen.
5. Anschließend die Forellen herausnehmen, gut abtropfen lassen. Die Haut vom Kopf bis zum Schwanzende ablösen und die Forellen dekorativ in eine Form legen.
6. Das Gemüse aus dem Sud nehmen, gut abtropfen lassen und dekorativ zu den Forellen legen.
7. 1/2 Liter Sud abmessen, passieren, nochmals erhitzen und den verlesenen, gewaschenen, feingeschnittenen oder zerpflückten Dill einrühren.
8. Die gewässerte, gut ausgedrückte Blattgelatine im Sud vollständig auflösen lassen und diesen gleichmäßig auf den Forellen verteilen.
9. Das Ganze im Kühlschrank vollständig erkalten lassen, anrichten, ausgarnieren und servieren.

Lachssteaks mit Zitronenbutter

SIE BENÖTIGEN FÜR 4 PERSONEN

8 Lachssteaks à 100 g
Saft von 1 Zitrone
einige Tropfen Zitronenessig
einige Tropfen Worcestersoße
Salz
Pfeffer aus der Mühle
1 l Fisch- oder Gemüsebrühe
1 Glas Weißwein
1 Tasse Zitronenessig
1 Gewürzbeutel
1 Bund Suppengemüse
6-8 Blatt weiße Gelatine

AUSSERDEM

100 g Butter
5 hartgekochte Eier
1 EL geriebene Zitronenschale
Saft von 1 Zitrone
1 Bund Zitronenmelisse
Zitronenpfeffer aus der Mühle
Kräuterzweige zum Garnieren

1. Die küchenfertigen Lachssteaks unter fließendem Wasser abwaschen, trockentupfen. Mit Zitronensaft, Zitronenessig und Worcestersoße beträufeln. Mit Salz und Pfeffer würzen und im Kühlschrank 10-15 Minuten ziehen lassen.
2. Die Fisch- oder Gemüsebrühe mit dem Weißwein, dem Zitronenessig, dem Gewürzbeutel und dem geputzten Suppengemüse in einen Topf geben. Bei mäßiger Hitze 5-6 Minuten köcheln lassen.
3. Anschließend die Lachssteaks in den Sud legen und bei mäßiger Hitze 10-15 Minuten gar ziehen lassen. Herausnehmen, gut abtropfen und erkalten lassen.
4. Den Sud passieren, 1/2 Liter abmessen, nochmals erhitzen und die gewässerte, gut ausgedrückte Gelatine darin vollständig auflösen lassen.
5. Den Sud mit Salz, Pfeffer, Zitronensaft und Worcestersoße kräftig abschmecken und erkalten lassen.
6. In der Zwischenzeit die Butter schaumig schlagen. Die Eier schälen, halbieren, das Eigelb durch ein Sieb streichen und mit der Butter vermischen.
7. Die Butter mit der Zitronenschale, dem Zitronensaft, der verlesenen, gewaschenen und feingehackten Zitronenmelisse vermischen.
8. Die Masse mit Zitronenpfeffer, Salz und Pfeffer aus der Mühle abschmecken.
9. Die Lachssteaks anrichten, die Zitronenbutter in einen Spritzbeutel füllen und dekorativ auf den Lachssteaks anrichten.
10. Das Aspik gleichmäßig auf den Lachssteaks und der Zitronenbutter verteilen und vollständig erkalten lassen. Mit Kräuterzweigen ausgarnieren, anrichten und servieren.

AUS DEM WASSER AUF DEN TISCH

Krebse aus dem Gemüsesud

SIE BENÖTIGEN FÜR 4 PERSONEN

2-3 kg Süß- oder Salzwasserkrebse oder auch gemischte Krebse
2-3 l Salzwasser

AUSSERDEM

1 l Gemüse- oder Fischbrühe
1 Glas Weißwein
1/2 Tasse Obstessig
1 Gewürzbeutel
(Lorbeer, Wacholderbeeren, Nelken, Pfefferkörner, Senfkörner)
1 Zwiebel
2 Karotten
1 Stück Staudensellerie
1 mittelgroßen Zucchino
1 Bund Dill
1 Bund Basilikum
Salz
Pfeffer aus der Mühle
1 Prise Zucker
1 Prise Cayennepfeffer

1. Die Krebse säubern und unter fließendem Wasser gut abwaschen.
2. Das Salzwasser in einem Topf zum Kochen bringen und die Krebse darin nacheinander 2-3 Minuten garen. Herausnehmen und gut abtropfen lassen.
3. Die Gemüse- oder Fischbrühe mit dem Weißwein und dem Obstessig sowie dem Gewürzbeutel in einen Topf geben und bei mäßiger Hitze 5-10 Minuten ziehen lassen.
4. Die Zwiebel, die Karotten und den Stangensellerie putzen. In mundgerechte Stücke schneiden und in den Sud geben. Die Krebse dazugeben. Das Ganze bei mäßiger Hitze 10-15 Minuten gar ziehen lassen.
5. Den Zucchino putzen, in Scheiben oder Würfel schneiden, ebenfalls dazugeben und einmal aufkochen lassen.

6. Die verlesenen, gewaschenen und feingehackten Kräuter untermischen. Mit Salz, Pfeffer, Zucker und Cayennepfeffer abschmecken. Vom Feuer nehmen und vollständig erkalten lassen.
7. Die Krebse mit dem Gemüsesud anrichten, ausgarnieren und servieren.

AUS DEM WASSER AUF DEN TISCH 191

Hummerkrabben-schwänze auf Gemüsesalat

SIE BENÖTIGEN FÜR 4 PERSONEN

12-16 Hummerkrabbenschwänze
Saft von 1 Zitrone, Obstessig
Salz, Pfeffer aus der Mühle
1 Tasse frisch gehackte Kräuter (Dill, Petersilie, Melisse)
2-3 EL Olivenöl
2 Knoblauchzehen
200 g grüne Erbsen (TK-Produkt)
200 g Fingermöhrchen
3/8 l Gemüsebrühe
1 Glas Weißwein
1 Tasse Mayonnaise
1 Becher Joghurt
Zitronensaft, Worcestersoße
1 kleine Honigmelone
6 Blatt weiße Gelatine

1. Die Hummerkrabbenschwänze aus der Schale brechen, abwaschen, trockentupfen. Mit Zitronensaft und Obstessig beträufeln. Mit Salz und Pfeffer würzen und die gehackten Kräuter darauf verteilen. Im Kühlschrank 10-15 Minuten ziehen lassen.
2. Das Olivenöl erhitzen und die feingehackten Knoblauchzehen darin anschwitzen.
3. Die Hummerkrabbenschwänze in das Knoblauchfett geben und braten. Herausnehmen und vollständig erkalten lassen.
4. Die Erbsen und die Fingermöhrchen antauen lassen.
5. Die Brühe mit dem Wein erhitzen und das Gemüse darin bißfest garen. Herausnehmen, sofort in Eiswasser geben, kurz abschrecken. Das Gemüse gut abgetropft in eine Schüssel geben.
6. Die Mayonnaise mit dem Joghurt glattrühren. Mit Zitronensaft, Worcestersoße, Salz und Pfeffer abrunden und den Salat damit anmachen.
7. Die Honigmelone halbieren, mit einem Teelöffel das Kerngehäuse herauslösen und das Fruchtfleisch mit einem Kugelausstecher ausstechen.
8. Die Melonenkugeln unter den Gemüsesalat heben und diesen in die ausgehöhlten Honigmelonenhälften füllen.
9. Die gewässerte, gut ausgedrückte Blattgelatine im Gemüsesud auflösen und diesen etwa ein Zentimeter dick auf eine Platte gießen.
10. Die Hummerkrabbenschwänze mit etwas Gelee überziehen. Das Gelee vollständig erkalten lassen.
11. Anrichten, ausgarnieren und servieren.

Langusten „Feinschmecker-Art"

SIE BENÖTIGEN FÜR 4 PERSONEN

2 mittelgroße Langusten
3 l Gemüse- oder Fischbrühe
1 Flasche Weißwein
2 gespickte Zwiebeln
2 EL Pfefferkörner
2 EL Senfkörner
2 EL Pimentkörner
2 EL Salz
2 Bund Suppengemüse
1 kleine Dose Mandarinenfilets
1 kleine Dose schwarze Trüffel
2 Kiwis
4 Blatt weiße Gelatine

AUSSERDEM

4 hartgekochte Eier
100 g Doppelrahm-Frischkäse
1 Schuß Sahne
einige Tropfen Zitronensaft
einige Tropfen Worcestersoße
4 cl Eierlikör
Salz
Pfeffer aus der Mühle
Kräuterzweige zum Garnieren

1. Die küchenfertigen Langusten säubern, waschen und gut abtropfen lassen.
2. Die Gemüse- oder Fischbrühe mit dem Weißwein in einen Topf geben und zum Kochen bringen.
3. Die gespickten Zwiebeln, die Pfefferkörner, die Senfkörner, die Pimentkörner, das Salz und das geputzte Suppengemüse in den Sud geben und 8-10 Minuten kochen lassen.
4. Die Langusten in den Sud einlegen und bei mäßiger Hitze 30-40 Minuten gar ziehen lassen.
5. Anschließend die Langusten herausnehmen, das Fleisch vorsichtig auslösen und in Scheiben schneiden.
6. Die Mandarinenfilets gut abtropfen lassen. Die Trüffel in Scheiben schneiden. Die Kiwis schälen und ebenfalls in Scheiben schneiden. Mit dem Langustenfleisch dekorativ auf dem Panzer anrichten.
7. 1/4 Liter Brühe nochmal erwärmen und die gewässerte, gut ausgedrückte Gelatine darin auflösen.
8. Die dekorierten Langusten gleichmäßig mit dem Gelee überziehen und vollständig erkalten lassen.
9. Die Eier schälen, halbieren, das Eigelb herauslösen und durch ein Sieb streichen.
10. Das Eigelb mit dem Doppelrahm-Frischkäse und der Sahne zu einer glatten Masse verrühren.
11. Die Creme mit Zitronensaft, Worcestersoße, Eierlikör, Salz und Pfeffer kräftig abschmecken und in die Eiweißhälften einspritzen.
12. Die gefüllten Eier mit Kräuterzweigen ausgarnieren, dekorativ zu den Langusten geben, anrichten und servieren.

Gefüllte Langusten

SIE BENÖTIGEN FÜR 4 PERSONEN

2 mittelgroße gekochte Langusten
2 mittelgroße Avocados
1 kleine Honigmelone
100 g frische Champignons
Saft von 2 Zitronen
2 Kästchen Kresse
Aceto balsamico, Olivenöl
Salz, Pfeffer aus der Mühle
1/2 Becher Sahne
1 Tasse Mayonnaise
2-3 EL Tomatenketchup
1-2 EL Johannisbeergelee
2 cl Weinbrand
Cayennepfeffer
1 TL Curry

1. Die Langusten halbieren und
das Fleisch herauslösen. In mundgerechte Stücke schneiden und in
eine Schüssel geben.
2. Die Avocados halbieren, den
Kern herauslösen und das Fruchtfleisch mit einem Kugelausstecher
ausstechen. Mit Zitronensaft sofort
beträufeln.
3. Die Honigmelone halbieren, das
Kerngehäuse mit einem Teelöffel
herausschaben und mit Hilfe eines
Kugelausstechers ausstechen.
4. Die Champignons in Scheiben
schneiden und mit Zitronensaft
sofort beträufeln.
5. Die Kresse mit den Champignons, den Advocadokugeln, den
Melonenkugeln und dem Langustenfleisch vermischen. Mit Essig
und Öl beträufeln. Salzen, pfeffern
und 10 Minuten ziehen lassen.
6. Den Salat in die Langusten-, die
Advocado- und die Melonenhälf-
ten füllen.
7. Die Sahne steif schlagen, die
Mayonnaise mit dem Tomatenketchup, dem Johannisbeergelee
und dem Weinbrand so lange verschlagen, bis sich das Johannisbeergelee vollständig aufgelöst hat.

8. Die Sahne vorsichtig unterheben. Mit Salz, Pfeffer, Cayennepfeffer und Curry abschmecken.
9. Die Creme auf dem Salat verteilen, ausgarnieren und servieren.

Hummer mit Kaviarcreme

SIE BENÖTIGEN FÜR 4 PERSONEN

2 gekochte Hummer
1 Glas Weißwein
1 Glas Noilly Prat
4 Blatt weiße Gelatine
Salz, Pfeffer aus der Mühle
Zitronensaft, Worcestersoße
1/2 Becher Sahne
1 Tasse Mayonnaise
1 Prise Cayennepfeffer
1 kleines Glas echten Kaviar
Kräuterzweige zum Garnieren

1. Das Fleisch aus dem Hummer
brechen und dekorativ würfeln.
2. Den Weißwein mit dem Noilly
Prat in einen Topf geben, erhitzen.
Die gewässerte, ausgedrückte
Gelatine darin auflösen.
3. Den Sud mit Salz, Pfeffer,
Zitronensaft und Worcestersoße
abschmecken.
4. Das Hummerfleisch auf den
Panzern anrichten und mit dem
Gelee gleichmäßig überziehen.
5. Die Sahne steif schlagen, mit
der Mayonnaise glattrühren. Mit
Salz, Pfeffer, Zitronensaft, Worcestersoße und Cayennepfeffer
abschmecken und den Kaviar
untermischen.
6. Die Creme zum garnierten
Hummer geben, mit Kräuterzweigen verzieren, ausgarnieren und
servieren.

Gebackene Austern

SIE BENÖTIGEN FÜR 4 PERSONEN

20-24 frische Austern
1 l Gemüse- oder Fischbrühe
1 Glas Weißwein
1/2 Tasse Obstessig
1 gespickte Zwiebel
2 Bund Suppengemüse
1 Gewürzbeutel
(Pimentkörner, Wacholderbeeren,
Pfefferkörner, Senfkörner)
Salz, Pfeffer aus der Mühle
1 Tasse Mehl, 2 Eier
1 Tasse Semmelbrösel
1/2 Bund Zitronenmelisse
Butter oder Margarine zum Braten

1. Die Austern unter fließendem
Wasser kräftig abbürsten, gut
abtropfen lassen und bereitlegen.
2. Die Brühe mit dem Weißwein
und dem Obstessig in einen Topf
geben und zum Kochen bringen.
3. Die Zwiebel, das Suppengemüse
und den Gewürzbeutel in den Sud
geben. Das Ganze bei mäßiger
Hitze 10 Minuten ziehen lassen.
4. Den Sud mit Salz und Pfeffer
würzen. Die Austern in den Sud
geben und bei mäßiger Hitze
10 Minuten gar ziehen lassen.
5. Die Austern aufbrechen, das
Fleisch vorsichtig herauslösen und
im Mehl wenden.
6. Die Eier mit einer Gabel verschlagen, die Semmelbrösel mit
der feingehackten Zitronenmelisse
vermischen.
7. Die mehlierten Austern zuerst in
den Eiern wenden und dann in den
Semmelbröseln panieren.
8. Die Butter in einer Pfanne erhitzen und die Austern darin
backen. Herausnehmen, anrichten,
ausgarnieren und servieren.

AUS DEM WASSER AUF DEN TISCH 195

Scampispießchen

SIE BENÖTIGEN FÜR 4 PERSONEN

12-16 Scampischwänze
2-3 EL Olivenöl
2 Knoblauchzehen
1 TL Salz
1 Zwiebel
1 Glas Weißwein
1 Tasse Fleisch- oder Fischbrühe
2-3 EL Chilisoße
2 hartgekochte Eier
1 Röhrchen Kapern
1 kleines Glas gefüllte Oliven
Salz
Pfeffer aus der Mühle
1 Prise Cayennepfeffer
1/2 Bund Basilikum
1/2 Bund Oregano
Kräuterzweige zum Garnieren

1. Die Scampischwänze unter fließendem Wasser abwaschen und gut abtropfen lassen, ausbrechen und bereitstellen.
2. Das Olivenöl in einer Pfanne erhitzen und die mit Salz zerriebenen Knoblauchzehen darin anschwitzen.
3. Die Zwiebel schälen und fein hacken. Ins Knoblauchfett geben und kurz anbraten.
4. Die Scampischwänze dazugeben und mitbraten.
5. Mit Weißwein ablöschen und mit der Fleisch- oder Fischbrühe auffüllen. Bei mäßiger Hitze 4-5 Minuten köcheln lassen. Die Scampischwänze auf Spieße stecken und dekorativ anrichten.
6. Den Sud vom Feuer nehmen und erkalten lassen. Die Chilesoße und die geschälten, feingehackten Eier einrühren.
7. Die Kapern gut abtropfen lassen, die Oliven fein hacken und ebenfalls darunter mischen.
8. Die Soße mit Salz, Pfeffer, Cayennepfeffer abschmecken. Die verlesenen, gewaschenen und feingehackten Kräuter untermischen.
9. Die Marinade gleichmäßig auf den Spießchen verteilen, anrichten, mit Kräuterzweigen ausgarnieren und servieren.

AUS DEM WASSER AUF DEN TISCH 197

Krabbencocktail

SIE BENÖTIGEN FÜR 4 PERSONEN

400 g ausgelöstes Krabbenfleisch
2 Schalotten
100 g frische Champignons
Saft von 1 Zitrone
8 Cocktailtomaten
2 Scheiben Ananas
100 g weiße und blaue Weintrauben
1 Kästchen Kresse
1 Tasse geschlagene Sahne
1 Tasse Mayonnaise
2-3 EL Chilisoße
2 cl Weinbrand
Zitronensaft, Worcestersoße
Salz, Pfeffer aus der Mühle
1 Prise Cayennepfeffer
1 Prise Zucker

1. Das Krabbenfleisch unter fließendem Wasser abwaschen, gut abtropfen lassen und in eine Schüssel geben.
2. Die geschälten und feingehackten Schalotten dazugeben.
3. Die Champignons verlesen, waschen, gut abtropfen lassen. In Scheiben schneiden und mit Zitronensaft beträufeln. Die Cocktailtomaten waschen und halbieren. Mit den Champignons zum Krabbenfleisch geben.
4. Die Ananasscheiben in Würfel schneiden, die Weintrauben waschen, halbieren, entkernen und ebenfalls zum Krabbenfleisch geben.
5. Die Kresse verlesen, waschen, gut abtropfen lassen, kleinschneiden. Mit den restlichen Zutaten vorsichtig vermischen.
6. Die geschlagene Sahne mit der Mayonnaise. Mit der Chilisoße sowie dem Weinbrand glattrühren.
7. Die Soße mit Zitronensaft, Worcestersoße, Salz, Pfeffer, Cayennepfeffer und Zucker kräftig abschmecken. Den Krabbencocktail damit anmachen, dekorativ anrichten, ausgarnieren und servieren.

AUS DEM WASSER AUF DEN TISCH

Räucherfischsalat

SIE BENÖTIGEN FÜR 4 PERSONEN

400 g geräuchertes Fischfilet (Schillerlocken, Makrelen, Heilbutt usw.)
4 Pellkartoffeln
1 Zwiebel
4 Frühlingszwiebeln
2-3 EL Olivenöl
4 Essiggurken
1 Röhrchen Kapern
1 Tasse Fischbrühe
1 Schuß Weißwein
3-4 EL Dillessig
Salz
Pfeffer aus der Mühle
1 Prise Cayennepfeffer
1 Prise Zucker
8 Cocktailtomaten
2 hartgekochte Eier
1 Bund Dill
1 Bund Schnittlauch

1. Die geräucherten Fischfilets in mundgerechte Stücke schneiden und in eine Schüssel geben.
2. Die noch warmen Pellkartoffeln schälen, in Würfel oder Scheiben schneiden und zum Fisch geben.
3. Die Zwiebel schälen und fein hacken. Die Frühlingszwiebeln putzen und in Streifen schneiden. Das Olivenöl in einer Pfanne erhitzen und die Zwiebeln darin kurz anschwitzen.
4. Die Essiggurken in Scheiben schneiden. Die Kapern gut abtropfen lassen und mit den Zwiebeln vorsichtig unter den Salat heben.
5. Die Fischbrühe mit dem Weißwein und dem Dillessig anrühren. Mit Salz, Pfeffer, Cayennepfeffer und Zucker abschmecken und einige Tropfen Olivenöl untermischen.
6. Den Salat vorsichtig damit anmachen und im Kühlschrank 10-15 Minuten ziehen lassen.
7. Anschließend den Salat nochmal abschmecken. Dekorativ anrichten und mit den halbierten Tomaten und geachtelten Eiern ausgarnieren.
8. Die Kräuter verlesen, waschen, gut abtropfen lassen und fein hacken bzw. schneiden.
9. Den Salat mit den Kräutern bestreuen und servieren.

Hamburger Heringssalat

SIE BENÖTIGEN FÜR 4 PERSONEN

3 Matjesfilets
2 Bismarckheringe
100 g kalten Braten
4 Pellkartoffeln
1 säuerlichen Apfel
Saft von 1 Zitrone
1 Zwiebel, 2 Essiggurken
1 Röhrchen Kapern
1 kleine Dose Mandarinenfilets
1 kleines Glas Rote Bete
1 Tasse Mayonnaise
1 Becher saure Sahne
3-4 EL Dillessig
Salz, Pfeffer aus der Mühle
Cayennepfeffer, Kümmelpulver
Zucker
2 cl Kümmelschnaps, 1 Bund Dill

1. Die Matjesfilets und die Bismarckheringe unter fließendem Wasser abwaschen, gut abtropfen lassen und in Streifen schneiden.
2. Den kalten Braten in feine Würfel oder Streifen schneiden und zum Fisch geben.
3. Die Pellkartoffeln schälen, in Würfel oder Scheiben schneiden. Den Apfel schälen, entkernen, in Würfel oder Scheiben schneiden und mit Zitronensaft beträufeln.
4. Die Zwiebel schälen und fein hacken. Die Essiggurken in Scheiben oder Streifen schneiden.
5. Die Kapern und die Mandarinenfilets sowie die Rote Bete gut abtropfen lassen, die Rote Bete in Würfel oder Streifen schneiden.
6. Die Zutaten zum Fisch geben und alles vorsichtig miteinander vermischen.
7. Die Mayonnaise mit der sauren Sahne und dem Dillessig glattrühren. Mit Salz, Pfeffer, Cayennepfeffer, Kümmel und Zucker kräftig abschmecken und mit Kümmelschnaps aromatisieren.
8. Den Salat damit anmachen und im Kühlschrank 10-15 Minuten ziehen lassen.
9. Anschließend den Salat anrichten, ausgarnieren und mit dem verlesenen, gewaschenen und feingehackten Dill bestreut servieren.

Das kulinarische Gemüsealphabet
von Auberginen bis Zucchini

Marinierte Auberginen

SIE BENÖTIGEN FÜR 4 PERSONEN

2 Auberginen, 2 EL Salz
Zitronensaft, Aceto balsamico
Salz, Pfeffer aus der Mühle
1 Tasse Mehl, 4 Eier
2 Tassen Semmelbrösel
1/2 Tasse Parmesankäse
1 Tasse Olivenöl
4 Knoblauchzehen, 1 Zwiebel
2 EL Olivenöl, 1 Tasse Weißwein
1 kleine Dose geschälte Tomaten
2 hartgekochte Eier, 1 Glas Kapern
je 1/2 Bund Basilikum und Oregano

1. Die Auberginen putzen, in Scheiben schneiden. Mit Salz bestreuen und im Kühlschrank 10 Minuten ziehen lassen.
2. Unter fließendem Wasser abwaschen, mit Zitronensaft, Aceto balsamico, Salz und Pfeffer würzen.
3. Die Auberginenscheiben in Mehl wenden. Die Eier verschlagen und die Semmelbrösel mit dem Parmesan vermischen.
4. Die Auberginen zuerst in den Eiern wenden und mit der Käse-Brösel-Panade panieren.
5. Das Olivenöl erhitzen und zwei feingehackte Knoblauchzehen darin anschwitzen. Die Auberginen im Knoblauchfett goldgelb backen. Herausnehmen und in einer flachen Schüssel anrichten.
6. Die Zwiebel fein hacken, ins verbliebene Bratfett geben und glasig schwitzen. Das restliche Öl mit den feingehackten Knoblauchzehen dazugeben und kurz mitschwitzen. Mit Weißwein ablöschen und die mit einer Gabel zerdrückten Tomaten dazugeben.
7. Bei mäßiger Hitze 6-8 Minuten köcheln lassen.
8. Vom Feuer nehmen, erkalten lassen. Die feingehackten Eier und die Kapern untermischen.

9. Die feingeschnittenen Kräuter unter die Soße rühren. Mit Salz, Pfeffer, Zitronensaft und Aceto balsamico abschmecken. Auf den Auberginen verteilen. Im Kühlschrank 1/2 Stunde ziehen lassen. Herausnehmen und die marinierten Auberginen servieren.

Auberginen mit Mozzarella

SIE BENÖTIGEN FÜR 4 PERSONEN

1 mittelgroße Aubergine, 1 EL Salz
einige Tropfen Aceto balsamico
Salz, Pfeffer aus der Mühle
1 Tasse Olivenöl
100 g Mailänder Salami
200 g Mozzarella-Käse, 4 Tomaten
Aceto balsamico, Olivenöl
2 EL geriebene Zitronenschale
2 Knoblauchzehen, 1 Bund Petersilie
2 EL geriebenen Parmesankäse

1. Die Auberginen putzen, in Scheiben schneiden. Mit Salz bestreuen und 10 Minuten im Kühlschrank ziehen lassen.
2. Die Auberginenscheiben abwaschen, trockentupfen. Mit Zitronensaft und Aceto balsamico beträufeln, salzen und pfeffern.
3. Das Olivenöl erhitzen und die Auberginen darin braten.
4. Salami, Mozzarella und Tomaten in Scheiben schneiden.
5. Die Auberginen-, die Salami-, die Mozzarella- und die Tomatenscheiben anrichten. Mit Aceto balsamico und Olivenöl beträufeln.
6. Die geriebene Zitronenschale, die feingehackten Knoblauchzehen, die gehackte Petersilie und den geriebenen Parmesan miteinander vermischen, über die Auberginen streuen und servieren.

Auberginen-Reis-Salat

SIE BENÖTIGEN FÜR 4 PERSONEN

2 mittelgroße Auberginen
2 EL Salz, 2 EL Olivenöl
200 g Schinkenspeck, 1 Zwiebel
1 rote Paprikaschote
1 grüne Paprikaschote
2 Knoblauchzehen, 1 TL Salz
1 kleine Dose geschälte Tomaten
1 TL Oregano, 1 TL Basilikum
Salz, Pfeffer aus der Mühle
200 g gekochten Naturreis
50 g gekochten Wildreis
1/2 Tasse Parmesankäse
1 Bund Oregano

1. Die Auberginen halbieren und mit einem Teelöffel das Fruchtfleisch herauslösen.
2. Das Auberginenfleisch würfeln, mit Salz bestreuen und 10 Minuten im Kühlschrank ziehen lassen. Die Auberginenhälften und das -fleisch waschen und bereitstellen.
3. Das Olivenöl erhitzen und den feingewürfelten Speck auslassen.
4. Die feingehackte Zwiebel dazugeben und kurz mitbraten.
5. Das Auberginenfruchtfleisch mit den feingewürfelten Paprikaschoten dazu geben und kurz mitbraten.
6. Die geschälten und mit Salz zerriebenen Knoblauchzehen untermischen, kurz mitbraten. Mit den mit einer Gabel zerdrückten Tomaten auffüllen.
7. Bei mäßiger Hitze 6-8 Minuten dünsten. Vom Feuer nehmen, mit Oregano, Basilikum, Salz und Pfeffer abschmecken.
8. Das Gemüse mit dem Naturreis, dem Wildreis und dem geriebenen Parmesan vermischen.
9. Den Reissalat in die Auberginenhälften füllen. Mit dem feingeschnitten Oregano bestreuen und servieren.

DAS KULINARISCHE GEMÜSEALPHABET 203

Blattsalat mit Orangendressing

SIE BENÖTIGEN FÜR 4 PERSONEN

100 g Eisbergsalat
100 g Bataviasalat
100 g Radicchiosalat
1 Bund Radieschen
1 rote Paprikaschote
100 g Zuckermais
75 g Emmentalerkäse
75 g gekochten Schinken

FÜR DAS DRESSING

1 Tasse Orangensaft
1-2 EL Dijonsenf
1/2 Tasse Obstessig
1/2 Tasse Speisequark
1 Becher Joghurt
1 Becher saure Sahne
2 EL Orangengelee
Salz, Pfeffer aus der Mühle
Cayennepfeffer, Zucker
1-2 EL geriebenen Meerrettich
1/2 Bund Zitronenmelisse
1/2 Bund Pfefferminze
2 Tassen Knoblauch-Croutons

1. Die Blattsalate verlesen, waschen, gut abtropfen lassen. In mundgerechte Stücke zerpflücken und in eine Schüssel geben.
2. Die Radieschen putzen und in Scheiben schneiden. Die Paprikaschote halbieren, entkernen und in Streifen schneiden.
3. Den Zuckermais abwaschen, gut abtropfen lassen. Den Emmentaler und den Schinken in Streifen schneiden. Mit den Zutaten unter den Blattsalat heben.
4. Für das Dressing den Orangensaft mit dem Dijonsenf, dem Obstessig, dem Speisequark, dem Joghurt und der sauren Sahne sowie dem Orangengelee glattrühren.
5. Das Dressing mit Salz, Pfeffer, Cayennepfeffer und Zucker kräftig abschmecken und mit Meerrettich abrunden.
6. Den Salat dekorativ anrichten. Mit dem Dressing überziehen. Die verlesenen, gewaschenen und feingeschnittenen Kräutern sowie die Knoblauch-Croutons darüber streuen, ausgarnieren und servieren.

Salat von grünen Bohnen

SIE BENÖTIGEN FÜR 4 PERSONEN

500 g grüne Bohnen
1 l Gemüsebrühe
1 TL Bohnenkraut
1/2 Tasse Estragonessig
1 Schuß Weißwein
Salz
Pfeffer aus der Mühle
1 Prise Cayennepfeffer
8-12 Cocktailtomaten
100 g frische Champignons
Saft von 1 Zitrone
1 Handvoll Brunnenkresse
1/2 Tasse Weißwein
4 cl Pernod
1/2 Tasse Obstessig
Salz
Pfeffer aus der Mühle
1 Prise Cayennepfeffer
1 Prise Zucker
1/2 Tasse Olivenöl
2 EL Pinienkerne
2 EL Pistazienkerne
2 EL Sonnenblumenkerne

1. Die Bohnen putzen, die Enden abschneiden. Die Bohnen unter fließendem Wasser abwaschen, gut abtropfen lassen und bereitstellen.
2. Die Gemüsebrühe mit dem Bohnenkraut, dem Estragonessig und dem Weißwein in einen Topf geben und zum Kochen bringen.
3. Den Sud mit Salz, Pfeffer und Cayennepfeffer abschmecken und die Bohnen darin bißfest garen.
4. Die Bohnen herausnehmen und in Eiswasser sofort abschrecken. Aus dem Eiswasser nehmen, gut abtropfen lassen und bereitstellen.
5. Die Cocktailtomaten putzen und halbieren. Die Champignons verlesen, waschen, gut abtropfen lassen, in Scheiben schneiden und mit Zitronensaft beträufeln.
6. Die Brunnenkresse verlesen, waschen, gut abtropfen lassen. Mit den restlichen Zutaten vermischen und dekorativ anrichten.
7. Den Weißwein mit dem Pernod und dem Obstessig glattrühren. Mit Salz, Pfeffer, Cayennepfeffer und Zucker abrunden. Je nach Geschmack etwas Brühe angießen.
8. Das Olivenöl tropfenweise einrühren und die Bohnen damit anmachen. Im Kühlschrank 10-15 Minuten ziehen lassen, anrichten. Mit den Pinienkernen, den Pistazienkernen und den Sonnenblumenkernen bestreuen, ausgarnieren und servieren.

Gemüseplatte mit Dips

SIE BENÖTIGEN FÜR 4 PERSONEN

4 Karotten
1 kleinen Zucchino
1 Staudensellerie
1 kleine Salatgurke
1 kleinen Bund Frühlingszwiebeln
1 Bund Radieschen

1. Die Karotten schälen, den Zucchino und den Staudensellerie putzen, die Salatgurke waschen. Karotten, Zucchino, Staudensellerie und Salatgurke in 6-8 Zentimeter große Stifte schneiden.
2. Die Frühlingszwiebeln putzen und ebenfalls in Stifte schneiden. Die Radieschen verlesen, waschen und gut abtropfen lassen.
3. Das Gemüse dekorativ auf einer Platte anrichten und mit den Dips servieren.

Kräuterdip

1 Tasse Mayonnaise
1 Becher Joghurt
1 Tasse frisch gehackte Kräuter
1 Knoblauchzehe
1 TL Salz
Pfeffer aus der Mühle
einige Tropfen Zitronensaft
einige Tropfen Worcestersoße

1. Die Mayonnaise mit dem Joghurt glattrühren. Die Kräuter und die mit Salz zerriebene Knoblauchzehe untermischen.
2. Mit Salz, Pfeffer, Zitronensaft und Worcestersoße abschmecken und zur Gemüseplatte servieren.

Eierdip

4 hartgekochte Eier
1 Tasse Mayonnaise
1/2 Becher Sahne
Salz
Pfeffer aus der Mühle
einige Tropfen Zitronensaft
einige Tropfen Worcestersoße

1. Die Eier schälen, durch ein Sieb streichen. Mit der Mayonnaise und der Sahne glattrühren.
2. Mit Salz, Pfeffer, Zitronensaft und Worcestersoße abschmecken und zu der Gemüseplatte servieren.

Tomatendip

1 Becher Crème fraîche
Saft von 1 Zitrone
2 EL Tomatenmark
1 Schuß Weißwein
1/2 Bund Oregano
1/2 Bund Basilikum
2 Tomaten
Salz
Pfeffer aus der Mühle
einige Tropfen Zitronensaft
einige Tropfen Worcestersoße

1. Die Crème fraîche mit dem Zitronensaft, dem Tomatenmark und dem Weißwein glattrühren.
2. Die verlesenen, gewaschenen und feingehackten Kräuter sowie die enthäuteten, entkernten und in Würfel geschnittenen Tomaten unter den Dip rühren.
3. Mit Salz, Pfeffer, Cayennepfeffer, Zitronensaft und Worcestersoße abschmecken, anrichten und zur Gemüseplatte servieren.

DAS KULINARISCHE GEMÜSEALPHABET 207

Meerrettichdip

1 Becher Sahne
1 Päckchen Sahnesteif
1 Becher Joghurt
2-3 EL frisch geriebenen Meerrettich
Salz
Pfeffer aus der Mühle
einige Tropfen Zitronensaft
einige Tropfen Worcestersoße
1 Prise Cayennepfeffer

1. Die Sahne mit dem Sahnesteif schlagen. Den Joghurt und den geriebenen Meerrettich untermischen.
2. Den Dip mit Salz, Pfeffer, Zitronensaft, Worcestersoße und Cayennepfeffer abschmecken und zur Gemüseplatte servieren.

Sardellendip

100 g Doppelrahm-Frischkäse
1 kleines Glas Sardellenfilets
1/2 Becher Sahne
1 kleine Zwiebel
Salz
Pfeffer aus der Mühle
1 Prise Cayennepfeffer
einige Tropfen Zitronensaft
einige Tropfen Worcestersoße

1. Den Doppelrahm-Frischkäse mit den sehr fein gehackten Sardellenfilets und der Sahne in eine Schüssel geben.
2. Die Zwiebel schälen, fein hacken, zum Dip geben und das Ganze im Mixer oder mit dem Pürierstab pürieren.
3. Den Dip mit Salz, Pfeffer, Cayennepfeffer, Zitronensaft und Worcestersoße abschmecken und zur Gemüseplatte servieren.

Gefüllte Artischockenböden

SIE BENÖTIGEN FÜR 4 PERSONEN

12-16 gekochte Artischockenböden
Zitronensaft, Worcestersoße
2 EL Butter
100 g durchwachsenen geräucherten Speck
1 Zwiebel, 250 g Waldpilze
1 Schuß Rotwein
Salz, Pfeffer aus der Mühle
Cayennepfeffer, Muskatpulver
1/2 Bund Petersilie
1/2 Bund Schnittlauch

AUSSERDEM

je 1/2 Tasse Sherry und Madeira
3/8 l Wildbrühe
8 Blatt weiße Gelatine

1. Die Artischockenböden gut abtropfen lassen. Mit Zitronensaft und Worcestersoße beträufeln und 10 Minuten ziehen lassen.
2. Die Butter in einer Pfanne erhitzen und den feingewürfelten Speck darin auslassen.
3. Die Zwiebel schälen, fein hacken, zum Speck geben und kurz mitbraten.
4. Die verlesenen, gewaschenen und gut abgetropften Waldpilze kleinschneiden. Zu den Speck-Zwiebeln geben und ebenfalls kurz mitschwitzen.
5. Mit Rotwein ablöschen, mit Salz, Pfeffer, Cayennepfeffer und Muskat kräftig würzen. Die verlesenen, gewaschenen und feingehackten Kräuter untermischen.
6. Die Waldpilze vom Feuer nehmen und dekorativ auf den Artischockenböden anrichten.
7. Den Sherry mit dem Madeira und der Wildbrühe in einen Topf geben und erhitzen. Die gewässerte und gut ausgedrückte Gelatine darin vollständig auflösen lassen. Die Pilze gleichmäßig damit überziehen.
8. Die gefüllten Artischockenböden vollständig erkalten lassen. Das restliche Aspik ebenfalls erkalten lassen und anschließend in feine Würfel schneiden.
9. Die Artischockenböden mit den Aspikwürfeln anrichten, ausgarnieren und servieren.

Gebratene Artischocken

SIE BENÖTIGEN FÜR 4 PERSONEN

8-12 mittelgroße Artischocken
1 1/2 l Gemüsebrühe
1 Tasse Aceto balsamico
1/2 l Weißwein
einige Lorbeerblätter
einige Pfefferkörner
einige Wacholderbeeren
je 1 Zweig Rosmarin und Thymian
1/2 Tasse Olivenöl

AUSSERDEM

Olivenöl zum Backen
einige Tropfen Aceto balsamico
einige Tropfen Olivenöl
Zitronenachtel
Soßen nach Wahl

1. Die harten Außenblätter der Artischocke entfernen und das erste obere Drittel mit einem scharfen Messer abschneiden.
2. Besonders gut gelingen die Artischocken, wenn man die Schnittfläche mit einer Scheibe Zitrone belegt und diese festbindet.
3. Für den Sud die Gemüsebrühe mit dem Aceto balsamico und dem Weißwein in einen Topf geben und zum Kochen bringen.
4. Die Lorbeerblätter, die Pfefferkörner, die Wacholderbeeren und die Kräuterzweige untermischen. Das Olivenöl dazugeben und das Ganze einmal aufkochen lassen. Bei mäßiger Hitze 10 Minuten ziehen lassen.
5. Die Artischocken in den Sud einlegen und je nach Größe 30-40 Minuten garen.
6. Anschließend die Artischocken herausnehmen, die Zitronenscheibe entfernen und vorsichtig die Artischockenblüte herausholen.
7. Mit einem Teelöffel das Artischockenheu herausnehmen. Die Artischocken gründlich putzen und anschließend im schwimmenden Fett backen.
8. Die gut abgetropften, gebratenen Artischocken dekorativ anrichten. Mit Aceto balsamico und Olivenöl beträufeln. Zitronenachtel dazu reichen und Soßen nach Wahl dazu servieren.

Feines Artischocken-Fondue

SIE BENÖTIGEN FÜR 4 PERSONEN

8-12 gekochte Artischocken

FÜR DIE EIERSOSSE

6 Eigelb
1 Tasse Weißwein
Saft von 1 Zitrone
einige Tropfen Worcestersoße
200 g Butter
Salz
Pfeffer aus der Mühle
2 EL Tomatenmark
2 Tomaten
1/2 Bund Basilikum
1 Tasse frisch gehackte Kräuter (Dill, Estragon, Kerbel, Schnittlauch)
1 Tasse geschlagene Sahne
1 Becher Sahne
1 Päckchen Sahnesteif
1 Tasse Mayonnaise
Saft von 1 Orange
Würfel von 1 Orange
3 EL bittere Orangenmarmelade
2 cl Orangenlikör
1 1/2 Becher Crème fraîche
2 EL Obstessig
Saft von 1/2 Zitrone
1 Kästchen Kresse

1. Die Artischocken wie beschrieben kochen, gut abtropfen lassen und dekorativ anrichten.
2. Für die Eiersoße das Eigelb mit dem Weißwein, dem Zitronensaft und der Worcestersoße glattrühren. Im Wasserbad oder auf dem Herd zu einem Schaum aufschlagen.
3. Die handwarme Butter tropfenweise unter den Eischaum rühren. Mit Salz und Pfeffer kräftig würzen.
4. Für die Tomaten-Basilikum-Soße ein Drittel der Eiersoße mit dem Tomatenmark und den enthäuteten, entkernten und in Würfel geschnittenen Tomaten verrühren.
5. Das verlesene, gewaschene und feingehackte Basilikum unterziehen. Mit Salz, Pfeffer, Zitronensaft und Worcestersoße kräftig abschmecken und zu den Artischockenblüten reichen.
6. Für die Kräutersoße ein weiteres Drittel der Eiersoße abnehmen. Die gehackten Kräuter untermischen und die geschlagene Sahne vorsichtig unterziehen.
7. Die Kräutersoße mit Salz, Pfeffer, Zitronensaft und Worcestersoße kräftig abschmecken und zu den Artischocken servieren.
8. Für die Orangensoße die Sahne mit dem Sahnesteif schlagen. Die Mayonnaise mit dem Orangensaft, dem gewürfelten Orangenfleisch und der Orangenmarmelade glattrühren und den Orangenlikör unterziehen. Das Ganze vorsichtig unter die Sahne heben, abschmecken und zu den Artischocken servieren.
9. Für die Kressesoße die Crème fraîche mit dem Obstessig und dem Zitronensaft schaumig schlagen. Die verlesene, gewaschene und feingehackte Kresse untermischen, abschmecken und zu den Artischocken servieren.

DAS KULINARISCHE GEMÜSEALPHABET 211

Gebackene Bohnen

SIE BENÖTIGEN FÜR 4 PERSONEN

500 g gekochte dicke Bohnen
1/2 Tasse Olivenöl
2 Knoblauchzehen
1 TL Salz
1 Zwiebel
6 Tomaten
2 EL Tomatenmark
1-2 EL Honig
1 Schuß Weißwein
1 Tasse Aceto balsamico
Salz
Pfeffer aus der Mühle
1 Prise Cayennepfeffer
Pfeffersoße nach Geschmack
Kräuterzweige zum Garnieren

1. Die gekochten dicken Bohnen unter fließendem Wasser abwaschen, gut abtropfen lassen und bereitstellen.
2. Das Olivenöl in einer Pfanne erhitzen. Die geschälten und mit Salz zerriebenen Knoblauchzehen darin anschwitzen.
3. Die Zwiebel schälen und fein hacken. Ins Knoblauchfett geben und kurz braten.
4. Die dicken Bohnen dazugeben und ebenfalls kurz mitbraten.
5. Die enthäuteten, entkernten und in Würfel geschnittenen Tomaten mit dem Tomatenmark, dem Honig und dem Weißwein unter die Bohnen rühren.
6. Das Ganze einmal aufkochen lassen und mit Aceto balsamico ablöschen. Mit Salz, Pfeffer und Cayennepfeffer kräftig abschmecken.
7. Je nach Geschmack mit Pfeffersoße pikant abschmecken, anrichten. Vom Feuer nehmen, erkalten lassen, nochmals abschmecken, mit Kräuterzweigen garnieren und servieren.

Marinierte Champignons

SIE BENÖTIGEN FÜR 4 PERSONEN

400 g kleine Champignonköpfe
Saft von 2 Zitronen
1/2 Tasse Olivenöl
2 Zwiebeln
100 g gekochten Schinken
1 Schuß Weißwein
1 Schuß Obstessig
1 Becher Crème fraîche
Salz
Pfeffer aus der Mühle
1 Prise Muskatpulver
1 Prise Cayennepfeffer
1 Prise Zucker
1/2 Bund Petersilie
1/2 Bund Schnittlauch
1/2 Bund Zitronenmelisse

1. Die Champignonköpfe verlesen, waschen, gut abtropfen lassen und mit Zitronensaft beträufeln.
2. Das Olivenöl in einer Pfanne erhitzen. Die geschälten, feingehackten Zwiebeln darin glasig schwitzen.
3. Den Schinken in feine Würfel oder Streifen schneiden. Mit den Champignonköpfen zu den Zwiebeln geben und kurz mitschwitzen.
4. Mit Weißwein und Obstessig ablöschen und bei mäßiger Hitze 2-3 Minuten dünsten.
5. Die Crème fraîche unterrühren. Das Ganze mit Salz, Pfeffer, Muskat, Cayennepfeffer und Zucker kräftig abschmecken und weitere 4-5 Minuten bei mäßiger Hitze köcheln lassen.
6. Anschließend die marinierten Champignons vom Feuer nehmen, erkalten lassen, nochmals kräftig abschmecken. Die verlesenen, gewaschenen und feingehackten bzw. -geschnittenen Kräuter untermischen, anrichten, ausgarnieren und servieren.

Estragonmöhrchen

SIE BENÖTIGEN FÜR 4 PERSONEN

600 g Karotten
1-2 EL Olivenöl
2 Zwiebeln
1 Schuß Weißwein
1/4 l Gemüsebrühe
1/2 Tasse Obstessig
Salz
Pfeffer aus der Mühle
1 Prise Muskatpulver
1 Prise Zucker
1 Prise Cayennepfeffer
1 Bund Estragon

1. Die Karotten schälen und mit einem Wellenmesser in feine Scheiben schneiden.
2. Das Olivenöl in einem Topf erhitzen. Die geschälten, feingehackten Zwiebeln darin glasig schwitzen.
3. Die Karotten dazugeben und kurz mitschwitzen. Mit Weißwein ablöschen, mit der Gemüsebrühe auffüllen und mit Obstessig säuern.
4. Das Ganze mit Salz, Pfeffer, Muskat, Zucker und Cayennepfeffer kräftig abschmecken. Bei mäßiger Hitze 8-10 Minuten garen.
5. Die Möhrchen vom Feuer nehmen, vollständig erkalten lassen. Den verlesenen, gewaschenen und feingehackten Estragon untermischen Anrichten, ausgarnieren und servieren.

DAS KULINARISCHE GEMÜSEALPHABET 213

Zwiebel-Lauch-Torte

SIE BENÖTIGEN FÜR 4 PERSONEN

800 g gut gewürztes Kalbsbrät
1/2 Becher Sahne
2 Eier
3-4 EL Semmelbrösel
2 Knoblauchzehen
1 TL Salz
1 EL Kräuter der Provence
1 EL geriebene Zitronenschale
1 TL gemahlenen Kümmel
Salz, Pfeffer aus der Mühle
Butter oder Margarine
zum Ausfetten

AUSSERDEM

1-2 EL Butter oder Margarine
500 g Zwiebeln
1 Stange Lauch
1 EL Majoran
1 Schuß Weißwein
1 Bund Schnittlauch
1 Becher Sahne
125 g geriebenen Emmentalerkäse
3 Eier
1 Prise Cayennepfeffer
Kräuterzweige zum Garnieren

1. Das Kalbsbrät in eine Schüssel geben. Die Sahne und die Eier dazugeben und das Brät abschlagen.
2. Mit Semmelbrösel leicht binden. Die geschälten und mit Salz zerriebenen Knoblauchzehen untermischen.
3. Die Masse mit Kräutern der Provence, geriebener Zitronenschale, gemahlenem Kümmel, Salz und Pfeffer kräftig abschmecken.
4. Eine Springform mit Butter oder Margarine ausfetten. Die Kalbsbrätmasse gleichmäßig darin verteilen und glattstreichen.
5. Die Butter oder Margarine in einer Pfanne erhitzen. Die geschälten und in Scheiben geschnittenen Zwiebeln darin glasig schwitzen.
6. Den Lauch putzen, waschen, gut abtropfen lassen und in Scheiben schneiden. Zu den Zwiebeln geben und kurz mitschwitzen.
7. Mit Majoran bestreuen, mit Weißwein ablöschen. Bei mäßiger Hitze 5-8 Minuten dünsten.
8. Die Zwiebelmasse vom Feuer nehmen. Den verlesenen, gewaschenen und feingeschnittenen Schnittlauch untermischen. Die Sahne mit dem Emmentaler und den Eiern verschlagen und vorsichtig unter die Zwiebelmasse heben.
9. Die Zwiebelmasse mit Salz, Pfeffer und Cayennepfeffer kräftig abschmecken und anschließend gleichmäßig auf das Brät verteilen.
10. Die Zwiebel-Lauch-Torte im auf 180-200 Grad vorgeheizten Backofen 20-30 Minuten backen. Herausnehmen, anrichten, ausgarnieren und warm oder kalt servieren.

Saures Paprikagemüse

SIE BENÖTIGEN FÜR 4 PERSONEN

2 Zwiebeln
2 rote Paprikaschoten
2 grüne Paprikaschoten
1 kleine Aubergine
3 EL Olivenöl
2-3 Knoblauchzehen, 1 TL Salz
1 Glas Weißwein
1 kleinen Zucchino
100 g Champignons
Saft von 1 Zitrone
1 große Dose geschälte Tomaten
1 TL Oregano
1 TL Basilikum
einige Tropfen Aceto balsamico
Salz, Pfeffer aus der Mühle
1 Prise Zucker
1 Prise Cayennepfeffer

1. Die Zwiebeln schälen und in mundgerechte Würfel schneiden.
2. Die Paprikaschoten halbieren, entkernen, waschen und in grobe Würfel schneiden.
3. Die Aubergine putzen, waschen und in Würfel schneiden. Mit Salz bestreuen und 10 Minuten ziehen lassen. Anschließend erneut unter fließendem Wasser abwaschen.
4. Das Olivenöl in einem Topf erhitzen. Die geschälten und mit Salz zerriebenen Knoblauchzehen darin anschwitzen.
5. Das Gemüse dazugeben. Bei mäßiger Hitze und unter ständigem Rühren braten.
6. Mit Weißwein ablöschen und das Gemüse 6-8 Minuten dünsten.
7. Den Zucchino putzen, in Würfel schneiden. Mit den halbierten und mit Zitronensaft beträufelten Champignons zum Gemüse geben und weitere 3-4 Minuten garen.
8. Die geschälten Tomaten mit einer Gabel zerdrücken und zum Gemüse geben. Das Ganze mit Oregano, Basilikum, Aceto balsamico, Salz, Pfeffer, Zucker und Cayennepfeffer kräftig abschmecken. Vom Feuer nehmen, vollständig erkalten lassen, anrichten, ausgarnieren und servieren.

Armin's Kartoffelsalat

SIE BENÖTIGEN FÜR 4 PERSONEN

600 g Pellkartoffeln
1-2 EL Olivenöl
1 Knoblauchzehe
2 Zwiebeln
1 Bund Frühlingszwiebeln
3 Paar Wiener Würstchen
1 Stück Salatgurke
3-4 Tomaten
1-2 Tassen Gemüse- oder Fleischbrühe
1/2 Tasse Essig
Salz
Pfeffer aus der Mühle
1 Prise Cayennepfeffer
1 Prise Kümmelpulver
1 Bund Schnittlauch
1 Bund Petersilie

1. Die noch warmen Pellkartoffeln schälen und in Scheiben schneiden.
2. Das Olivenöl in einer Pfanne erhitzen. Die Knoblauchzehe und die Zwiebel schälen, fein hacken, ins Öl geben und kurz anschwitzen.
3. Die Frühlingszwiebeln putzen, waschen, in Scheiben schneiden. Mit den in Scheiben geschnittenen Würstchen zu den Zwiebeln geben und kurz mitschwitzen.
4. Die Salatgurke putzen, in dünne Scheiben schneiden. Die Tomaten enthäuten, entkernen und würfeln.
5. Tomaten, Salatgurken und die Würstchenmasse zu den Kartoffeln geben und alles vorsichtig miteinander vermischen.
6. Die Gemüse- oder Fleischbrühe in die Pfanne geben, den Essig dazugeben und erwärmen.
7. Mit Salz, Pfeffer, Cayennepfeffer und Kümmel kräftig würzen. Die verlesenen, gewaschenen und feingehackten bzw. -geschnittenen Kräuter untermischen und den Salat damit anmachen.
8. Den Kartoffelsalat mindestens 20 Minuten ruhen lassen. Anschließend nochmals abschmecken, anrichten, ausgarnieren und servieren.

DAS KULINARISCHE GEMÜSEALPHABET 217

Krautsalat mit saurer Sahne

SIE BENÖTIGEN FÜR 4 PERSONEN

600 g Weißkraut
1/2 l Gemüsebrühe
1/2 Tasse Obstessig, 1 EL Salz

AUSSERDEM

2 EL Olivenöl
150 g durchwachsenen geräucherten Speck
2 Zwiebeln
1 Glas Weißwein
2 Becher saure Sahne
Saft von 1 Zitrone
Salz, Pfeffer aus der Mühle
Cayennepfeffer, Zucker
4 Tomaten
1 Kästchen Kresse
1 Bund Basilikum

1. Das Weißkraut in feine Streifen schneiden oder hobeln. Unter fließendem Wasser abwaschen, gut abtropfen lassen.
2. Die Gemüsebrühe in einen Topf geben, erhitzen und das Weißkraut darin kurz blanchieren. Herausnehmen, gut abtropfen lassen und in eine Schüssel geben.
3. Den Obstessig und das Salz gleichmäßig dazugeben. Das Ganze mit den Händen so lange kneten, bis das Weißkraut weich und geschmeidig geworden ist.
4. Das Olivenöl in einer Pfanne erhitzen und den in feine Würfel geschnittenen Speck braten.
5. Die Zwiebeln schälen, fein hacken, zum Speck geben und kurz mitbraten.
6. Mit Weißwein ablöschen, die saure Sahne und den Zitronensaft untermischen. Vom Feuer nehmen, mit Salz, Pfeffer, Cayennepfeffer und Zucker kräftig abschmecken und das Weißkraut damit anmachen.
7. Die Tomaten enthäuten, entkernen, in Würfel schneiden. Die Kresse verlesen und das Basilikum verlesen, waschen, grob hacken. Mit den Tomatenwürfeln unter den Krautsalat heben, anrichten, ausgarnieren und servieren.

Kalte Gemüsesuppe

SIE BENÖTIGEN FÜR 4 PERSONEN

6 Tomaten, 1 kleine Salatgurke
1 Zwiebel, 2 Knoblauchzehen
1 rote Paprikaschote
1 grüne Paprikaschote
1/4 l Sangrita pikante
1/4 l Fleisch- oder Gemüsebrühe
100 g entrindetes Weißbrot
1 Schuß Rotwein
2-3 EL Tomatenmark
Zitronensaft, Worcestersoße
Pfeffersoße
Aceto balsamico, Olivenöl
Salz, Pfeffer aus der Mühle
Cayennepfeffer, Zucker
2 Tassen Knoblauch-Croutons
1 Becher saure Sahne
Kräuterzweige zum Garnieren

1. Die Tomaten enthäuten, entkernen und würfeln.
2. Die Salatgurke putzen, halbieren, mit einem Teelöffel das Kerngehäuse herausschaben. Das Fruchtfleisch würfeln.
3. Die Zwiebel und die Knoblauchzehen schälen und fein hacken.
4. Die Paprikaschoten halbieren, entkernen, waschen und würfeln.
5. Die Hälfte des Gemüses in eine Schüssel geben und bereitstellen. Die andere Hälfte mit dem Sagrita pikante, der Brühe, dem feingehackten Weißbrot, dem Rotwein und dem Tomatenmark im Mixer pürieren.
6. Die Suppe mit Zitronensaft, Worcestersoße, Pfeffersoße, Essig, Öl, Salz, Pfeffer, Cayennepfeffer und Zucker kräftig abschmecken. Im Kühlschrank vollständig auskühlen lassen.
7. Das Gemüse in die Suppe geben. Die Gemüsesuppe anrichten. Mit Knoblauch-Croutons bestreuen. Mit einem Klacks saurer Sahne überziehen, mit Kräutern garnieren und servieren.

Dill-Kaltschale

SIE BENÖTIGEN FÜR 4 PERSONEN

1 kleine Salatgurke
1 kleinen Zucchino
2 Knoblauchzehen
1 TL Salz
4 Tomaten
1 Zwiebel
1 Schuß Weißwein
1/4 l Buttermilch
1/4 l Joghurt
1/4 l Sahne
Salz
Pfeffer aus der Mühle
1 Prise Cayennepfeffer
1 Prise Muskatpulver
1 Prise Zucker
1 Bund Dill
2 Tassen Knoblauch-Croutons

1. Die Salatgurke und den Zucchino putzen, halbieren. Das Kerngehäuse mit einem Teelöffel herauslösen und anschließend beides in sehr feine Würfel schneiden.
2. Die Knoblauchzehen schälen, fein hacken. Mit Salz zu einer Paste zerreiben.
3. Die Tomaten enthäuten, entkernen und in Würfel schneiden. Die Zwiebel schälen und fein reiben.
4. Das Gemüse in eine Schüssel geben. Den Weißwein mit der Buttermilch, dem Joghurt und der Sahne glattrühren und unter das Gemüse mischen.
5. Die Kaltschale mit Salz, Pfeffer, Cayennepfeffer, Muskat und Zucker kräftig abschmecken und den verlesenen, gewaschenen und feingeschnittenen Dill untermischen.
6. Die Kaltschale anrichten, mit Knoblauch-Croutons bestreuen, ausgarnieren und servieren.

Geeiste Rinderkraftbrühe mit Pernod

SIE BENÖTIGEN FÜR 4 PERSONEN

2 Fenchelknollen
1-2 EL Butter, 1 Zwiebel
1 Schuß Weißwein
200 g gekochte Ochsenbrust
200 g frische Waldpilze
2 Tomaten
3/4 l entfettete Rinderkraftbrühe
4 cl Pernod
1/2 Bund Estragon
1/2 Bund Kerbel
Salz, Pfeffer aus der Mühle
Cayennepfeffer, Muskatpulver
1 Prise Zucker

1. Den Fenchel putzen, waschen und gut abtropfen lassen. In feine Streifen schneiden und in wenig Butter glasig schwitzen.
2. Die feingehackte Zwiebel dazugeben, kurz mitschwitzen und mit Weißwein ablöschen. Das Ganze 5-6 Minuten dünsten lassen.
3. Die Ochsenbrust in feine Streifen schneiden. Mit den geputzten und kleingeschnittenen Waldpilzen zum Gemüse geben und kurz mitgaren.
4. Die enthäuteten, entkernten und gewürfelten Tomaten untermischen. Mit der entfetteten Rinderkraftbrühe auffüllen.
5. Bei mäßiger Hitze kurz ziehen lassen und mit Pernod abrunden.
6. Den Estragon und den Kerbel verlesen, waschen, gut abtropfen lassen. Die Blättchen abpflücken, in die Suppe geben und im Gefrierschrank kurz frosten lassen. Es sollen sich aber keine Eisschichten bilden.
7. Die Rinderkraftbrühe mit Salz, Pfeffer, Cayennepfeffer, Muskat und Zucker nochmals kräftig abschmecken, anrichten, ausgarnieren und servieren.

DAS KULINARISCHE GEMÜSEALPHABET 219

Kopfsalatherzen mit Bündner Fleisch

SIE BENÖTIGEN FÜR 4 PERSONEN

2 feste Salatköpfe
100 g Bündner Fleisch

AUSSERDEM

1/2 Tasse Weißwein
1/2 Tasse Fleischbrühe
1/2 Tasse Estragonessig
1 Röhrchen Kapern
1 Zwiebel
4 hartgekochte Eier
1-2 EL Dijonsenf
1/2 Tasse Olivenöl
Salz
Pfeffer aus der Mühle
1 Prise Cayennepfeffer
1 Prise Zucker
1 Kästchen Kresse
1/2 Bund Schnittlauch
1/2 Bund Petersilie

1. Die Salatköpfe großzügig putzen. Die Salatherzen vierteln, unter fließendem Wasser abwaschen, gut abtropfen lassen und dekorativ anrichten.
2. Das in sehr feine Scheiben geschnittene Bündner Fleisch zu Rosen drehen und zu den Kopfsalatherzen geben.
3. Den Weißwein mit der Fleischbrühe und dem Essig in eine Schüssel geben und verrühren.
4. Die gut abgetropften Kapern und die geschälte und geriebene Zwiebel dazugeben.
5. Die Eier schälen, halbieren. Das Eigelb herauslösen, mit dem Dijonsenf, dem Olivenöl und den restlichen Zutaten in den Mixer geben und alles kräftig verschlagen. Das Dressing mit Salz, Pfeffer, Cayennepfeffer und Zucker kräftig abschmecken.

6. Die Kresse, den Schnittlauch und die Petersilie verlesen, waschen, gut abtropfen lassen, fein hacken. Mit dem gehackten Eiweiß unter die Soße rühren. Das Ganze gleichmäßig auf die Kopfsalatherzen verteilen, anrichten, ausgarnieren und servieren.

Rotweinrettiche mit Käsefüllung

SIE BENÖTIGEN FÜR 4 PERSONEN

1 weißen und 1 roten Rettich

FÜR DIE FÜLLUNG

100 g Butter oder Margarine
200 g Romadur
1 Schuß Sahne
1 Zwiebel
1/2 Bund Petersilie
1/2 Bund Schnittlauch
einige Tropfen Zitronensaft
einige Tropfen Weinessig
Salz, Pfeffer aus der Mühle
Cayennepfeffer, Zucker

1. Die Rettiche dünn schälen und vorsichtig aushöhlen.
2. Für die Füllung die Butter oder Margarine schaumig schlagen. Den Romadur mit einer Gabel zerdrücken. Mit der Sahne unter die Butter schlagen.
3. Die Zwiebel fein hacken. Mit den verlesenen, gewaschenen und feingehackten bzw. -geschnittenen Kräutern unter die Masse rühren.
4. Das Ganze mit Zitronensaft, Essig, Salz, Pfeffer, Cayennepfeffer und Zucker abschmecken und in die Rettiche füllen.
5. Die Rettiche kurz im Kühlschrank erkalten lassen, anrichten, ausgarnieren und servieren.

Brotzeitrettiche mit Bratenfüllung

SIE BENÖTIGEN FÜR 4 PERSONEN

1 weißen und 1 roten Rettich

FÜR DIE FÜLLUNG

100 g Butter oder Margarine
1 Schuß Sahne
50 g kalten Braten
50 g gekochten Schinken
50 g rote Zwiebeln
50 g Emmentalerkäse
einige Tropfen Zitronensaft
einige Tropfen Worcestersoße
Salz
Pfeffer aus der Mühle
einige Tropfen Weinbrand
1/2 Bund Petersilie
1/2 Bund Schnittlauch

1. Den weißen und den roten Rettich dünn schälen und vorsichtig aushöhlen.
2. Die Butter oder Margarine in einer Schüssel schaumig schlagen. Die Sahne kräftig darunterrühren.
3. Den kalten Braten, den gekochten Schinken, die geschälte Zwiebel und den Emmentaler in sehr feine Würfel schneiden, unter die Butter oder Margarine rühren.
4. Die Masse mit Zitronensaft, Worcestersoße, Salz, Pfeffer und Weinbrand aromatisieren. Die verlesenen, gewaschenen und feingehackten bzw. -geschnittenen Kräuter untermischen.
5. Die Masse in die Rettiche füllen. Im Kühlschrank erkalten lassen, anrichten, ausgarnieren und servieren.

DAS KULINARISCHE GEMÜSEALPHABET 221

Die Vorratsküche
läßt's perfekt geraten

Wildkräuter-Ketchup

2 kg Tomaten
1/4 l Obstessig
1/4 l Weißwein
500 g Zwiebeln
2 Lorbeerblätter
Nelken, Pfefferkörner
Wacholderbeeren
Pimentkörner, Senfkörner
150-200 g Honig
je 1 Zweig Thymian, Rosmarin und Majoran
Salz, Pfeffer aus der Mühle
1 TL Muskatpulver
1 TL Pimentpulver
2 Tassen gehackte Wildkräuter
1 Tasse Olivenöl
Johannisbrotkernmehl

1. Die Tomaten waschen, den Strunk herauslösen und das Fruchtfleisch würfeln.
2. Die Tomatenwürfel mit dem Obstessig, dem Weißwein, den sehr fein gehackten Zwiebeln, den Lorbeerblättern, den Nelken, den Pfefferkörnern, den Wacholderbeeren, den Pimentkörnern und den Senfkörnern in einen Topf geben und zum Kochen bringen.
3. Den Honig und die Kräuterzweige dazugeben. Das Ganze bei mäßiger Hitze 30-40 Minuten köcheln lassen.
4. Nach Ende der Garzeit die Masse durch ein Sieb passieren und erneut erhitzen.
5. Mit Salz, Pfeffer, Muskat und Pimentpulver kräftig würzen. Die verlesenen, gewaschenen und frisch gehackten Kräuter untermischen.
6. Das Olivenöl einrühren und mit Johannisbrotkernmehl binden.
7. Den Wildkräuter-Ketchup in saubere Flaschen füllen, verschließen und zum weiteren Verzehr bereitstellen.

Hausgemachter Tomatenketchup

2,5 kg Tomaten
1/4 l Obstessig
2 Lorbeerblätter
einige Nelken
einige Wacholderbeeren
einige Pfefferkörner
einige Pimentkörner
1 Zimtstange
1/4 l Gemüse- oder Fleischbrühe
1 Schuß Weißwein
2 EL Curry
2 EL Paprikapulver
Salz
Pfeffer aus der Mühle
1 Prise Cayennepfeffer
150-200 g Zucker
1 Tasse Olivenöl
Johannisbrotkernmehl

1. Die Tomaten waschen, den Strunk herausschneiden und das Fruchtfleisch würfeln.
2. Die Tomaten mit dem Obstessig, den Lorbeerblättern, den Nelken, den Wacholderbeeren, den Pfefferkörnern, den Pimentkörnern und der Zimtstange in einen Topf geben und zum Kochen bringen.
3. Die Brühe, den Weißwein, den Curry und das Paprikapulver untermischen. Mit Salz, Pfeffer, Cayennepfeffer und Zucker nach Geschmack abschmecken.
4. Das Ganze zugedeckt bei mäßiger Hitze 30-40 Minuten köcheln lassen.
5. Anschließend durch ein Sieb passieren und erneut erhitzen. Das Olivenöl einrühren, nochmal kräftig abschmecken und mit Johannisbrotkernmehl binden.
6. Den Ketchup in saubere Flaschen füllen, verschließen und zum weiteren Verzehr bereitstellen.

Früchteketchup

500 g Himbeeren, 500 g Erdbeeren
500 g Johannisbeeren, 1 kg Tomaten
1/4 l Johannisbeersaft
1/4 l Himbeeressig
4 Knoblauchzehen, 1 TL Salz
2 Lorbeerblätter, einige Nelken
2 EL Pfefferkörner
2 EL Wacholderbeeren
2 EL Senfkörner, 150-200 g Zucker
je 1 Zweig Thymian und Rosmarin
Salz, Pfeffer aus der Mühle
1 Prise Cayennepfeffer
1 TL Pimentpulver
1/2 TL Muskatpulver
1 Tasse Olivenöl
Johannisbrotkernmehl

1. Die Beeren verlesen, waschen, gut abtropfen lassen und in einen Topf geben.
2. Die Tomaten waschen, den Strunk herauslösen, würfeln und zu den Beeren geben.
3. Den Johannisbeersaft und den Himbeeressig angießen. Die mit Salz zerriebenen Knoblauchzehen dazugeben.
4. Die Lorbeerblätter, die Nelken, die Pfefferkörner, die Wacholderbeeren, die Senfkörner, den Zucker und die Kräuterzweige dazugeben. Bei mäßiger Hitze 30-40 Minuten köcheln lassen.
5. Den Früchteketchup mit Salz, Pfeffer, Cayennepfeffer, Curry, Piment- und Muskatpulver kräftig abschmecken. Anschließend durch ein Sieb in einen Topf passieren.
6. Den Früchteketchup nochmals erhitzen, das Olivenöl einrühren und mit Johannisbrotkernmehl binden. In saubere Flaschen füllen, verschließen und zum weiteren Verzehr bereitstellen.

DIE VORRATSKÜCHE 225

Apfel-Chutney

500 g säuerliche Äpfel
500 g Tomaten
250 g Zwiebeln
1 grüne und 1 rote Pfefferschote
2 Knoblauchzehen
1 EL Salz
1/8 l Obstessig
3/8 l Weißwein
100 g Rumrosinen
2 EL geriebene Zitronenschale
2 EL geriebene Orangenschale
150 g Gelierzucker
Salz
Pfeffer aus der Mühle

1. Die Äpfel schälen, entkernen und in sehr feine Würfel schneiden.
2. Die Tomaten enthäuten, entkernen und ebenfalls würfeln.
3. Die Zwiebeln schälen, fein hacken. Die Pfefferschoten halbieren, entkernen und in sehr feine Würfel schneiden.
4. Die Knoblauchzehen schälen und mit Salz zu einer Paste zerreiben.
5. Das Ganze mit dem Obstessig, dem Weißwein und den Rumrosinen in einen Topf geben.
6. Die Zitronen- und Orangenschale mit dem Gelierzucker unter die Früchte rühren. Das Ganze unter ständigem Rühren 6-8 Minuten köcheln lassen.
7. Das Apfel-Chutney mit Salz und Pfeffer kräftig abschmecken. In saubere Einmachgläser füllen, verschließen und zum weiteren Verzehr bereitstellen.

Gemüse-Chutney

250 g Karotten	
250 g Sellerie	
250 g Lauch	
500 g Zwiebeln	
2 Knoblauchzehen	
1/8 l Estragonessig	
1/4 l Gemüsebrühe	
1/8 l Weißwein	
2 Lorbeerblätter	
Nelken, Pfefferkörner	
Senfkörner	
Salz, Pfeffer aus der Mühle	
1 Prise Muskatpulver	
1-2 EL Curry	
1 TL Pimentpulver	
1/2 TL Ingwerpulver	
150 g Gelierzucker	
1/2 Bund Schnittlauch	
1/2 Bund Petersilie	

1. Die Karotten, den Sellerie, den Lauch und die Zwiebeln putzen, waschen und sehr fein würfeln.
2. Die Knoblauchzehen schälen und fein hacken. Mit dem Gemüse, dem Estragonessig, der Brühe und dem Weißwein in einen Topf geben.
3. Die Lorbeerblätter, die Nelken, die Pfefferkörner, die Senfkörner in einen Gewürzbeutel geben und unter das Gemüse mischen.
4. Das Ganze mit Salz, Pfeffer, Muskat, Curry, Piment- und Ingwerpulver kräftig würzen. Den Gelierzucker einrühren und bei mäßiger Hitze 6-8 Minuten unter ständigem Rühren kochen lassen.
5. Die verlesenen, gewaschenen und feingehackten bzw. -geschnittenen Kräuter untermischen. In saubere Einmachgläser füllen und zum weiteren Verzehr bereitstellen.

Gemüse-Relish

500 g Karotten
500 g Orangen
500 g Zwiebeln
50 g Blattspinat
1 rote Peperoni
1 Tasse Essig
1 Glas Weißwein
500 g bittere Orangenmarmelade
4 cl Weinbrand
Salz
Pfeffer aus der Mühle
1 TL Ingwerpulver
1 EL Curry
1 TL Pimentpulver
1/2 TL Muskatpulver

1. Die Karotten und die Orangen sowie die Zwiebeln schälen, in Würfel schneiden und durch die feine Scheibe des Fleischwolfs drehen.
2. Den verlesenen, gewaschenen, gut abgetropften Blattspinat mit der halbierten, entkernten Peperoni ebenfalls durch den Fleischwolf drehen.
3. Die Masse mit dem Essig und dem Weißwein in einen Topf geben und bei mäßiger Hitze 8-10 Minuten köcheln lassen.
4. Die Orangenmarmelade mit dem Weinbrand einrühren. Das Ganze mit Salz, Pfeffer, Ingwerpulver, Curry, Piment- und Muskatpulver kräftig abschmecken. 2-3 Minuten köcheln lassen. In saubere Einmachgläser einfüllen und zum weiteren Verzehr bereitstellen.

Ananas-Relish

1 Ananas (ca. 1 kg)
500 g Zwiebeln
1 rote Paprikaschote
1 grüne Paprikaschote
1/4 l Weißweinessig
1/4 l Orangensaft
1/2 Glas Dijonsenf
150 g Gelierzucker
Salz
Pfeffer aus der Mühle
2 EL Curry
1 TL Ingwerpulver
1 TL Pimentpulver
1/2 TL Muskatpulver
1/2 TL Anispulver
1 Bund Zitronenmelisse
1 kleines Glas grüne Pfefferkörner

1. Die Ananas schälen, halbieren, den Strunk herauslösen und das Fruchtfleisch würfeln.
2. Die Zwiebeln würfeln. Die Paprikaschoten halbieren, entkernen, waschen und würfeln.
3. Das Ananasfruchtfleisch mit dem Gemüse durch die feine Scheibe des Fleischwolfs drehen. Mit dem Weißweinessig, dem Orangensaft und dem Senf vermischen. Den Gelierzucker einrühren und bei mäßiger Hitze unter ständigem Rühren 6-8 Minuten köcheln lassen.
4. Mit Salz, Pfeffer, Curry, Ingwer-, Piment-, Muskat- und Anispulver kräftig abschmecken.
5. Die feingehackte Zitronenmelisse mit den Pfefferkörnern einrühren und nochmals erhitzen. In saubere Einmachgläser füllen und zum weiteren Verzehr bereitstellen.

Hausmacher-Senf

200 g gelbes Senfmehl
200 g grünes Senfmehl
300 g Farinzucker
1/8 l Obstessig
1/4 l Gemüse- oder Fleischbrühe
200 g Zwiebeln
2 Lorbeerblätter
einige Nelken
einige Pfefferkörner
einige Pimentkörner
Salz
Pfeffer aus der Mühle
1 Prise Cayennepfeffer
1 Prise Zucker

1. Das gelbe Senfmehl mit dem grünen Senfmehl und dem Farinzucker in eine Schüssel geben und gut miteinander verrühren.
2. Den Obstessig mit der Gemüse- oder Fleischbrühe in einen Topf geben und zum Kochen bringen.
3. Die Zwiebeln schälen, fein reiben und in den Sud geben.
4. Die Lorbeerblätter, die Nelken, die Pfefferkörner und die Pimentkörner in einen Gewürzbeutel füllen und ebenfalls in den Sud geben. Das Ganze bei mäßiger Hitze 8-10 Minuten ziehen lassen.
5. Anschließend den heißen Sud unter das Senfmehl rühren. Mit Salz, Pfeffer, Cayennepfeffer und Zucker kräftig abschmecken.
6. Den Hausmacher Senf in saubere Einmachgläser füllen, verschließen und mindestens 3-4 Wochen an einem kühlen Ort ruhen lassen. So verliert der Senf seine Schärfe und ist dann verzehrfertig.

Tomaten-Gelee

1 kg Tomaten
1/2 l Tomatensaft
1 Zimtstange
einige Nelken
einige Pfefferkörner
einige Pimentkörner
einige Wacholderbeeren
je 1 Zweig Basilikum und Oregano
1 Tasse Obstessig
Salz
Pfeffer aus der Mühle
1 Prise Cayennepfeffer
750 g Gelierzucker

1. Die Tomaten enthäuten, entkernen, in Würfel schneiden und mit dem Tomatensaft in einen Topf geben.
2. Die Zimtstange, die Nelken, die Pfefferkörner, die Pimentkörner, die Wacholderbeeren, die Kräuterzweige und den Obstessig dazugeben. Das Ganze bei mäßiger Hitze 10 Minuten ziehen lassen.
3. Anschließend durch ein Sieb passieren. Mit Salz, Pfeffer und Cayennepfeffer kräftig abschmecken. Den Gelierzucker einrühren und unter ständigem Rühren 5-6 Minuten sprudelnd kochen lassen.
4. Das Tomatengelee in saubere Einmachgläser füllen, verschließen und zum weiteren Verzehr bereitstellen.

Paprika-Gelee

750 g rote Paprikaschoten
1/4 l Sangrita pikante
1 Tasse Obstessig
einige Lorbeerblätter
einige Nelken
einige Pfefferkörner
einige Wacholderbeeren
einige Senfkörner
3-4 EL Tomatenmark
2 Knoblauchzehen
1 TL Salz
Pfeffer aus der Mühle
1 Prise Cayennepfeffer
750 g Gelierzucker

1. Die Paprikaschoten enthäuten, halbieren, entkernen, würfeln. Mit dem Sangrita pikante im Mixer oder mit dem Pürierstab pürieren.
2. Den Obstessig angießen. Die Lorbeerblätter, die Nelken, die Pfefferkörner, die Wacholderbeeren und die Senfkörner in einen Gewürzbeutel geben und in den Sud legen.
3. Das Tomatenmark und die mit Salz zerriebenen Knoblauchzehen untermischen. Das Ganze bei mäßiger Hitze 6-8 Minuten ziehen lassen.
4. Anschließend durch ein Sieb passieren, nochmals erhitzen. Mit Salz, Pfeffer und Cayennepfeffer kräftig abschmecken und den Gelierzucker einrühren.
5. Unter ständigem Rühren 5-6 Minuten sprudelnd kochen lassen, abschäumen. Das Ganze in saubere Einmachgläser füllen und zum weiteren Verzehr bereitstellen.

Ananas-Pfeffer-Marmelade

1 mittelgroße Ananas
250 g Kiwis
1 kleines Glas grüne Pfefferkörner
Saft von 2 Zitronen
2 EL geriebene Zitronenschale
2 EL geriebene Orangenschale
1 TL Ingwerpulver
1 Tasse Weinbrand
1 kg Gelierzucker
1 Bund Zitronenmelisse
1 Bund Pfefferminze

1. Die Ananas dünn schälen, halbieren, den Strunk herauslösen und das Fruchtfleisch würfeln.
2. Die Kiwis ebenfalls dünn schälen und würfeln.
3. Das Ananasfruchtfleisch und die Kiwis im Mixer oder mit dem Pürierstab pürieren. Mit den gut abgetropften Pfefferkörnern, dem Zitronensaft, der Zitronenschale und der Orangenschale in einen Topf geben.
4. Das Ingwerpulver untermischen. Das Ganze mit Weinbrand aromatisieren und den Gelierzucker einrühren.
5. Das Ganze unter ständigem Rühren zum Kochen bringen und 4-5 Minuten sprudelnd kochen lassen.
6. Die Ananasmarmelade abschäumen. Die verlesenen, gewaschenen und feingehackten bzw. -geschnittenen Kräuter untermischen.
7. Die Ananasmarmelade in saubere Einmachgläser füllen und verschließen. Vollständig erkalten lassen und zum weiteren Verzehr bereitstellen.

Feigen-Pflaumen-Marmelade mit Portwein

500 g frische Feigen
500 g Pflaumen
1/4 l Portwein
1 Tasse Dijonsenf
1/2 Tasse Obstessig
1 EL Zimtpulver
1 TL Nelkenpulver
1/2 TL Muskatpulver
1 TL Korianderpulver
1/2 TL Anispulver
1 kg Gelierzucker

1. Die Feigen schälen, halbieren, in Würfel schneiden. Die Pflaumen ebenfalls halbieren, entkernen und würfeln.
2. Feigen und Pflaumen mit dem Portwein im Mixer oder mit dem Pürierstab pürieren. Mit dem Dijonsenf und dem Obstessig in einen Topf geben.
3. Das Zimtpulver, das Nelkenpulver, das Muskatpulver, das Korianderpulver und das Anispulver untermischen.
4. Den Gelierzucker einrühren und das Ganze unter ständigem Rühren 5-6 Minuten sprudelnd kochen lassen.
5. Die Marmelade abschäumen, nochmal kräftig abschmecken. In saubere Einmachgläser füllen, vollständig erkalten lassen und zum weiteren Verzehr bereitstellen.

Gewürzgurken

2 kg Einlegegurken
4 EL Salz
Mineralwasser zum Übergießen
500 g Zwiebeln
100 g Senfkörner
4 Lorbeerblätter
2 EL Wacholderbeeren
2 EL Pimentkörner
2 EL Pfefferkörner
200-250 g Zucker
1/4 l Weißwein
1/2 l Obstessig
je 1 Zweig Bohnen- und Maggikraut
1 Bund Dill
Salz nach Geschmack

1. Die Einlegegurken unter fließendem Wasser abwaschen, gut abtropfen lassen und in eine Schüssel geben. Mit dem Salz bestreuen und mit dem Mineralwasser übergießen. Über Nacht zugedeckt an einen warmen Ort stellen.
2. Die Zwiebeln in feine Scheiben schneiden. Mit den Senfkörnern, den Lorbeerblättern, den Wacholderbeeren, den Piment- und den Pfefferkörnern vermischen und bereitstellen.
3. Den Zucker mit dem Weißwein, dem Obstessig und den Kräutern in einen Topf geben und so lange kochen, bis sich der Zucker vollständig aufgelöst hat.
4. Die Einlegegurken schichtweise mit der Zwiebel-Gewürz-Mischung und dem zerpflückten Dill in saubere Einmachgläser füllen.
5. Den Sud mit etwa 1 1/2 Liter Mineralwasser auffüllen. Nochmals zum Kochen bringen und heiß über die Gurken verteilen.
6. Die Einmachgläser verschließen und 30-40 Minuten einwecken. Herausnehmen, vollständig erkalten lassen und zum weiteren Verzehr bereitstellen.

Pfeffergürkchen

2 kg sehr kleine Einlegegurken
4 EL Salz
Mineralwasser zum Übergießen
100 g weiße und schwarze Pfefferkörner
50 g Senfkörner
einige Nelken
einige Lorbeerblätter
500 g Silberzwiebeln
1 l Weißwein
1/2 l Dillessig
200-250 g Zucker
2 Bund Dill
1 Tasse Dillblüten

1. Die Pfeffergürkchen unter fließendem Wasser abwaschen, trockentupfen. Mit Salz bestreuen, mit Mineralwasser übergießen und über Nacht ziehen lassen.
2. Die Pfefferkörner mit den Senfkörnern, den Nelken, den Lorbeerblättern und den geschälten Silberzwiebeln vermischen.
3. Den Weißwein und den Dillessig mit dem Zucker in einen Topf geben. Die Gewürze einrühren und das Ganze bei mäßiger Hitze 6-8 Minuten ziehen lassen.
4. Die Gürkchen schichtweise mit dem verlesenen, gewaschenen und zerpflückten Dill sowie den Dillblüten in saubere Einmachgläser füllen.
5. Den heißen Sud angießen, die Einmachgläser verschließen und das Ganze 30-40 Minuten einwecken. Vollständig erkalten lassen und zum weiteren Verzehr bereitstellen

Milchsaure Gurken

2,5 kg Einlegegurken
500 g kleine Zwiebeln
oder Schalotten
4 Knoblauchzehen
100 g frisch geriebenen Meerrettich
50 g Senfkörner
50 g weiße Pfefferkörner
2-3 EL Pimentkörner
2-3 EL Anis, einige Lorbeerblätter
50 g Salz
2 l Mineralwasser
1 Bund Dill, 1 Bund Estragon
1 Tasse Dillblüten

1. Die Gurken mit einem Zahnstocher mehrmals einstechen und bereitstellen.
2. Die Zwiebeln schälen, je nach Größe vierteln oder halbieren. Die Knoblauchzehen ebenfalls schälen und in Stifte schneiden.
3. Den Meerrettich mit den Senfkörnern, den Pfefferkörnern, den Pimentkörnern, dem Anis und den zerriebenen Lorbeerblättern vermischen und bereitstellen.
4. Das Salz mit dem Mineralwasser zum Kochen bringen.
5. Die Kräuter zerpflücken. Die Dillblüten ebenfalls bereitstellen.
6. Die Einlegegurken schichtweise mit den Zwiebeln, dem Knoblauch, der Gewürzmischung, den Kräuterzweigen und den Dillblüten in einen sauberen Gärtopf schichten.
7. Das lauwarme Mineralwasser angießen, ein entsprechend großes Holzbrett darauf legen und mit Steinen beschweren.
8. Den Gärtopf verschließen und 8 Tage bei Zimmertemperatur gären lassen.
9. An einem kühlen Ort weitere 2-3 Wochen ziehen lassen. Erst dann sind die „Milchsauren Gurken" verzehrfertig.

DIE VORRATSKÜCHE 235

Scharfe Wachsbohnen

2 kg Wachsbohnen
500 g Karotten
250 g Zwiebeln
6-8 Chilischoten
4 Knoblauchzehen
1 l Gemüsebrühe
3/4 l Weißwein
1/4 l Estragonessig
1 Bund Bohnenkraut
4 EL Salz
100 g Zucker
einige Lorbeerblätter
einige Nelken
einige Pfefferkörner
einige Wacholderbeeren

1. Die verlesenen, geputzten, gewaschenen und gut abgetropften Wachsbohnen bereitstellen.
2. Die Karotten schälen und in Stifte schneiden.
3. Die Zwiebeln schälen und vierteln. Die Chilischoten waschen, halbieren und entkernen.
4. Die Knoblauchzehen schälen und in Stifte schneiden.
5. Die Wachsbohnen mit den Karotten, den Zwiebeln, den Chilischoten und den Knoblauchzehen schichtweise in saubere Einmachgläser füllen.
6. Die Gemüsebrühe mit dem Weißwein, dem Estragonessig, dem verlesenen Bohnenkraut, dem Salz, dem Zucker, den Lorbeerblättern, den Nelken, den Pfefferkörnern und den Wacholderbeeren in einen Topf geben und zum Kochen bringen.
7. Den Sud gleichmäßig auf dem Gemüse verteilen. Die Einmachgläser verschließen. Bei mäßiger Hitze 30-40 Minuten einkochen.
8. Die Einmachgläser herausnehmen, vollständig erkalten lassen und zum weiteren Verzehr bereitstellen.

Gemüse-Pickles

500 g Silberzwiebeln
500 g sehr kleine Einlegegurken
500 g rote Paprikaschoten
500 g Karotten
500 g Blumenkohlröschen
1 l Gemüsebrühe
3/4 l Weißwein
1/4 l Kräuteressig
100-150 g Zucker
4 EL Salz
2 Zimtstangen
2 EL Pimentkörner
2 EL Korianderkörner
50 g weiße Pfefferkörner
50 g Senfkörner

1. Die Silberzwiebeln schälen. Die Einlegegurken waschen, gut abtropfen lassen. Die Paprikaschoten halbieren, entkernen, waschen und in mundgerechte Würfel schneiden. Die Karotten schälen und mit dem Bundmesser in Scheibchen schneiden. Die Blumenkohlröschen in mundgerechte Stückchen zerpflücken.
2. Das Gemüse schichtweise in saubere Einmachgläser füllen.
3. Die Gemüsebrühe mit dem Weißwein und dem Kräuteressig in einen Topf geben und zum Kochen bringen.
4. Den Zucker, das Salz, die Zimtstangen, die Pimentkörner, die Korianderkörner, die Pfefferkörner und die Senfkörner dazugeben. Das Ganze bei mäßiger Hitze 6-8 Minuten köcheln lassen.
5. Anschließend den Sud heiß auf dem Gemüse verteilen. Die Einmachgläser verschließen und das Ganze bei 75 Grad 30-40 Minuten einwecken.
6. Die Gemüse-Pickles herausnehmen, vollständig erkalten lassen und zum weiteren Verzehr bereitstellen.

Senfgurken

2 kg Senfgurken
4 EL Salz
1 l Gemüsebrühe
1 Flasche Weißwein
1/4 l Obstessig
500 g Zwiebeln
100 g Senfkörner
1 Tasse Dijonsenf
100-150 g Zucker
2 Zimtstangen
einige Nelken
einige Pfefferkörner
einige Wacholderbeeren
4 EL geriebene Zitronenschale

1. Die Senfgurken schälen und in mundgerechte Stücke schneiden.
2. Die Senfgurken mit Salz bestreuen und im Kühlschrank 10-15 Minuten ziehen lassen.
3. Die Gemüsebrühe mit dem Weißwein und dem Obstessig sowie den geschälten, geviertelten Zwiebeln in einen Topf geben und zum Kochen bringen.
4. Die Senfkörner und den Dijonsenf mit dem Zucker einrühren. Das Ganze bei mäßiger Hitze 4-5 Minuten ziehen lassen.
5. Die Zimtstangen, die Nelken, die Pfefferkörner, die Wacholderbeeren und die geriebene Zitronenschale untermischen.
6. Die Senfgurken dekorativ in Einmachgläser schichten und mit dem heißen Sud übergießen. Die Einmachgläser verschließen und das Ganze bei 75 Grad 30-40 Minuten einkochen.
7. Die Senfgurken herausnehmen, vollständig erkalten lassen und zum weiteren Verzehr bereitstellen.

Bauerngurken

2 kg Einlegegurken
3 EL Salz
500 g Zwiebeln
1 l Gemüsebrühe
1 Flasche Weißwein
1/4 l Dillessig
4 Knoblauchzehen
1 EL Salz
50 g Senfkörner
50 g weiße Pfefferkörner
2 EL Kümmel
100-150 g Zucker
1 Bund Gurkenkraut (Borretsch)
1 Bund Dill
1 Handvoll Borretschblüten
1 Handvoll Dillblüten

1. Die Einlegegurken waschen, gut abtropfen lassen, in Scheiben schneiden. In eine Schüssel geben, mit dem Salz bestreuen und 10 Minuten ziehen lassen.
2. Die Zwiebeln schälen, in feine Scheiben oder Würfel schneiden. Mit der Gemüsebrühe, dem Weißwein und dem Dillessig in einen Topf geben und zum Kochen bringen.
3. Die Knoblauchzehen schälen, mit Salz zu einer Paste zerreiben. Mit den Senfkörnern, den Pfefferkörnern, dem Kümmel und dem Zucker in den Sud geben. Bei mäßiger Hitze 4-5 Minuten ziehen lassen.
4. Die Bauerngurken mit den verlesenen, gewaschenen und zerpflückten Kräutern und Blüten schichtweise in saubere Einmachgläser füllen.
5. Den Sud angießen, die Einmachgläser verschließen und bei 70-75 Grad 30-40 Minuten einwecken.
6. Die Bauerngurken herausnehmen, vollständig erkalten lassen und zum weiteren Verzehr bereitstellen.

Eingemachte Pilze

2 kg gemischte Waldpilze (Maronen, Steinpilze, Pfifferlinge, Champignons, Stockschwämme usw.)
500 g Silberzwiebeln
1 l Gemüsebrühe
1 Flasche Weißwein
1/4 l Weinessig
1 Tasse Zitronensaft
100-150 g Zucker
4 EL Salz
einige Lorbeerblätter
einige Pfefferkörner
einige Nelken
1 Tasse Senfkörner
1 Bund Dill
1 Bund Estragon
1 Bund Zitronenmelisse

1. Die Waldpilze verlesen, waschen, gut abtropfen lassen. Je nach Bedarf kleinschneiden und bereitstellen.
2. Die Silberzwiebeln schälen und halbieren. Mit der Gemüsebrühe, dem Weißwein und dem Weinessig in einen Topf geben und zum Kochen bringen.
3. Den Zitronensaft, den Zucker und das Salz dazugeben. Die Lorbeerblätter, die Pfefferkörner, die Nelken, die Senfkörner untermischen. Bei mäßiger Hitze 6-8 Minuten ziehen lassen.
4. Die Kräuter verlesen, waschen, gut abtropfen lassen, zerpflücken. Mit den Waldpilzen und dem Sud schichtweise in saubere Einmachgläser füllen.
5. Die Einmachgläser verschließen und bei 70-75 Grad 30-40 Minuten einwecken.
6. Die Pilze herausnehmen, erkalten lassen und zum weiteren Verzehr bereitstellen.

Rotweinzwiebeln

2 kg Silberzwiebeln
8-12 Knoblauchzehen
100 g rote und grüne Chilischoten
1 1/2 Flaschen Rotwein
1/4 l Gemüsebrühe
1/4 l Rotweinessig
100-150 g Zucker
4 Zimtstangen
einige Nelken
100 g Senfkörner
einige Wacholderbeeren
einige Pfefferkörner
4 EL Salz
1 Zweig Rosmarin
1 Zweig Thymian
1 Zweig Majoran

1. Die Silberzwiebeln und die Knoblauchzehen schälen. Die Chilischoten putzen, halbieren und entkernen. Das Ganze schichtweise in saubere Einmachgläser geben.
2. Den Rotwein mit der Gemüsebrühe und dem Rotweinessig sowie dem Zucker in einen Topf geben und unter ständigem Rühren zum Kochen bringen.
3. Die Zimtstangen, die Nelken, die Senfkörner, die Wacholderbeeren, die Pfefferkörner, das Salz und die Kräuterzweige einrühren. Das Ganze bei mäßiger Hitze 10-15 Minuten ziehen lassen.
4. Anschließend den Sud auf die Zwiebeln verteilen und verschließen.
5. Im Einwecktopf bei 75 Grad 40-50 Minuten einwecken. Herausnehmen, vollständig erkalten lassen und zum weiteren Verzehr bereitstellen.

Gewürzkürbis süßsauer

2 kg Kürbisfruchtfleisch
200 g Zwiebeln
4 Knoblauchzehen, 1 TL Salz
1 l Gemüsebrühe
1 Flasche Weißwein
1/4 l Obstessig
2-3 Zimtstangen
Nelken, Pfefferkörner
Wacholderbeeren, Pimentkörner
1/2 Tasse Senfkörner
2 EL Curry, 1 Msp. Safran
1 Zitrone, 1 Orange
50 g Zucker
1 Bund Estragon, 1 Bund Kerbel

1. Das Kürbisfruchtfleisch in mundgerechte Würfel schneiden. Die Zwiebeln schälen und fein hacken.
2. Die Knoblauchzehen schälen, mit Salz zu einer Paste zerreiben.
3. Die Gemüsebrühe mit dem Weißwein, dem Obstessig, den Zimtstangen, den Nelken, den Pfefferkörnern, den Wacholderbeeren, den Pimentkörnern, den Senfkörnern, dem Curry, dem Safran und den Zwiebeln in einen Topf geben, zum Kochen bringen. Bei mäßiger Hitze 4-5 Minuten köcheln lassen.
4. Die Zitrone und Orange waschen, die Schale abreiben, die Früchte auspressen. Die Schale den Saft und den Zucker in den Sud geben.
5. Die Kräuter verlesen, waschen, zerpflücken mit den Kürbiswürfeln dekorativ in Einmachgläser füllen.
6. Den heißen Sud angießen. Die Einmachgläser verschließen und bei 75 Grad 30-40 Minuten einwecken.
7. Den Gewürzkürbis herausnehmen, vollständig erkalten lassen und zum weiteren Verzehr bereitstellen.

Eingelegter Fenchel mit Zucchini

1,5 kg Fenchel
1,5 kg Zucchini
1 l Gemüsebrühe
1 Flasche Weißwein
1/4 l Weißweinessig
5-6 Knoblauchzehen
1 Zweig Rosmarin
1 Zweig Thymian
1 EL Anis
1 EL Fenchelsamen
50 g Senfkörner
2-3 EL Pfefferkörner
4 EL Salz
75 g Zucker

1. Den Fenchel putzen, waschen, in mundgerechte Stücke schneiden. Die Zucchini putzen, halbieren und ebenfalls kleinschneiden.
2. Die Gemüsebrühe in einem Topf erhitzen. Den Fenchel darin bißfest garen. Anschließend herausnehmen und gut abtropfen lassen.
3. Den Weißwein mit dem Weißweinessig zur Gemüsebrühe geben. Die geschälten, gehackten Knoblauchzehen, die Kräuterzweige, den Anis, den Fenchelsamen, die Senfkörner, die Pfefferkörner, das Salz und den Zucker einrühren. Das Ganze bei mäßiger Hitze 6-8 Minuten ziehen lassen.
4. Fenchel und Zucchini schichtweise in saubere Einmachgläser füllen. Den Sud angießen, die Einmachgläser verschließen und bei 75 Grad 30-40 Minuten einwecken.
5. Das eingelegte Gemüse herausnehmen, vollständig erkalten lassen und zum weiteren Verzehr bereitstellen.

DIE VORRATSKÜCHE 243

Warme Gerichte für's Buffet

schnell und einfach vom Kalten zum Warmen Buffet

Saure Krabbensuppe

SIE BENÖTIGEN FÜR 4 PERSONEN

75 g gekochten Schinken
75 g Krabben oder Crevetten
1 Zwiebel, 2 Karotten
1 Stück Staudensellerie
1 rote Paprikaschote
1 grüne Paprikaschote
2-3 EL Olivenöl, 2 Knoblauchzehen
2-3 EL Tomatenmark
3-4 EL Sojasoße
1/2 Tasse Obstessig, 1 Glas Reiswein
1/2 l Gemüse- oder Fleischbrühe
1 TL Fünf-Gewürz-Pulver
50 g eingeweichte chinesische Pilze
100 g gekochte Glasnudeln
Salz, Pfeffer aus der Mühle
Cayennepfeffer, Zucker
1 Bund Petersilie

1. Den Schinken würfeln. Die Krabben abwaschen, gut abtropfen lassen und beides bereitstellen.
2. Die Zwiebel, die Karotten, den Staudensellerie putzen, würfeln.
3. Die Paprikaschoten halbieren, entkernen und würfeln.
4. Das Olivenöl erhitzen und das Gemüse darin anschwitzen.
5. Die Knoblauchzehen fein hacken, dazugeben. Das Tomatenmark unterrühren. Mit Sojasoße, Obstessig, Reiswein und mit der Brühe auffüllen.
6. Mit Fünf-Gewürz-Pulver würzen. Bei mäßiger Hitze 10-15 Minuten köcheln lassen.
7. Den Schinken, die Krabben. Die in feine Streifen geschnittenen Pilze und die Glasnudeln in die Suppe geben und erhitzen.
8. Mit Salz, Pfeffer, Cayennepfeffer und Zucker abschmecken. Die feingehackte Petersilie untermischen und servieren.

Kartoffel-Lauch-Suppe mit Speck

SIE BENÖTIGEN FÜR 4 PERSONEN

500 g Kartoffeln, 1 Stange Lauch
150 g durchwachsenen geräucherten Speck
1-2 EL Butterschmalz
1 Zwiebel
1 Schuß Weißwein
3/8 l Gemüse- oder Fleischbrühe
1 TL Kümmel, 1 TL Majoran
Salz, Pfeffer aus der Mühle
1 Prise Muskatpulver, 1 Prise Zucker
100 g frische Champignons
Saft von 1 Zitrone
1 Becher Crème fraîche
1/2 Becher Sahne
1 Kästchen Kresse
Johannisbrotkernmehl

1. Die Kartoffeln schälen und würfeln. Den Lauch putzen und in Streifen schneiden.
2. Den Speck fein würfeln. Das Butterschmalz erhitzen und den Speck darin auslassen.
3. Die Zwiebel fein hacken, zum Speck geben und kurz mitbraten.
4. Die Kartoffeln und den Lauch dazugeben, kurz mitschwitzen. Mit Weißwein ablöschen und mit der Brühe auffüllen.
5. Mit Kümmel, Majoran, Salz, Pfeffer, Muskat und Zucker kräftig würzen. Bei mäßiger Hitze 10-15 Minuten köcheln lassen.
6. Die verlesenen, gewaschenen und kleingeschnittenen Champignons mit Zitronensaft beträufeln. Mit der Crème fraîche und der Sahne in die Suppe geben. Bei mäßiger Hitze weitere 6-8 Minuten köcheln lassen.
7. Die Kresse verlesen, waschen, fein schneiden, unter die Suppe heben. Mit Johannisbrotkernmehl leicht binden, anrichten und servieren.

Allgäuer Wildsuppe

SIE BENÖTIGEN FÜR 4 PERSONEN

400 g Hirschschulter
1-2 EL Butterschmalz
1 Zwiebel, 2 Karotten
1 Stück Staudensellerie
2-3 EL Tomatenmark
1/4 l Rotwein
1/4 l gebundene Wildsoße
1 Lorbeerblatt
je 1 Zweig Rosmarin und Thymian
200 g gemischte Waldpilze
1 TL Paprikapulver
1 TL Curry
Cayennepfeffer, Zucker
Salz, Pfeffer aus der Mühle
3-4 EL Preiselbeerkompott
1 Schuß Weinessig

1. Die küchenfertige Hirschschulter unter fließendem Wasser abwaschen, trockentupfen und in feine Würfel schneiden.
2. Das Butterschmalz in einem Topf erhitzen und das Fleisch darin rundherum Farbe nehmen lassen.
3. Das Gemüse putzen, in feine Würfel schneiden. Zum Fleisch geben und kurz mitbraten.
4. Das Tomatenmark unterrühren. Mit Rotwein ablöschen und mit der Wildsoße auffüllen.
5. Das Lorbeerblatt, die Kräuterzweige dazugeben und das Ganze bei mäßiger Hitze 40-50 Minuten köcheln lassen.
6. Die geputzten Waldpilze untermischen. Mit Paprikapulver, Curry, Cayennepfeffer, Zucker, Salz und Pfeffer kräftig abschmecken. Bei mäßiger Hitze weitere 10-15 Minuten köcheln lassen.
7. Das Preiselbeerkompott untermischen, mit Weinessig säuern, nochmals abschmecken, anrichten und servieren.

WARME GERICHTE FÜR'S BUFFET 247

Zwiebelsuppe mit Tomaten

SIE BENÖTIGEN FÜR 4 PERSONEN

600 g Zwiebeln
1-2 EL Butterschmalz
2 Knoblauchzehen
1 TL Salz
2-3 EL Tomatenmark
1 Schuß Weißwein
1/2 l Gemüse- oder Fleischbrühe
1 TL Majoran
1/2 TL gemahlenen Kümmel
1 Prise Muskatpulver
1 Prise Cayennepfeffer
Salz
Pfeffer aus der Mühle
4 Tomaten

AUSSERDEM
4 Scheiben Weißbrot
100 g geriebenen Butterkäse
1 Kästchen Kresse

1. Die Zwiebeln schälen und in Scheiben schneiden.
2. Das Butterschmalz in einem Topf erhitzen und die Zwiebeln darin glasig schwitzen.
3. Die Knoblauchzehen schälen und mit Salz zu einer Paste zerreiben. Zu den Zwiebeln geben und kurz mitschwitzen.
4. Das Tomatenmark unterrühren. Mit Weißwein ablöschen und mit der Gemüse- oder Fleischbrühe auffüllen.
5. Mit Majoran, Kümmel, Muskat, Cayennepfeffer, Salz und Pfeffer kräftig abschmecken. Das Ganze bei mäßiger Hitze 15-20 Minuten köcheln lassen.
6. Die enthäuteten, entkernten und in Würfel geschnittenen Tomaten unter die Suppe heben und nochmals abschmecken.
7. Die Weißbrotscheiben mit Butterkäse bestreuen und unter dem Grill überbacken.
8. Die Zwiebelsuppe anrichten, mit je einem Stück überbackenem Weißbrot belegen. Mit Kresse bestreuen, ausgarnieren und servieren.

Brätspätzlesuppe mit Gemüse

SIE BENÖTIGEN FÜR 4 PERSONEN

500 g feines Kalbsbrät
1/2 Becher Sahne
3 Eier
1/2 Tasse Semmelbrösel
1 EL geriebene Zitronenschale
2 Knoblauchzehen
1 TL Salz
1 Bund Petersilie
Salz
Pfeffer aus der Mühle
1 Prise Muskatpulver
1 Prise Cayennepfeffer

AUSSERDEM

2 Karotten
1 kleine Stange Lauch
1 Stück Sellerie
1 1/2 l Gemüse- oder Fleischbrühe

1. Das Kalbsbrät mit der Sahne und den Eiern in eine Schüssel geben und abschlagen.
2. Die Semmelbrösel, die Zitronenschale, die mit Salz zerriebenen Knoblauchzehen und die verlesene, gewaschene, feingehackte Petersilie unter die Brätmasse rühren.
3. Das Brät mit Salz, Pfeffer, Muskat und Cayennepfeffer kräftig abschmecken.
4. Die Karotten, den Lauch und den Sellerie putzen und in sehr feine Streifen schneiden.
5. Die Gemüse- oder Fleischbrühe in einem Topf erhitzen. Das Gemüse dazugeben und einmal aufkochen lassen.
6. Die Brätspätzle mit dem Spätzlehobel in die Suppe hobeln und so lange kochen, bis die Spätzle an der Oberfläche schwimmen.
7. Die Suppe nochmals kräftig abschmecken, anrichten, ausgarnieren und servieren.

Minifit-Pizzafestival

SIE BENÖTIGEN FÜR 4 PERSONEN

500 g Mehl
1 Päckchen Trockenhefe
1/8-1/4 l lauwarme Milch
1 EL Zucker
1 Prise Salz
50 g geriebenen Parmesankäse
1 TL italienische Kräuter-Würzmischung

AUSSERDEM

50 g Salamischeiben
50 g Parmaschinken
4-6 Tomaten
1 Glas gefüllte Oliven
50 g frische Champignon
Saft von 1 Zitrone
100 g Artischockenherzen
1/4 l Soße Bolognese
200 g Mozzarella-Käse
1 Bund Basilikum
1 Bund Oregano
Kräuterzweige zum Garnieren

1. Für den Teig das Mehl mit der Trockenhefe, der Milch, dem Zucker, dem Salz, dem Parmesankäse und der italienischen Kräuter-Würzmischung in eine Schüssel geben und zu einem glatten Teig verarbeiten.
2. Den Teig zugedeckt an einem warmen Ort zur doppelten Menge aufgehen lassen und erneut kräftig durcharbeiten.
3. Auf einer bemehlten Arbeitsfläche zwei Zentimeter dick ausrollen und Kreise von 10 Zentimeter Durchmesser ausradeln oder ausstechen.
4. Die Teigkreise auf ein bemehltes Backblech setzen, kurz gehen lassen. Im auf 180-200 Grad vorgeheizten Backofen 10-15 Minuten backen, herausnehmen und bereitstellen.
5. Je nach Geschmack die Minifit-Pizzen mit Salami, Parmaschinken, Tomaten, Oliven, geputzten und mit Zitronensaft beträufelten Champignons, Artischockenherzen oder Soße Bolognese belegen. Anschließend mit dem in Scheiben geschnittenen Mozzarella abdecken.
6. Die Minifit-Pizza im auf 180-200 Grad vorgeheizten Backofen kurz überbacken, anrichten. Mit Basilikum und Oregano bestreuen, ausgarnieren und servieren.

WARME GERICHTE FÜR'S BUFFET 251

Pastetchen x 4

FÜR DEN PASTETENTEIG

300 g Mehl, 1 TL Salz
1 TL Zucker
1/2 TL gemahlenen Kümmel
1/2 TL gemahlenen Koriander
1 Prise Muskatpulver
1 Tasse Olivenöl
2 Eier
4-5 EL lauwarmes Wasser

1. Das Mehl auf eine Arbeitsfläche sieben und eine Mulde eindrücken. Das Salz, den Zucker, den Kümmel, den Koriander und das Muskatpulver darüberstreuen.
2. Das Olivenöl tropfenweise auf dem Mehl verteilen. Die Eier in die Mulde geben. Mit lauwarmem Wasser zu einem glatten geschmeidigen Teig verarbeiten.
3. Den Teig zugedeckt an einem warmen Ort eine Stunde ruhen lassen.
4. Den Teig auf einer bemehlten Arbeitsfläche 1-2 Zentimeter dick ausrollen und Kreise oder Rechtecke ausschneiden.
5. Man kann auch den Teig in der Größe eines Backbleches ausrollen. Beides, die kleinen Kreise und die großen Rechtecke, auf ein ausgefettetes Backblech setzen.
6. Den Teig je nach Geschmack belegen. Im auf 180-200 Grad vorgeheizten Backofen 10-15 Minuten ausbacken. Herausnehmen und servieren.

Kartoffelkuchen

SIE BENÖTIGEN FÜR 4 PERSONEN

1 Rezept Pastetenteig
500 g Pellkartoffeln, 2 EL Butter
75 g durchwachsenen geräucherten Speck
250 g Zwiebeln
2 Knoblauchzehen, 1 TL Salz
1 kleine Stange Lauch
Salz, Pfeffer aus der Mühle
1 Prise Kümmel, 1 TL Majoran
1 TL geriebene Zitronenschale
1 Becher saure Sahne
125 g Emmentalerkäse, 2 Eier
1/2 Bund Schnittlauch

1. Den Pastetenteig wie beschrieben zubereiten und ein Backblech damit auslegen.
2. Die Pellkartoffeln schälen und in Scheiben schneiden.
3. Die Butter in einer Pfanne erhitzen und den feingewürfelten Speck darin auslassen.
4. Die Zwiebeln schälen und in feine Scheiben schneiden. Zum Speck geben und kurz mitschwitzen.
5. Die mit Salz zerriebenen Knoblauchzehen und den in Scheiben geschnittenen Lauch dazugeben und kurz mitschwitzen.
6. Mit Salz, Pfeffer, Kümmel, Majoran und Zitronenschale abschmecken. Vom Feuer nehmen und erkalten lassen.
7. Die Pellkartoffeln auf dem Pastetenteig anrichten. Mit der Gemüsemischung bedecken.
8. Die Sahne mit dem Emmentaler und den Eiern verschlagen. Die gehackten bzw. feingeschnittenen Kräuter untermischen. Nochmals abschmecken, gleichmäßig auf den Zwiebeln verteilen. Im auf 180-200 Grad vorgeheizten Backofen 15-20 Minuten backen. Herausnehmen, anrichten und servieren.

Zwiebelkuchen mit Tomaten

SIE BENÖTIGEN FÜR 4 PERSONEN

1 Rezept Pastetenteig
100 g gekochten Schinken
4-6 Tomaten, 500 g Zwiebeln
1-2 EL Butter oder Margarine
1 TL Oregano, 1 TL Basilikum
Salz, Pfeffer aus der Mühle
1 Prise Cayennepfeffer
4 EL geriebenen Parmesankäse
1 Becher saure Sahne
125 g Provolone-Käse, 2 Eier
1/2 Bund Petersilie
1/2 Bund Schnittlauch

1. Den Pastetenteig nach Anweisung zubereiten und ein Backblech damit auslegen.
2. Den Teig mit dem in Scheiben geschnittenen Schinken und den Tomaten belegen.
3. Die Zwiebeln in feine Scheiben schneiden. Mit der Butter in einer Pfanne kurz anschwitzen.
4. Das Ganze mit den Gewürzen abschmecken. Vom Feuer nehmen und den Parmesan untermischen, erkalten lassen.
5. Die Zwiebelmasse gleichmäßig auf den Tomaten verteilen.
6. Die saure Sahne mit dem geriebenen Käse und den Eiern verschlagen. Die gehackten Kräuter untermischen, nochmals abschmecken. Auf den Zwiebeln verteilen und im auf 180-200 Grad vorgeheizten Backofen 15-20 Minuten backen. Herausnehmen, anrichten und servieren.

Gemüsekuchen

SIE BENÖTIGEN FÜR 4 PERSONEN

1 Rezept Pastetenteig
100 g gekochten Schinken
500 g Mischgemüse, 1/4 l Brühe
250 g Zwiebeln, 1-2 EL Butter
1 Knoblauchzehe, 1 TL Salz
100 g Krabben, 4 Tomaten
Salz, Pfeffer aus der Mühle
1 Prise Cayennepfeffer
1 TL Oregano, 1 TL Basilikum
Zitronensaft
Aceto balsamico, Olivenöl
250 g Mozzarella-Käse

1. Den Pastetenteig nach Anweisung zubereiten und ein Backblech damit belegen. Den in Scheiben geschnittenen Schinken gleichmäßig darauf verteilen.
2. Das Gemüse entsprechend putzen, in mundgerechte Stücke schneiden. In der Brühe bißfest garen, herausnehmen und erkalten lassen.
3. Die Zwiebeln fein würfeln. Mit der Butter in eine Pfanne geben und glasig schwitzen.
4. Die mit Salz zerriebene Knoblauchzehe dazugeben und kurz mitschwitzen.
5. Das Gemüse mit den Krabben dazugeben und kurz erhitzen.
6. Die Tomaten enthäuten, entkernen, würfeln und unter das Gemüse heben. Mit Salz, Pfeffer, Cayennepfeffer, Oregano, Basilikum, Zitronensaft, Aceto balsamico und Olivenöl abschmecken. Vom Feuer nehmen, erkalten lassen und gleichmäßig auf dem Schinken verteilen.
7. Den Mozzarella in Scheiben schneiden, auf das Gemüse geben. Im auf 180-200 Grad vorgeheizten Backofen 15-20 Minuten backen. Herausnehmen und servieren.

Filetgeschnetzeltes

SIE BENÖTIGEN FÜR 4 PERSONEN

600 g Rinderfilet
1-2 EL Butterschmalz
Salz, Pfeffer aus der Mühle
1 Knoblauchzehe, 1 Zwiebel
100 g frische Champignons
Saft von 1/2 Zitrone
1 kleines Glas Rote Bete
2 Essiggurken
1 Schuß Rotwein
3/8 l gebundene Bratensoße
2-3 EL geriebenen Edelpilzkäse
1 Schuß Sahne
1 Prise Kümmel
1 Prise Cayennepfeffer
1/2 Bund Petersilie
1/2 Bund Schnittlauch
1/2 Tasse Preiselbeerkompott

1. Das küchenfertige Rinderfilet in feine Streifen oder Scheibchen schneiden. In einer Pfanne mit Butterschmalz je nach Geschmack medium oder durch braten. Salzen, pfeffern, herausnehmen und bereitstellen.

2. Die Knoblauchzehe und die Zwiebel schälen und fein hacken. Ins verbliebene Bratfett geben und glasig schwitzen.

3. Die Champignons putzen, waschen und in Scheiben schneiden. Mit Zitronensaft beträufeln, zu den Zwiebeln geben und kurz mitschwitzen.

4. Die Rote Bete gut abtropfen lassen, in Streifen schneiden. Mit den in Streifen geschnittenen Essiggurken zu den Pilzen geben und ebenfalls kurz mitschwitzen.

5. Das Ganze mit Rotwein ablöschen und mit der Bratensoße auffüllen.

6. Den geriebenen Edelpilzkäse untermischen und mit der Sahne verfeinern.

7. Die Soße mit Salz, Pfeffer, Zitronensaft, Kümmel und Cayennepfeffer kräftig würzen.

8. Die verlesenen, gewaschenen und feingehackten bzw. -geschnittenen Kräuter mit dem Preiselbeerkompott und dem Fleisch unter die Soße rühren. Das Ganze nochmals erhitzen, aber nicht mehr kochen lassen. Anrichten, ausgarnieren und servieren.

Kalbsgeschnetzeltes mit Steinpilzen

SIE BENÖTIGEN FÜR 4 PERSONEN

600 g Kalbsfilet
1-2 EL Butterschmalz
Salz
Pfeffer aus der Mühle
1 Zwiebel
100 g frische Steinpilze
Saft von 1/2 Zitrone
1 Schuß Weißwein
3/8 l gebundene Kalbsbratensoße
1 Becher Sahne
2 Tomaten
1 Kästchen Kresse
1/2 Bund Kerbel
1 Prise Cayennepfeffer
1 Prise Muskatpulver
2-3 EL geriebenen Parmesankäse

1. Das küchenfertige Kalbsfilet unter fließendem Wasser abwaschen, trockentupfen. In feine Streifen oder Scheibchen schneiden und in Butterschmalz in einer Pfanne braten.
2. Das Fleisch mit Salz und Pfeffer würzen, herausnehmen und bereitstellen.
3. Die Zwiebel schälen, fein hacken, ins verbliebene Bratfett geben und glasig schwitzen.
4. Die geputzten und in Scheiben geschnittenen Steinpilze mit Zitronensaft beträufeln. Zu den Zwiebeln geben und kurz mitschwitzen.
5. Mit Weißwein ablöschen und mit der Kalbsbratensoße auffüllen.
6. Die Sahne angießen und bei starker Hitze kurz einreduzieren lassen.
7. Die enthäuteten, entkernten und in Würfel geschnittenen Tomaten mit der verlesenen, gewaschenen, feingehackten Kresse, dem verlesenen, gewaschenen, zerpflückten Kerbel sowie dem Fleisch in die Soße geben. Das Ganze erhitzen, aber nicht mehr kochen lassen.
8. Die Soße mit Salz, Pfeffer, Cayennepfeffer und Muskatpulver kräftig abschmecken. Mit Parmesan verfeinern. Das Kalbsgeschnetzelte anrichten, ausgarnieren und servieren.

Hähnchenpfanne mit Gemüse

SIE BENÖTIGEN FÜR 4 PERSONEN

2 Hähnchenbrustfilets
1-2 EL Butter oder Margarine
2 Knoblauchzehen
Salz, Pfeffer aus der Mühle
1 Zwiebel, 2 Karotten
1 Stück Staudensellerie
100 g Brokkoliröschen
1 Fenchelknolle, 50 g Hirse
1 Schuß Weißwein
1/2 l Geflügelbrühe
1 Prise Cayennepfeffer
1 TL Kräuter der Provence
1/2 TL Kreuzkümmel
1 Zucchino, 4 Tomaten
1/2 Bund Oregano
1/2 Bund Basilikum

1. Die küchenfertigen Hähnchenbrustfilets unter fließendem Wasser abwaschen und trockentupfen. In feine Würfel oder Streifen schneiden und in der Butter oder Margarine in einem Topf anbraten.
2. Die Knoblauchzehen schälen und fein hacken. Zum Fleisch geben und kurz mitbraten. Das Ganze mit Salz und Pfeffer würzen.
3. Das Gemüse putzen, in mundgerechte Würfel schneiden. Zum Fleisch geben und kurz mitschwitzen.
4. Die Hirse unter fließendem Wasser abwaschen, gut abtropfen lassen. Zum Gemüse geben und ebenfalls kurz mitschwitzen.
5. Die Hähnchenpfanne mit Weißwein ablöschen, mit der Geflügelbrühe auffüllen. Mit Salz, Pfeffer, Cayennepfeffer, Kräutern der Provence und Kreuzkümmel würzen.
6. Bei mäßiger Hitze 15-20 Minuten köcheln lassen.
7. In der Zwischenzeit den Zucchino putzen, in Scheiben oder Würfel schneiden. Die Tomaten enthäuten, entkernen und würfeln.
8. Zucchini und Tomaten mit den verlesenen, gewaschenen und feingeschnittenen Kräutern unter die Hähnchenpfanne heben, nochmals erhitzen, abschmecken, anrichten und servieren.

Meeresfrüchte mit Auberginen

SIE BENÖTIGEN FÜR 4 PERSONEN

200 g gekochte Muscheln
200 g gekochte Tintenfische
200 g Crevetten
Saft von 2 Zitronen
einige Tropfen Worcestersoße
Salz, Pfeffer aus der Mühle
1 Aubergine, 1 EL Salz
1/2 Tasse Olivenöl
2 Knoblauchzehen, 1 TL Salz
2 Zwiebeln
1 rote Paprikaschote
1 grüne Paprikaschote
1 Schuß Weißwein
1 Dose geschälte Tomaten
1 TL Kräuter der Provence
Cayennepfeffer, Zucker
1 Bund Schnittlauch

1. Die küchenfertigen Muscheln, Tintenfische und Crevetten unter fließendem Wasser abwaschen, gut abtropfen lassen. Mit Zitronensaft und Worcestersoße beträufeln. Mit Salz und Pfeffer würzen und im Kühlschrank 10-15 Minuten ziehen lassen.
2. Die Aubergine putzen und in Würfel schneiden. Mit Salz bestreuen und 10 Minuten im Kühlschrank ziehen lassen. Anschließend unter fließendem Wasser abwaschen.
3. Das Olivenöl in einem Topf erhitzen. Die geschälten und mit Salz zerriebenen Knoblauchzehen, die geschälten, feingehackten Zwiebeln ins Öl geben und kurz anschwitzen.
4. Die Paprikaschoten halbieren, entkernen, waschen, gut abtropfen lassen und in Würfel schneiden. Mit den Auberginen zu den Zwiebeln geben und kurz mitbraten.
5. Mit Weißwein ablöschen und mit den geschälten Tomaten auffüllen. Mit Kräutern der Provence, Cayennepfeffer, Zucker, Salz und Pfeffer abschmecken und bei mäßiger Hitze 6-8 Minuten köcheln lassen.
6. Die Meeresfrüchte unter das Auberginenragout heben. Das Ganze nochmals abschmecken, erhitzen, anrichten und mit frisch geschnittenem Schnittlauch bestreut servieren.

Lasagne verde

SIE BENÖTIGEN FÜR 4 PERSONEN

200 g grüne Lasagneplatten
Salzwasser
einige Tropfen Olivenöl

FÜR DIE SOSSE

400 g gemischtes Hackfleisch
2-3 EL Olivenöl
1 Zwiebel
1 Knoblauchzehe
1 rote Paprikaschote
2 Karotten
1 Stück Sellerie
1 Schuß Rotwein
1 Dose geschälte Tomaten
1 TL Oregano
1 TL Basilikum
Salz
Pfeffer aus der Mühle
1 Prise Cayennepfeffer
2-3 EL geriebenen Parmesankäse

AUSSERDEM

1/4 l Béchamelsoße
200 g Mozzarellakäse
1/2 Bund Petersilie

1. Das Salzwasser mit dem Olivenöl erhitzen und die Lasagneplatten darin bißfest garen. Herausnehmen, unter kaltem Wasser abschrecken und auf ein sauberes Küchentuch zum Abtrocknen legen.
2. Für die Soße das Hackfleisch in einem Topf mit dem Olivenöl unter ständigem Rühren braten.
3. Die Zwiebel und die Knoblauchzehe schälen und fein hacken. Zum Fleisch geben und kurz mitbraten.
4. Die Paprikaschote, die Karotten und den Sellerie putzen, in feine Würfel schneiden. Zum Fleisch geben und ebenfalls kurz mitbraten.
5. Mit Rotwein ablöschen und die geschälten Tomaten unterrühren. Mit Oregano, Basilikum, Salz, Pfeffer und Cayennepfeffer kräftig abschmecken. Das Ganze bei mäßiger Hitze 15-20 Minuten köcheln lassen.
6. Nach Ende der Garzeit die Hackfleischsoße nochmals kräftig abschmecken und den Parmesan unterrühren. Vom Feuer nehmen und erkalten lassen.
7. Eine Lasagneform ausfetten, die Lasagneplatten mit der Hackfleischsoße und der Béchamelsoße abwechselnd einschichten.
8. Mit dem in Scheiben geschnittenen Mozzarella abdecken. Im auf 180-200 Grad vorgeheizten Backofen 10-15 Minuten backen. Herausnehmen, mit gehackter Petersilie bestreuen, ausgarnieren und servieren.

Zucchini-Nudel-Auflauf

SIE BENÖTIGEN FÜR 4 PERSONEN

600 g kleine Zucchini
1 Bund Frühlingszwiebeln
4 Tomaten
100 g gekochten Schinken
400 g bißfest gegarte Eiernudeln (Hörnchen)
1 kleines Glas Oliven
3/8 l Bèchamelsoße
3-4 EL Parmesankäse
1 TL Oregano
1 TL Basilikum
Salz
Pfeffer aus der Mühle
200 g Mozzarella-Käse

1. Die Zucchini putzen und in Scheiben schneiden. Die Frühlingszwiebeln putzen, waschen, gut abtropfen lassen und ebenfalls in Scheiben schneiden.
2. Die Tomaten enthäuten, entkernen und würfeln.
3. Den Schinken in feine Würfel oder Streifen schneiden.
4. Die Eiernudeln mit den gut abgetropften Oliven und den restlichen Zutaten vermischen. Das Ganzen in eine ausgefettete feuerfeste Auflaufform schichten.
5. Die Bèchamelsoße mit dem Parmesan, dem Oregano, dem Basilikum verrühren. Mit Salz und Pfeffer würzen und gleichmäßig auf dem Auflauf verteilen.
6. Den in Scheiben geschnittenen Mozzarella darauf legen. Im auf 180-200 Grad vorgeheizten Backofen 10-15 Minuten backen. Herausnehmen, anrichten, ausgarnieren und servieren.

Kartoffel-Tomaten-Auflauf

SIE BENÖTIGEN FÜR 4 PERSONEN

500 g Kartoffeln
4 Tomaten
1 Bund Frühlingszwiebeln
1/4 l Sahne
Salz
Pfeffer aus der Mühle
1 Prise Muskatpulver
1 Prise Cayennepfeffer
1 TL Majoran
1/2 TL Thymian
2-3 EL geriebenen Parmesankäse
125 g geriebenen Emmentalerkäse
50 g Butter oder Margarine

1. Die Kartoffeln schälen, waschen, gut abtropfen lassen und in hauch-dünne Scheiben schneiden.
2. Die Tomaten enthäuten, den Strunk herauslösen und ebenfalls in Scheiben schneiden.
3. Die Frühlingszwiebeln putzen, waschen, gut abtropfen lassen und in feine Würfel schneiden.
4. Die Kartoffel- und Tomaten-scheiben in eine ausgefettete Auf-laufform schichten und mit den Frühlingszwiebeln bestreuen.
5. Die Sahne mit Salz, Pfeffer, Muskat, Cayennepfeffer, Majoran und Thymian kräftig würzen und den Parmesan untermischen.
6. Die Sahne angießen und das Ganze mit dem geriebenen Emmentaler bestreuen.
7. Die Butter oder Margarine in Flöckchen darauf setzen. Den Kartoffel-Tomaten-Auflauf im auf 180-200 Grad vorgeheizten Backofen 20-25 Minuten backen. Herausnehmen, anrichten, aus-garnieren und servieren.

Sahnekartoffeln mit Speck

SIE BENÖTIGEN FÜR 4 PERSONEN

800 g Kartoffeln
Butter oder Margarine
zum Ausfetten
Salz
Pfeffer aus der Mühle
1 Prise Muskatpulver
1 Prise Cayennepfeffer
150 g durchwachsenen
geräucherten Speck
2 Zwiebeln
1/4 l Sahne
125 g geriebenen Emmentalerkäse
1/2 Bund Petersilie
1/2 Bund Schnittlauch

1. Die Kartoffeln schälen, waschen, gut abtropfen lassen und in feine Scheiben schneiden.
2. Eine Auflaufform mit Butter oder Margarine ausfetten und die Kartoffeln dekorativ hineinlegen.
3. Das Ganze mit Salz, Pfeffer, Muskat und Cayennepfeffer bestreuen.
4. Den in feine Würfel geschnitte-nen Speck in einer Pfanne auslassen. Die geschälten und in feine Würfel geschnittenen Zwiebeln darin glasig schwitzen und gleich-mäßig auf den Kartoffeln verteilen.
5. Die Sahne mit Salz, Pfeffer, Muskat und Cayennepfeffer kräftig abschmecken und gleichmäßig über den Kartoffeln verteilen.
6. Den Emmentaler mit den ver-lesenen, gewaschenen und fein-gehackten bzw. -geschnittenen Kräutern vermischen, gleichmäßig auf die Kartoffeln streuen. Im auf 180-200 Grad vorgeheizten Backofen 20-25 Minuten backen. Herausnehmen, anrichten und servieren.

Kartoffelplätzchen

SIE BENÖTIGEN FÜR 4 PERSONEN

800 g Kartoffeln
Salzwasser
1-2 EL Butter oder Margarine
100 g durchwachsenen
geräucherten Speck
2 Zwiebeln
1/2 Bund Petersilie
1/2 Bund Schnittlauch
3-4 Eier
1 Tasse Mehl
Salz, Pfeffer aus der Mühle
1 Prise Muskatpulver
1 Prise Cayennepfeffer
Fett zum Braten

1. Die Kartoffeln waschen, schälen und im Salzwasser garen. Herausnehmen, gut abtropfen lassen und noch warm durch die Kartoffel-presse treiben.
2. Die Butter oder Margarine in einer Pfanne erhitzen und den in feine Würfel geschnittenen Speck darin braten.
3. Die geschälten, feingehackten Zwiebeln dazugeben und kurz mit-braten.
4. Die geputzten, gewaschenen und feingehackten bzw. -geschnittenen Kräuter mit den Speck-Zwiebeln, den Eiern und dem Mehl zu den Kartoffeln geben und alles zu einem glatten kompakten Teig verrühren.
5. Den Kartoffelteig mit Salz, Pfeffer, Muskat und Cayennepfef-fer kräftig abschmecken. Auf einer bemehlten Arbeitsfläche zu einer Rolle mit 5-6 Zentimeter Durch-messer formen.
6. Ein Zentimeter dicke Scheiben abschneiden und diese im schwim-menden Fett goldgelb backen. Herausnehmen, anrichten und servieren.

WARME GERICHTE FÜR'S BUFFET 261

Schlemmerkessel

SIE BENÖTIGEN FÜR 4 PERSONEN

4 Hähnchenkeulen
1 kleine Kalbszunge
2 Ochsenscheiben
Salzwasser

AUSSERDEM

2-3 l Gemüse- oder Fleischbrühe
1 Gewürzbeutel (Lorbeer, Wacholder, Nelken, Pfefferkörner)
je 1 Zweig Rosmarin und Thymian
1/2 Bund Petersilie
2 Zwiebeln
1 Stange Lauch
4 Karotten
1 kleinen Sellerie
8 Kartoffeln
Salz
Pfeffer aus der Mühle
1 Prise Muskatpulver
1 Prise Cayennepfeffer

FÜR DIE SOSSE

1 Tasse Fleischbrühe
1 kleine Zwiebel
1 Handvoll Brunnenkresse
1 Handvoll Kerbel
1 Handvoll Estragon
2 Knoblauchzehen
1 kleines Glas Sardellenfilets
einige Tropfen Aceto balsamico
1/2-1 Tasse Semmelbrösel
1 Tasse Olivenöl

1. Die küchenfertigen Hähnchenkeulen, die Kalbszunge und die Ochsenscheiben unter fließendem Wasser abwaschen, trockentupfen.
2. Das Salzwasser in einem Topf erhitzen und die Fleischteile darin kurz blanchieren. Herausnehmen, unter fließendem Wasser abwaschen, gut abtropfen lassen und bereitstellen.
3. Die Gemüse- oder Fleischbrühe in einem Topf erhitzen. Den Gewürzbeutel und die Kräuter dazugeben und die Ochsenscheiben bei mäßiger Hitze 40-50 Minuten köcheln lassen.
4. Anschließend die Kalbszunge dazugeben und weitere 30-40 Minuten garen.
5. In der Zwischenzeit die Zwiebeln, den Lauch, die Karotten, den Sellerie und die Kartoffeln putzen. Je nach Bedarf in mundgerechte Stücke schneiden. Mit den Hähnchenkeulen in den Kessel geben und weitere 30-40 Minuten garen.
6. In der Zwischenzeit für die Soße eine Tasse Fleischbrühe abnehmen, leicht erkalten lassen. Mit der geschälten, feingehackten Zwiebel sowie den verlesenen, gewaschenen, kleingeschnittenen Kräutern, den geschälten, gehackten Knoblauchzehen und den abgewaschenen Sardellenfilets im Mixer oder mit dem Pürierstab pürieren.
7. Das Ganze mit etwas Aceto balsamico säuern und mit Semmelbrösel binden.
8. Tropfenweise das Olivenöl einrühren. Die Soße mit Salz, Pfeffer, Muskat und Cayennepfeffer kräftig würzen und bereitstellen.
9. Nach Ende der Garzeit den Schlemmerkessel kräftig abschmecken, anrichten. Mit der Soße servieren.

Fischfilets im Gemüsesud

SIE BENÖTIGEN FÜR 4 PERSONEN

8 küchenfertige Fischfilets à 100 g
Saft von 2 Zitronen
einige Tropfen Worcestersoße
Salz, Pfeffer aus der Mühle
1 l Weißwein
1 l Gemüse- oder Fischbrühe
1 Tasse Obstessig
2 Zwiebeln
1 Stange Lauch
1 Stange Staudensellerie
2 Karotten
1 rote Paprikaschote
1 kleinen Zucchino
100 g kleine Champignonköpfe
Saft von 1 Zitrone
1 Bund Dill

1. Die küchenfertigen Fischfilets unter fließendem Wasser abwaschen, trockentupfen. Mit Zitronensaft und Worcestersoße beträufeln. Mit Salz und Pfeffer würzen und im Kühlschrank 15 Minuten ziehen lassen.
2. Für den Sud den Weißwein, die Gemüse- oder Fischbrühe und den Obstessig in einen Topf geben und zum Kochen bringen.
3. Die Zwiebeln, den Lauch, den Staudensellerie, die Karotten und die Paprikaschote putzen, waschen und gut abtropfen lassen. In feine Würfel oder Streifen schneiden. Das Ganze in den Sud geben und bei mäßiger Hitze 10-15 Minuten ziehen lassen.
4. Den Zucchino putzen und in Scheiben schneiden. Die Champignonköpfe waschen, gut abtropfen lassen, mit Zitronensaft beträufeln. Den Dill verlesen, waschen und fein hacken. Zucchini, Champignons und Dill mit den Fischfilets in den Sud legen und weitere 10-15 Minuten gar ziehen lassen. Die Fischfilets anrichten, den Gemüsesud nochmals abschmecken, zu den Filets geben und servieren.

WARME GERICHTE FÜR'S BUFFET

Zanderfilets in Safran-Dill-Rahm

SIE BENÖTIGEN FÜR 4 PERSONEN

8-12 Zanderfilets à 100 g
Saft von 2 Zitronen
einige Tropfen Worcestersoße
Salz, Pfeffer aus der Mühle
1 Tasse Mehl
Fett zum Braten
1/4 l Weißwein
3/8 l Gemüse- oder Fischbrühe
1 gespickte Zwiebel
1 Tasse Dillessig
40 g Butter
40 g Mehl
1 Becher Sahne
1 Msp. Safran
1 Prise Cayennepfeffer
1 Prise Zucker
1 Bund Dill

1. Die küchenfertigen Zanderfilets unter fließendem Wasser abwaschen, trockentupfen. Mit Zitronensaft und Worcestersoße beträufeln. Mit Salz und Pfeffer würzen. Im Kühlschrank 10-15 Minuten ziehen lassen.
2. Anschließend die Zanderfilets im Mehl wenden und im Fett braten. Herausnehmen und warm stellen.
3. Den Weißwein mit der Gemüse- oder Fischbrühe in einem Topf erhitzen. Die gespickte Zwiebel und den Dillessig dazugeben und bei mäßiger Hitze 10 Minuten ziehen lassen.
4. In der Zwischenzeit die Butter und das Mehl verkneten und die Soße damit binden.

5. Anschließend die Soße durch ein Sieb passieren. Die Sahne angießen und bei starker Hitze kurz einreduzieren lassen.
6. Die Soße mit Safran, Cayennepfeffer, Zucker, Salz und Pfeffer, Zitronensaft und Worcestersoße abschmecken. Den verlesenen, gewaschenen und feingehackten Dill untermischen.
7. Die Zanderfilets anrichten, mit der Safran-Dill-Soße überziehen, anrichten, ausgarnieren und servieren.

Lammhäxchen mit Schmorgemüse

SIE BENÖTIGEN FÜR 4 PERSONEN

| 8 kleine Lammhäxchen |
| Salz |
| Pfeffer aus der Mühle |
| 2 Knoblauchzehen |
| 1 TL Salz |
| 1/2 Tasse mittelscharfen Senf |
| 1 EL Kräuter der Provence |
| Fett zum Braten |
| 1/4 l Weißwein |

AUSSERDEM

| 2 Zwiebeln |
| 1 rote Paprikaschote |
| 1 Staudensellerie |
| 1 kleine Aubergine |
| 1 Dose geschälte Tomaten |
| 200 g dicke Bohnen |

1. Die küchenfertigen Lammhäxchen unter fließendem Wasser abwaschen, trockentupfen. Mit Salz und Pfeffer kräftig würzen.
2. Die Knoblauchzehen schälen, mit Salz zu einer Paste zerreiben. Mit dem Senf und den Kräutern der Provence vermischen und die Lammhäxchen damit einstreichen.
3. Das Fett in einem Schmortopf erhitzen und die Häxchen darin rundherum Farbe nehmen lassen. Im auf 180-200 Grad vorgeheizten Backofen 30-40 Minuten braten.
4. Während der Garzeit öfter mit Weißwein ablöschen.
5. In der Zwischenzeit die Zwiebeln, die Paprikaschote, den Staudensellerie und die Aubergine putzen, in mundgerechte Stücke schneiden. Anschließend zu den Häxchen geben. Kurz mitbraten. Mit dem restlichen Weißwein ablöschen und mit den geschälten Tomaten auffüllen.
6. Den Schmortopf verschließen und weitere 30-40 Minuten schmoren lassen. 10 Minuten vor Garende die dicken Bohnen untermischen und mitgaren.
7. Die Lammhäxchen anrichten. Das Schmorgemüse nochmals abschmecken, zu den Häxchen geben und servieren.

Gekräuterter Wildschweinrücken

SIE BENÖTIGEN FÜR 4 PERSONEN

800 g Wildschweinrückenfilet
Salz
Pfeffer aus der Mühle
1 Tasse Olivenöl
1 TL Rosmarin
1 TL Majoran
1 TL Thymian
2 Knoblauchzehen
1 TL Salz
Rotwein zum Ablöschen

AUSSERDEM

2 Zwiebeln
2 Birnen
200 g Zwetschgen
1 Tasse Rotwein
1/2 Tasse Obstessig
2-3 EL Honig

1. Den küchenfertigen Wildschweinrücken unter fließendem Wasser abwaschen, trockentupfen. Mit Salz und Pfeffer würzen.
2. Das Olivenöl mit dem Rosmarin, dem Majoran, dem Thymian, den mit Salz zerriebenen Knoblauchzehen verrühren und den Rücken damit einstreichen.
3. Den Wildschweinrücken im Kühlschrank mindestens zwei Stunden ziehen lassen.
4. Anschließend einen Bräter mit wenig Olivenöl erhitzen und den Rücken darin rundherum Farbe nehmen lassen.
5. Im auf 180-200 Grad vorgeheizten Backofen je nach Dicke des Rückens 15-20 Minuten braten. Während der Garzeit öfter mit Rotwein ablöschen.
6. Nach Ende der Garzeit den Wildschweinrücken herausnehmen, in Alufolie wickeln und warm stellen.
7. Die geschälten, feingehackten Zwiebeln im verbliebenen Bratfett glasig schwitzen.
8. Die Birnen schälen, entkernen und in Würfel schneiden. Mit den halbierten, entkernten und in Würfel geschnittenen Zwetschgen zu den Zwiebeln geben und kurz mitbraten.
9. Den Rotwein und den Obstessig angießen und bei mäßiger Hitze 6-8 Minuten köcheln lassen.
10. Das Ganze mit Honig nach Geschmack süßen. Mit Salz und Pfeffer abschmecken. Den Wildschweinrücken anrichten, das Zwiebel-Frucht-Kompott dazugeben, ausgarnieren und servieren.

Gefüllte Weinblätter

SIE BENÖTIGEN FÜR 4 PERSONEN

24 eingelegte Weinblätter

FÜR DIE FÜLLUNG

2 EL Olivenöl
250 g Lammhackfleisch
2 Zwiebeln
1 Knoblauchzehe
1 TL geriebene Zitronenschale
1 TL Majoran
1 TL Pfefferminze
50 g gehackte Pinienkerne
1 Schuß Sahne
2 Eier
200 g bißfest gegarten Reis
Salz
Pfeffer aus der Mühle
1 Prise Cayennepfeffer
1 Prise Kümmelpulver
1 Msp. Zimtpulver
2 EL Honig
einige Tropfen Zitronensaft

AUSSERDEM

1/4 l Gemüse- oder Fleischbrühe
einige Tropfen Weißweinessig
einige Tropfen Olivenöl

1. Die Weinblätter unter fließendem Wasser abwaschen, trockentupfen und auf einer Arbeitsfläche auslegen.
2. Für die Füllung das Olivenöl in einem Topf erhitzen und das Lammhack darin unter ständigem Rühren braten.
3. Die Zwiebeln schälen und fein hacken. Mit der gehackten Knoblauchzehe zum Fleisch geben und mitbraten.
4. Das Ganze mit geriebener Zitronenschale, Majoran, Pfefferminze und den gehackten Pinienkernen vermischen. Die Sahne angießen und kurz aufkochen lassen. Vom Feuer nehmen und erkalten lassen.
5. Die Eier mit dem Reis unter die Hackfleischmasse rühren. Mit Salz, Pfeffer, Cayennepfeffer, Kümmel, Zimtpulver, Honig und Zitronensaft kräftig abschmecken.
6. Die Masse gleichmäßig auf die Weinblätter verteilen. Diese zusammenrollen und in eine Form einsetzen.
7. Die Gemüse- oder Fleischbrühe angießen. Mit einigen Tropfen Weißweinessig beträufeln und bei mäßiger Hitze die Weinblätter 15-20 Minuten garen.
8. Anschließend die gefüllten Weinblätter herausnehmen, anrichten. Mit Essig, Zitronensaft und Olivenöl beträufeln. Mit Salz und Pfeffer würzen, ausgarnieren und servieren.

Feiner Gemüseauflauf

SIE BENÖTIGEN FÜR 4 PERSONEN

2 mittelgroße Auberginen
1 EL Salz
1 Tasse Mehl
1 Tasse Olivenöl
2 Knoblauchzehen
250 g gemischtes Hackfleisch
1 Peperoni
2 Zwiebeln, 2 Karotten
1-2 EL Tomatenmark
1 Glas Rotwein
1 große Dose geschälte Tomaten
Salz, Pfeffer aus der Mühle
1 TL Oregano, 1 TL Basilikum
1 Prise Cayennepfeffer
einige Tropfen Obstessig
1 Prise Zucker
1 mittelgroßen Zucchino
6 gekochte Kartoffeln
200 g Mozzarella-Käse
1/2 Bund Schnittlauch
Kräuterzweige und Gemüse

1. Die Auberginen putzen, waschen, in Scheiben schneiden. Mit Salz bestreuen und im Kühlschrank 10 Minuten ziehen lassen.
2. Die Auberginenscheiben unter fließendem Wasser abwaschen und gut abtropfen lassen. Im Mehl wenden und in dem Olivenöl braten. Herausnehmen und bereitstellen.
3. Die geschälten, gehackten Knoblauchzehen mit dem Hackfleisch ins verbliebene Bratfett geben und unter ständigem Rühren braten.
4. Die Peperoni halbieren, die Kerne herauslösen, fein würfeln. Mit den geschälten, feingehackten Zwiebeln sowie den geputzten und in feine Würfel geschnittenen Karotten zum Fleisch geben und unter ständigem Rühren mitbraten.
5. Das Tomatenmark unterrühren, mit Rotwein ablöschen und mit den mit einer Gabel zerdrückten Tomaten auffüllen.
6. Das Ganze mit Salz, Pfeffer, Oregano, Basilikum, Cayennepfeffer, Obstessig und Zucker kräftig abschmecken und bei mäßiger Hitze 10-15 Minuten köcheln lassen.
7. In der Zwischenzeit den Zucchino putzen, in Scheiben schneiden. Die Kartoffeln schälen und ebenfalls in Scheiben schneiden.
8. Die Auberginen, die Zucchino, die Kartoffeln und das Hackfleischgemüse schichtweise in eine Auflaufform geben und mit dem in Scheiben geschnittenen Mozzarella belegen.
9. Im auf 180-200 Grad vorgeheizten Backofen 10-15 Minuten überbacken. Herausnehmen, mit frisch geschnittenem Schnittlauch bestreuen, anrichten, ausgarnieren und servieren.

Lachspastete

SIE BENÖTIGEN FÜR 4 PERSONEN

1/2 Seite frischen Lachs
Saft von 1 Zitrone
einige Tropfen Dillessig
Salz
Pfeffer aus der Mühle

FÜR DIE FÜLLUNG

200 g Zanderfilet
100 g Sahne, 2 Eiweiß
100 g Crème double
2 Tassen Mischgemüse
(TK-Produkt)
1 kleine Dose schwarze Trüffel
1 Prise Muskat
1 Prise Cayennepfeffer
1/2 Bund Dill

AUSSERDEM

1/4 l Fischbrühe
1 Tasse Noilly Prat
1 Becher Sahne
Johannisbrotkernmehl

1. Die Lachsseite unter fließendem Wasser abwaschen und trockentupfen. Die Gräten herauslösen und den Lachs enthäuten.
2. Die Lachsseite in möglichst dünne aber große Scheiben schneiden. Mit Zitronensaft und Dillessig beträufeln, mit Salz und Pfeffer würzen und im Kühlschrank 10-15 Minuten ruhen lassen.
3. Das küchenfertige Zanderfilet unter fließendem Wasser abwaschen, trockentupfen und in Würfel schneiden. Mit der Sahne und dem Eiweiß im Mixer oder mit dem Pürierstab pürieren.
4. Die Crème double kräftig darunterschlagen. Das nicht aufgetaute Mischgemüse und die in feine Würfel geschnittenen Trüffel unter die Masse rühren.
5. Die Masse mit Salz, Pfeffer, Muskat, Zitronensaft und Cayennepfeffer kräftig abschmecken. Den verlesenen, gewaschenen und feingeschnittenen Dill untermischen.
6. Eine Terrine mit etwas Butter oder Margarine ausfetten und die Lachsscheiben einlegen.
7. Die Füllmasse gleichmäßig darauf verteilen und glattstreichen.
8. Die Terrine verschließen und im Wasserbad bei 160-170 Grad 30-40 Minuten gar ziehen lassen.
9. Die Fischbrühe mit dem Noilly Prat und der Sahne in einem Topf erhitzen und kurz einreduzieren lassen. Den Sud abschmecken, mit Johannisbrotkernmehl binden.
10. Die Lachspastete aus der Form stürzen, anrichten und mit der Sauce servieren.
11. Für das Kalte Buffet wird die Lachspastete mit einem Noilly Prat-Gelee überzogen und so kalt serviert.

Krabbenpastete

SIE BENÖTIGEN FÜR 4 PERSONEN

2 Lachsforellenfilets à 200 g
Saft von 1 Zitrone
einige Tropfen Obstessig
einige Tropfen Worcestersoße
Salz
Pfeffer aus der Mühle

AUSSERDEM

200 g Krabben- der Crevettenfleisch
Saft von 1 Zitrone
100 g Sahne
2 Eiweiß
100 g Crème double

FÜR DIE SAUCE

1/4 l Fischbrühe
1 Glas Weißwein
1 Becher Crème fraîche
Johannisbrotkernmehl

1. Die Lachsforellenfilets unter fließendem Wasser abwaschen, trockentupfen und in lange Streifen schneiden. Mit Zitronensaft, Obstessig und Worcestersoße beträufeln. Mit Salz und Pfeffer würzen und im Kühlschrank 10-15 Minuten ziehen lassen.
2. In der Zwischenzeit die Krabben oder Crevetten unter fließendem Wasser abwaschen, trockentupfen. Mit Zitronensaft beträufeln, mit der Sahne und dem Eiweiß im Mixer oder mit dem Pürierstab pürieren.
3. Die Crème double kräftig darunterschlagen. Das Ganze mit Salz, Pfeffer, Zitronensaft und Worcestersoße abschmecken.
4. Eine Pastetenform mit etwas Butter oder Margarine ausfetten und etwas Krabben- oder Crevettenmasse darin verstreichen.
5. Einige Lachsforellenfilets darauf legen. Mit der Krabbenmasse überdecken und die restlichen Zutaten, wie beschrieben einschichten.
6. Die Pastetenform verschließen. Im Wasserbad bei 160-170 Grad 30-40 Minuten garziehen lassen.
7. Für die Sauce die Brühe mit dem Weißwein und der Crème fraîche in einem Topf erhitzen, mit Zitronensaft, Obstessig, Worcestersoße, Salz und Pfeffer abschmecken und die Sauce kurz einreduzieren lassen.
8. Die Sauce mit Johannisbrotkernmehl leicht binden.
9. Die Krabbenpastete aus der Form stürzen, anrichten und mit der Sauce servieren.
10. Für das Kalte Buffet wird die Krabbenpastete mit einem Weißweingelee überzogen und so kalt serviert.

Paradies für Naschkatzen
Süßes aus der Kalten Küche

Kirschen mit Marsalaschaum

SIE BENÖTIGEN FÜR 4 PERSONEN

400 g Süßkirschen
4 cl Kirschlikör
Saft von 1 Zitrone
2 EL Zucker
2 EL Pinienkerne
2 EL Pistazienkerne

AUSSERDEM

1/2 Tasse Marsala
1 Tasse Weißwein
Saft von 1 Orange
5 Eigelb
1 Päckchen Vanillezucker
Melissen- und Pfefferminzzweige zum Garnieren

1. Die Süßkirschen verlesen, waschen, gut abtropfen lassen, entkernen und in eine Schüssel geben.
2. Den Kirschlikör mit dem Zitronensaft und dem Zucker verrühren und über die Kirschen geben. Im Kühlschrank 10-15 Minuten ziehen lassen.
3. Die Pinien- und Pistazienkerne untermischen und die Kirschen dekorativ anrichten.
4. Den Marsala mit dem Weißwein und dem Orangensaft sowie den Eigelben in einer feuerfesten Schüssel verschlagen und den Vanillezucker einrühren.
5. Das Ganze im Wasserbad oder auf dem Herd zu einem Schaum aufschlagen.
6. Den Schaum je nach Geschmack zuckern und gleichmäßig auf die Kirschen verteilen. Mit Melissen- und Pfefferminzzweigen garnieren, anrichten und servieren.

Überbackene Fruchtfilets

SIE BENÖTIGEN FÜR 4 PERSONEN

2 Orangen, 2 Mangos
2 Papayas
4 cl Orangenlikör
50 g Kokosflocken
1 kleine Tasse Weißwein
1 Päckchen Vanillezucker
3-4 EL Honig
250 g Speisequark
Saft von 1 Zitrone
Saft von 1 Orange
1 EL geriebene Zitronenschale
1 Päckchen Vanillezucker
100 g Rumrosinen
Zucker nach Geschmack
2 Eiweiß, 3 EL Zucker

1. Die Orangen, die Mangos und die Papayas schälen, die Orangen filieren.
2. Das Mangofruchtfleisch in Schnitzen vom Kern lösen.
3. Die Papayas entkernen und ebenfalls in Schnitze schneiden. Die Früchte dekorativ auf Tellern anrichten.
4. Mit Orangenlikör beträufeln und mit Kokosflocken bestreuen.
5. Den Weißwein leicht erhitzen, den Vanillezucker und den Honig darin vollständig auflösen lassen und auf die Filets geben.
6. Den Speisequark mit dem Zitronensaft und dem Orangensaft glattrühren. Die geriebene Zitronenschale, den Vanillezucker und die Rumrosinen einrühren.
7. Je nach Geschmack mit Zucker süßen. Das Eiweiß steif schlagen, den Zucker einrieseln lassen und vorsichtig unter den Quark heben.
8. Den Quark dekorativ auf die Früchte verteilen und unter dem Grill oder bei sehr starker Hitze kurz backen. Herausnehmen, anrichten, ausgarnieren und servieren.

Fruchtsalat mit Nüssen

SIE BENÖTIGEN FÜR 4 PERSONEN

1 Apfel, 1 Birne
1 Pfirsich, 1 Banane
Saft von 1 Zitrone, 2 Kiwis
1/2 Honigmelone
1 Tasse Weißwein, 4 EL Honig
1 Päckchen Vanillezucker
4 cl Maraschino
2 EL Pinienkerne
2 EL Pistazienkerne
1/2 Tasse Walnußkerne

AUSSERDEM

1 Becher Sahne
Zucker und Vanillezucker nach Geschmack

1. Den Apfel und die Birne schälen, entkernen und in feine Scheiben oder Würfel schneiden.
2. Den Pfirsich waschen, halbieren und entkernen, ebenfalls in Würfel oder Scheiben schneiden.
3. Die Banane schälen, in Scheiben schneiden. Mit den restlichen Früchten vermischen und mit Zitronensaft sofort beträufeln.
4. Die Kiwis schälen, in Würfel oder Scheiben schneiden. Mit einem Kugelausstecher das ausgelöste Honigmelonenfleisch ausstechen und unter die restlichen Früchte heben.
5. Den Weißwein leicht erwärmen und den Honig darin auflösen lassen. Mit Vanillezucker verfeinern und den Fruchtsalat damit anmachen.
6. Mit Maraschino verfeinern und im Kühlschrank 10-15 Minuten ziehen lassen.
7. Den Fruchtsalat anrichten, mit den Nüssen bestreuen. Mit der geschlagenen mit Zucker und Vanillezucker gesüßten Sahne ausgarnieren und servieren.

PARADIES FÜR NASCHKATZEN 275

Zuppa Romana

SIE BENÖTIGEN FÜR 4 PERSONEN

| 1 Bisquitboden |
| 1 Glas Amarenakirschen |
| 1/2 Tasse Grappa |
| 1/2 Tasse Kirschlikör |

AUSSERDEM

| 1/2 l Milch |
| 2 EL geriebene Zitronenschale |
| 2 Päckchen Vanillezucker |
| 8 Eigelb |
| Zucker nach Geschmack |
| 6 Blatt weiße Gelatine |
| 1/2 Tasse Pinienkerne |
| 1/2 Tasse Pistazienkerne |
| 1/2 Tasse Mandelsplitter |

AUSSERDEM

| 1 Becher Sahne |
| 1 Päckchen Sahnesteif |

1. Den Bisquitboden in längliche Streifen von der Größe einer Kastenform schneiden.
2. Die Amarenakirschen gut abtropfen lassen. Den Saft mit dem Grappa und dem Kirschlikör vermischen.
3. Die Milch mit der Zitronenschale, dem Vanillezucker und dem Eigelb verschlagen und je nach Geschmack mit Zucker süßen.
4. Das Ganze im Wasserbad oder auf dem Herd zu einem Schaum aufschlagen. Vom Feuer nehmen, die gewässerte, gut ausgedrückte Gelatine dazugeben und so lange rühren, bis sich die Gelatine aufgelöst hat.
5. Das Ganze kaltschlagen und bereitstellen.
6. Eine Kastenform mit dem Bisquit belegen, mit einem Drittel des Saftes den Boden tränken. Mit einem Drittel der Amarenakirschen belegen und mit einem Drittel der Creme überziehen.
7. Ein Drittel der Nüsse gleichmäßig darauf streuen und mit einem Bisquitboden abdecken.
8. Wie beschrieben die nächsten beiden Schichten einfüllen und zum Schluß mit einer Teigschicht abdecken.
9. Das Ganze beschweren und im Gefrierschrank kurz anfrosten.
10. Die Zuppa Romana aus der Form stürzen. Mit geschlagener, gesüßter Sahne überziehen, ausgarnieren und servieren.

Allgäuer Früchte

SIE BENÖTIGEN FÜR 4 PERSONEN

100 g Johannisbeeren
100 g Blaubeeren
100 g Himbeeren
100 g Brombeeren
2-3 EL Zucker
1/4 l Johannisbeersaft
4 cl Johannisbeerlikör
etwas Speisestärke oder Johannisbrotkernmehl
1 Tasse Mandelblättchen
1/2 Tasse Hasselnußkerne

AUSSERDEM

1 Becher Sahne
1 Päckchen Sahnesteif
Zucker nach Geschmack
4 Portionen Eiscreme

1. Die Johannisbeeren, die Blaubeeren, die Himbeeren und die Brombeeren verlesen, waschen, gut abtropfen lassen und bereitstellen.
2. Den Zucker in eine Pfanne geben und karamelisieren lassen.
3. Mit Johannisbeersaft ablöschen und den Zuckerkaramel loskochen.
4. Den Johannisbeerlikör einrühren. Das Ganze mit etwas angerührter Speisestärke oder mit Johannisbrotkernmehl binden.
5. Die Mandelblättchen und die Haselnußkerne mit den Früchten in die Soße geben, einmal aufkochen lassen und vom Feuer nehmen.
6. Die Sahne mit dem Sahnesteif schlagen und mit Zucker nach Geschmack süßen.
7. Die Eiscreme anrichten, die Früchte dazugeben. Mit Sahne ausgarnieren und servieren.

Buttermilch-Pfannkuchen

SIE BENÖTIGEN FÜR 4 PERSONEN

1/4 l Buttermilch
3 Eier
250 g Mehl
1 Msp. Backpulver
1 Prise Salz
1 EL geriebene Zitronenschale
1 EL Zucker
Fett zum Ausbacken

AUSSERDEM

250 g Erdbeeren
4 cl Orangenlikör
1 Päckchen Vanillezucker
Zucker nach Geschmack
1/2 Tasse Pistazienkerne
1/2 Tasse Pinienkerne
4 Portionen Vanilleeis
4 Portionen geschlagene, gesüßte Sahne
Kräuterzweige zum Garnieren

1. Die Buttermilch mit den Eiern, dem Mehl, dem Backpulver, dem Salz, der Zitronenschale und dem Zucker in eine Schüssel geben und zu einem glatten Teig verrühren.
2. Das Fett in einer Pfanne erhitzen und portionsweise Buttermilch-Pfannkuchen ausbacken. Herausnehmen und bereitstellen.
3. Die Erdbeeren verlesen, waschen, gut abtropfen lassen und kleinschneiden.
4. In eine Schüssel geben, mit Orangenlikör beträufeln. Den Vanillezucker und Zucker nach Geschmack darüberstreuen und 10-15 Minuten ziehen lassen.
5. Die Pistazienkerne und Pinienkerne untermischen.
6. Die Pfannkuchen mit den Erdbeeren und dem Vanilleeis füllen. Mit der geschlagenen, gesüßten Sahne verzieren und mit Kräuterzweigen ausgarnieren.

Quarkknödel mit Honigzwetschgen

SIE BENÖTIGEN FÜR 4 PERSONEN

500 g Speisequark
5 Eier
1 EL geriebene Zitronenschale
1 Päckchen Vanillezucker
4 EL Zucker
200 g Weizenmehl

AUSSERDEM

12-16 Stück Würfelzucker
12-16 Zwetschgen
400 g Zwetschgen
2 EL Zucker
1/4 l Rotwein
4 cl Zwetschgenwasser
5-6 EL Honig

1. Den Speisequark mit den Eiern in eine Schüssel geben und glattrühren.
2. Die Zitronenschale, den Vanillezucker und den Zucker dazugeben. Kräftig darunterschlagen, so lange bis sich der Zucker aufgelöst hat.
3. Das Weizenmehl sieben und mit dem Quark zu einem glatten geschmeidigen Teig verarbeiten.
4. Portionsweise Knödel abdrehen, den Würfelzucker in die geputzten, entkernten, halbierten Zwetschgen füllen und je eine Zwetschge in den Knödel einarbeiten.
5. Salzwasser zum Kochen bringen. Mit etwas Zucker verfeinern und die Knödel darin 15-20 Minuten gar ziehen lassen.
6. Die Zwetschgen waschen, halbieren, entkernen, in Scheiben schneiden und bereitstellen.
7. Den Zucker in einer Pfanne karamelisieren lassen. Mit Rotwein ablöschen und den Zuckerkaramel loskochen.
8. Das Zwetschgenwasser mit dem Honig einrühren und kurz einreduzieren lassen. Anschließend die Zwetschgen dazugeben und 8-10 Minuten bei mäßiger Hitze ziehen lassen.
9. Die Quarkknödel anrichten, mit den Honigzwetschgen ausgarnieren und servieren.

Schnelles Schokomousse

SIE BENÖTIGEN FÜR 4 PERSONEN

200 g Vollmilchschokolade
4 cl Orangenlikör
1/4 l Sahne
2 Päckchen Sahnesteif
1 Päckchen Vanillezucker
1 Prise Zimtpulver

AUSSERDEM

100 g Erdbeeren
2 cl Erdbeerlikör
100 g Blaubeeren
2 cl Weinbrand
100 g Orangenfilets
2 cl Weinbrand
4 Portionen Zimteis
Kräuterzweige zum Garnieren

1. Die Vollmilchschokolade reiben. Mit dem Orangenlikör und der Sahne in eine feuerfeste Schüssel geben. Das Ganze unter ständigem Rühren im Wasserbad auflösen lassen.
2. Die Scholadensahne am besten über Nacht im Kühlschrank vollständig erkalten lassen. Am nächsten Tag mit dem Sahnesteif, dem Vanillezucker und dem Zimtpulver schaumig schlagen.
3. Die verlesenen, gewaschenen Erdbeeren mit dem Erdbeerlikör pürieren und bereitstellen.
4. Die verlesenen, gewaschenen Blaubeeren mit dem Weinbrand pürieren und bereitstellen.
5. Die Orangenfilets mit dem Orangenlikör pürieren und bereitstellen.
6. Einen dekorativen dreifarbigen Spiegel auf einem großen Teller anrichten. Mit dem zu kleinen Klößchen geformten Schokomousse und dem Zimteis belegen. Mit Kräuterzweigen ausgarnieren und servieren.

Blutorangen-Gelee

SIE BENÖTIGEN FÜR 4 PERSONEN

4 große Blutorangen
Saft von 2 Orangen
4 cl Orangenlikör
1 Tasse Weißwein
6 Blatt rote Gelatine
1 Päckchen Vanillezucker
Zucker nach Geschmack
1 Prise Zimtpulver

AUSSERDEM

4 Portionen Eiscreme
4 Portionen geschlagene, gesüßte Sahne
1 Tasse Eierlikör
Kräuterzweige zum Garnieren

1. Die Blutorangen schälen, entkernen, kleinschneiden. Mit dem Orangensaft und dem Orangenlikör im Mixer oder mit dem Pürierstab pürieren.
2. Den Weißwein erhitzen und die gewässerte, gut ausgedrückte Gelatine darin auflösen.
3. Das Gelee zu den Blutorangen geben. Das Ganze mit Vanillezucker, Zucker nach Geschmack und Zimtpulver verfeinern. In dekorative Gläser füllen und vollständig erkalten lassen.
4. Das Blutorangen-Gelee mit der Eiscreme anrichten. Mit geschlagener, gesüßter Sahne verzieren. Den Eierlikör gleichmäßig darauf träufeln, mit Kräuterzweigen garnieren und servieren.

Erdbeer-Sauerrahm-Creme

SIE BENÖTIGEN FÜR 4 PERSONEN

500 g Erdbeeren
Saft von 1 Zitrone
1 Päcken Vanillezucker
3-4 EL Zucker
1 Tasse Orangensaft
6 Blatt rote Gelatine
4 cl Erdbeerlikör
1/4 l saure Sahne

1. Die Erdbeeren verlesen, waschen, gut abtropfen lassen, kleinschneiden. Mit dem Zitronensaft, dem Vanillezucker und dem Zucker im Mixer oder mit dem Pürierstab pürieren.
2. Den Orangensaft erhitzen und die gewässerte, gut ausgedrückte Gelatine darin auflösen lassen.
3. Das Gelee mit dem Erdbeerlikör, den Erdbeeren und der sauren Sahne vermischen. In dekorative Schälchen füllen und vollständig erkalten lassen.
4. Die Erdbeer-Sauerrahm-Creme anrichten, ausgarnieren und servieren.

PARADIES FÜR NASCHKATZEN 281

Eisbombe „Traumschiff"

SIE BENÖTIGEN FÜR 4 PERSONEN

1 Bisquitboden
1 Tasse Orangenlikör
1/2 Tasse Maraschino
1 Pfirsich
1 Nektarine
100 g weiße und blaue Weintrauben
2 Kiwis
1 Mango
1 Saft von 1 Zitrone
1 Päckchen Vanillezucker
1 Tasse Rumrosinen
4 cl weißen Rum
Zucker nach Geschmack
4 Portionen Fürst Pückler Eiscreme

AUSSERDEM

4 Eiweiß
100 g Zucker
Belegkirschen
kandierte Früchte
Kokosflocken und Pistazien zum Garnieren
6-8 große Sternwerfer

1. Den Bisquitboden in dünne große Scheiben schneiden. Die Scheiben mit Orangenlikör und Maraschino beträufeln und bereitstellen.
2. Den Pfirsich, die Nektarine waschen, halbieren, entkernen und beides in Würfel schneiden.
3. Die Weintrauben waschen, halbieren, entkernen und zu den Früchten geben.
4. Die Kiwis schälen, in Würfel schälen. Die Mango schälen, das Fruchtfleisch vom Kern lösen und ebenfalls würfeln. Alle Früchte vorsichtig miteinander vermischen. Mit Zitronensaft beträufeln und mit Vanillezucker aromatisieren.
5. Die Rumrosinen untermischen und mit Rum verfeinern. Je nach Geschmack mit Zucker süßen.
6. Einen Teigboden auf eine dekorative Platte legen. Die Früchte und das Fürst Pückler Eis gleichmäßig auf dem Teig verteilen.
7. Mit den restlichen Teigplatten das Ganze vollständig abdecken.
8. Das Eiweiß steifschlagen und den Zucker unter ständigem Schlagen einrieseln lassen.
9. Die Eisbombe damit gleichmäßig überziehen. Mit Belegkirschen und kandierten Früchten ausgarnieren und unter dem Grill oder bei sehr starker Oberhitze goldgelb überbacken. Herausnehmen und frosten.
10. Vor dem Servieren mit Kokosflocken und Pistazien bestreuen. Die Sternwerfer in die Eisbombe stecken, anzünden und so sofort servieren.

Apfelstrudel sehr fein

SIE BENÖTIGEN FÜR 4 PERSONEN

FÜR DEN STRUDELTEIG

250 g Weizenmehl
1 Prise Salz
20 g zerlassene Butter oder Margarine
1 Ei
1 Tasse lauwarmes Wasser

FÜR DIE FÜLLUNG

6 säuerliche Äpfel
Saft von 2 Zitronen
100 g Rumrosinen
50 g gehackte Haselnüsse
50 g Mandelblättchen
2 Becher saure Sahne
1 Päckchen Vanillezucker
Zucker nach Geschmack

AUSSERDEM

30 g zerlassene Butter oder Margarine
1/2 Tasse Zwiebackbrösel

1. Für den Strudelteig das Weizenmehl mit dem Salz, der zerlassenen Butter, dem Ei und dem Wasser zu einem glatten Teig verarbeiten. Zugedeckt an einem warmen Ort 1/2 Stunde ruhen lassen.
2. In der Zwischenzeit für die Füllung die Äpfel schälen, entkernen, in feine Würfel oder Scheibchen schneiden. Mit Zitronensaft sofort beträufeln.
3. Die Rumrosinen, die Haselnüsse und die Mandelblättchen unter die Äpfel mischen.
4. Die saure Sahne mit dem Vanillezucker und Zucker nach Geschmack süßen. Mit der Apfel-Nuß-Mischung verrühren.
5. Den Strudelteig hauchdünn ausrollen, ausziehen und auf ein sauberes Küchentuch legen.
6. Den Teig mit zerlassener Butter bestreichen und mit Zwiebackbröseln bestreuen. Die Masse darauf verteilen und mit Hilfe des Küchentuches zu einem Strudel zusammenrollen.
7. Eine Backform ausfetten, den Strudel hineingeben. Im auf 180-200 Grad vorgeheizten Backofen 20 Minuten ausbacken. Herausnehmen, anrichten und je nach Geschmack mit Vanilleeis oder Vanillesoße servieren.

PARADIES FÜR NASCHKATZEN 285

„Bayerisch Creme"-Variationen

SIE BENÖTIGEN FÜR 4 PERSONEN

1/2 l Milch, 4 Eigelb, 100 g Zucker
1 Päckchen Vanillezucker
8 Blatt weiße Gelatine
1/2 l Sahne

FÜR DIE SCHOKOCREME

75 g geriebene Schokolade
1 Schuß Sahne, 1 Msp. Zimtpulver
4 cl Weinbrand

FÜR DIE ORANGENCREME

2 Orangen, 4 cl Orangenlikör
50 g Mandelblättchen

FÜR DIE MOCCACREME

1 Tasse kräftigen Mocca
2-3 EL Kakaopulver
4 cl Moccalikör

1. Die Milch mit dem Eigelb, dem Zucker und dem Vanillezucker unter ständigem Rühren einmal aufkochen lassen. Vom Feuer nehmen und die gewässerte, gut ausgedrückte Gelatine darin auflösen.
2. Das Ganze kaltschlagen und bereitstellen.
3. Die Sahne sehr steif schlagen und unter die Milchcreme heben.
4. Die Creme in drei Teile teilen und jeweils einen Teil in eine Schüssel geben.
5. Für die Schokoladencreme die geriebene Schokolade mit der Sahne im Wasserbad schmelzen und vorsichtig unter die Bayerisch Creme ziehen.
6. Mit Zimtpulver und Weinbrand aromatisieren. In dekorative Schälchen füllen und vollständig erkalten lassen.
7. Für die Orangencreme die Orangen schälen, filieren, in Würfel schneiden. Mit dem Orangenlikör und den Mandelblättchen unter die Creme ziehen. Die Creme dekorativ anrichten und vollständig erkalten lassen.
8. Für die Moccacreme den Mocca mit dem Kakaopulver und dem Moccalikör unter die Creme rühren. In dekorative Gläser füllen und vollständig erkalten lassen.
9. Die drei verschiedenen Creme-Variationen ausgarnieren, anrichten und zum weiteren Verzehr bereitstellen.

286 REGISTER

A

Aalsülze mit
Apfel-Vinaigrette 183
Agi's Tellersülze 110
Allgäuer Früchte 277
Allgäuer Wildsuppe 246
Ananas-Pfeffer-Marmelade 232
Ananas-Relish 229
Apfel-Chutney 226
Apfel-Johannsibeer-Soße 156
Apfel-Meerrettich-Soße 148
Apfelschmalz 67
Apfelstrudel sehr fein 284
Armin's Kartoffelsalat 216
Artischockenhäppchen 80
Auberginen mit Mozzarella 202
Auberginen-Reis-Salat 202
Auberginenspießchen 81
Auberginentatar 74
Avocadocreme 155

B

Backofenschinken 164
Bauern-Rotwurst 168
Bauerngurken 239
Bauernschüssel 102
„Bayerisch Creme"-
Variationen 285
Blätterteigstückchen
mit Schinken 96
Blätterteigzöpfe 96
Blattsalat mit Orangendressing 204
Blutorangen-Gelee 280
Brandteigbrötchen 120
Brätspätzlesuppe mit Gemüse 249
Brot mit kaltem Braten 69
Brot mit Muscheln 69
Brotzeitrettiche mit
Bratenfüllung 220
Brotzeitstangen 120
Buchweizen-Crêpes 135
Bündner-Cocktail 144
Bunter Wurstsalat 102
Buttermilch-Pfannkuchen 278

C

Camembert-Chinorèe 118
Camembertcreme 154
Canapès mit Filettatar 58
Canapès mit Geflügelleber 58
Canapès mit Geflügelsalat 59
Canapès mit Matjestatar 58
Champignons mit Mett 84
Chinesische Frühlingsrollen 88
Cocktail-Dip 152

D

Deftiger Schweinebauch 176
Dill-Kaltschale 218

E

Edelpilzcreme 154
Edelpilzkäse 104
Eier mit Kalbsleberfüllung 78
Eier mit Schinkencreme 80
Eierdip 206
Eiersoße 151
Eingelegter Fenchel
mit Zucchini 242
Eingemachte Pilze 240
Eisbombe „Taumschiff" 282
Entenbrustscheiben auf
Waldorfsalat 124
Entenpastete 174
Erdbeer-Sauerrahm-Creme 280
Estragonmöhrchen 212

F

Feigen-Pflaumen-Marmelade
mit Portwein 233
Feine Hirschmedaillons 130
Feiner Gemüseauflauf 269
Feines Artischocken-Fondue 210
Feinschmecker-Canapès 60
Filet mignons Straßbourgh 128
Filetcanapès 56
Filetgeschnetzeltes 254
Filethäppchen 83
Fischfilets im Gemüsesud 264

Fleischpflanzerl mit
Edelpilzhaube 112
Fleischwurst im Brotteig 108
Forellenfilets für Genießer 186
Franzel's Obatzter 105
Frischkäseaufstrich 74
Früchteketchup 224
Fruchtsalat mit Nüssen 274

G

Gebackene Camembert-Ecken 83
Gebackene Austern 194
Gebackene Bohnen 212
Gebackene Gemüsespießchen 81
Gebratene Artischocken 209
Geeiste Rinderkraftbrühe
mit Pernod 218
Geflügelpastete 173
Geflügelsülze 138
Gefüllte Artischockenböden 208
Gefüllte Hefebrötchen 92
Gefüllte Langusten 194
Gefüllte Paprikaschoten 86
Gefüllte Weinblätter 268
Gefüllte Zwiebeln 87
Gefüllter Staudensellerie 140
Gefülltes Gemüse 84
Gefülltes Stangenweißbrot 106
Gekochter
Wildschweinschinken 166
Gekräuterter Nackenbraten 160
Gekräuterter
Wildschweinrücken 267
Gemüse-Chutney 227
Gemüse-Pickles 237
Gemüse-Relish 228
Gemüsecanapès 59
Gemüsefleisch 112
Gemüse-Kartoffelplätzchen 95
Gemüsekuchen 253
Gemüseplatte mit Dips 206
Gemüsesalat 115
Gemüsespießchen mit Käse 83
Gesalzene Knoblauchbutter 64
Gewürzgurken 234
Gewürzkürbis süßsauer 242
Griebenschmalz 66
Gurken mit Krabbensalat 84
Gurkenbrot mit Kresse 71

H

Hähnchencanapès 57
Hähnchenkeulen mit
Ananasglasur 98
Hähnchenpfanne mit Gemüse 256
Hähnchenspieße 82
Hamburger Heringssalat 199
Hausgebeizter Lachs 186
Hausgemachter
Tomatenketchup 224
Hausmacher-Leberwurst 168
Hausmacher-Senf 230
Hirschmedaillons 82
Hummer mit Kaviarcreme 194
Hummerkrabbenschwänze
auf Gemüsesalat 191

I

Italienische Spießchen 136
Italienisches
Mozzarellabaguette 62

K

Kalbsbrust mit Brätfüllung 176
Kalbsgeschnetzeltes mit
Steinpilzen 255
Kalbsmedaillons mit
Kräuterkäse 128
Kalbsnuß in Kräuterhülle 162
Kalte Gemüsesuppe 218
Kartoffel-Lauch-Suppe
mit Speck 246
Kartoffel-Tomaten-Auflauf 260
Kartoffelkuchen 252
Kartoffelplätzchen 260
Käse-Canapès 60
Käse-Quark-Dip 152
Käsefladen 120
Käsesalat 114
Kaviar-Träumerei 142
Kirschen mit Marsalaschaum 274
Knoblauch-Bauch 166
Knoblauchsoße 156
Knusprige Kartoffelbauzen 94

Kopfsalatherzen mit
Bündner Fleisch 220
Krabbenbrot 54
Krabbencocktail 197
Krabbenpastete 271
Kräuter-Crèpes mit
Schinkenfüllung 134
Kräuterdip 206
Kräutereier 78
Kräuterjoghurt 156
Kräuterschmalz 67
Krautsalat mit saurer Sahne 217
Krebse aus dem Gemüsesud 190

L

Lachsanapès 57
Lachsbutter 64
Lachspastete 270
Lachssteaks mit
Zitronenbutter 189
Lamm-Medaillons mit
Edelpilzcreme 130
Lammchops mit Mintgelee 98
Lammfilet auf Auberginen 124
Lammhäxchen mit
Schmorgemüse 266
Langusten „Feinschmeckerart" 192
Lasagne verde 258
Lukullusbrot 68

M

Mailänder Baguette 63
Marinierte Auberginen 202
Marinierte Champignons 212
Marinierte Lachsscheiben 126
Marinierter Spargel mit
Hummerkrabben 180
Mascarponecreme 104
Mayonnaise Grundsoße 150
Meeresfrüchte mit Auberginen 257
Mett-Canapès 60
Milchsaure Gurken 234
Minifit-Pizzafestival 250
Mittelmeerspießchen 82
Mozzarellabrot 54

N

Nackenspießchen 136

O

Ochsenmaulsalat mit Gemüse 118
Orangen-Crevetten-Salat 144
Orangen-Sahne-Dip 153

P

Paprika-Gelee 230
Paprika-Speck-Dip 152
Paprikawürstl 117
Partywürstchen 80
Pastetchen mit
Bündner Fleisch 133
Pastetchen mit Sojafüllung 132
Pastetchen x 4 252
Pfeffergürkchen 234
Pfeffermatjes 185
Pikante Fleischbällchen 81
Pikante Kräuterbutter 64
Pikanter Fleischsalat 114

Q

Quark-Canapès 60
Quarkknödel mit
Honigzwetschgen 279

R

Räucherfischsalat 198
Räucherfischterrine mit
Jakobsmuscheln 182
Räucherlachs auf Fladen 127
Rauchfleisch im Teig 108
Rehrücken mit
Gänseleberparfait 143
Renkencanapè 56
Rindfleischsülze 111
Roastbeef in der Salzkruste 162
Roastbeefbrot 69

Roh geräucherter Schinken 166
Rotweinrettiche mit
Käsefüllung 220
Rotweinzwiebeln 242

S

Sahnekartoffeln mit Speck 260
Salami-Canapès 60
Salamiquark 74
Salat „Neptun" 180
Salat von grünen Bohnen 205
Sardelleneier 78
Sardinen-Baguette 62
Sauce andalouse 151
Sauce Cumberland 148
Sauce gribiche 148
Sauce remoulade 150
Sauce verte 150
Sauerbraten 160
Sauerkrautrolle 176
Saure Fruchtspießchen 136
Saure Krabbensuppe 246
Saures Paprikagemüse 215
Scampispießchen 196
Scharfe Hähnchenflügel 112
Scharfe Wachsbohnen 236
Schinken-Canapès 60
Schinken-Eier-Salat 115
Schinkenbein mit
Ananascreme 165
Schinkencanapès 59
Schinkenpaste mit Gemüse 73
Schinkenwurst mit
grünem Pfeffer 171
Schlemmerkessel 262
Schnelles Schokomousse 270
Schwäbische Bierwurst 170

Schwäbische Brätrollen 88
Schweinefiletpastete 172
Schweinemedaillons im
Speckmantel 130
Schweinemedaillons mit
Essiggemüse 128
Senfeier 78
Senfgurken 238
Sojabohnen-Brot 70
Spanferkelschulter mit Kruste 160
Spareribs 98
Spargel-Canapès 60
Spargel-Roastbeef-Salat 144
Spargelsalat mit Räucherfisch 170
Speck-Chamignon-Brot 71
Spießchen mit Meeresfrüchten 136
Spinatpäckchen 97
Saure Wurst 102

T

Tessiner Gemüsesülze 138
Teufelssalat 118
Thunfisch-Baguette 62
Thunfischeier 78
Tiroler Specksoße 151
Toamtensoße 156
Tomaten-Eier-Brot 70
Tomaten-Gelee 230
Tomaten-Käse-Butter 64
Tomatendip 206

Ü

Überbackene Fruchtfilets 274
Überbackene Speckbrötchen 108
Überbackenes Zwiebelbrot 54

V

Vollwertaufstrich 72

W

Waldpilzgelee 138
Warm geräucherte
Seezungenfilets 186
Weinbrand-Preiselbeeren 156
Weißbrot mit Leberfüllung 107
Weißkohlscheibchen 90
Wildkräuter-Ketchup 224
Wirsinghäppchen 91
Wurzelforellen in Gelee 188

Y

Yufka mit Schafskäse 88

Z

Zanderfilets in
Safran-Dill-Rahm 265
Zitronenbutter 64
Zucchini-Nudel-Auflauf 259
Zuppa Romana 276
Zwiebel-Lauch-Torte 214
Zwiebelheringe 184
Zwiebelkuchen mit Tomaten 253
Zwiebelschmalz 66
Zwiebelsuppe mit Tomaten 248
Zwieblinge 116

 1992 Unipart Verlag GmbH,
Remseck bei Stuttgart 1992
Alle Rechte vorbehalten
ISBN 3 8122 3362 2